한·일·언·어·연·구·원

네이티브처럼 말하는 일본어
악센트

제일어학

초판 1쇄   인쇄   **2009년 1월 20일**
초판 1쇄   발행   **2009년 1월 25일**
지은이 | **韓日言語研究院**
펴낸이 | **이순희**
펴낸곳 | **제일법규(제일어학)**
www.jeilbnl.com
주소 | **서울시 서초구 서초동 1512-5호**
전화 | **02-523-1657, 597-1088**
팩스 | **02-597-6464**
대체 | **국민 084-25-0012-739**
출판등록 | **1993년 4월 1일 제 21-429호**
잘못 만들어진 책은 바꿔 드립니다
ISBN 978-89-5621-065-0   13730

일러두기

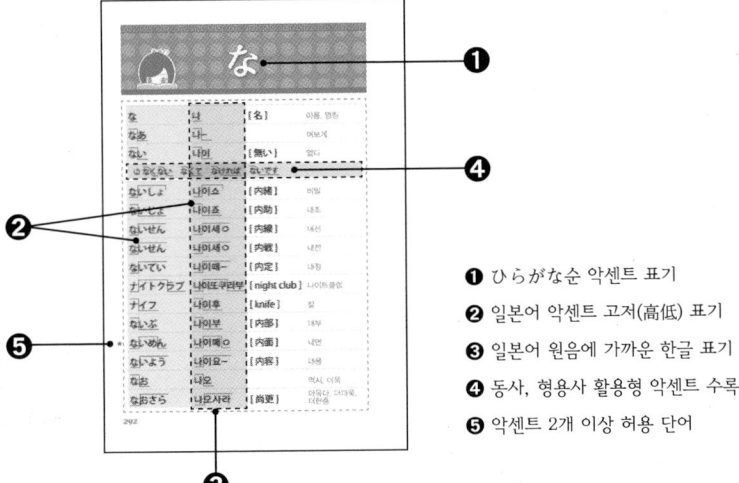

❶ ひらがな순 악센트 표기

❷ 일본어 악센트 고저(高低) 표기

❸ 일본어 원음에 가까운 한글 표기

❹ 동사, 형용사 활용형 악센트 수록

❺ 악센트 2개 이상 허용 단어

일본어 악센트는 하나하나의 단어에 대해 사회적 관습으로 정해진 상대적인 음의 고저(高低)이다. 東京式 악센트는 반드시 첫째 박(拍)과 둘째 박(拍)의 고저(高低) 높이가 다르고, 음이 한 번 낮아진 후 절대로 다시 올라가지 않으며, 음 높이가 내려가지 않는 평판식(平板式)과 내려가는 기복식(起伏式)이 존재한다. 기복식 중 첫째 박(拍)에서 높이가 내려가는 두고형(頭高型), 마지막 박(拍)에서 내려가는 미고형(尾高型), 중간이 높은 중고형(中高型)이 있다.

* ⌐‾‾‾ 표기는 뒤에 조사가 와도 음 높이가 이어지는 단어이고, ⌐‾‾┐ 표기는 뒤에 조사(주로 を를 기준으로)가 오면 악센트의 높이가 내려가는 단어이다.

* あした와 같이 명사 중 부사적으로도 사용하는 단어의 경우 명사 악센트만 표기했는데, 부사적으로 사용하는 경우는 ⌐‾‾ 악센트를 취한다.

* 동사 활용형 중 ない형은 문말어미인 경우의 악센트이고, て형은 た형과 같은 악센트를 취하며, ます형에서 ません, ますか, ました, ませんでした로 음이 일정하게 변화한다.

* い형용사 활용형 중 ない형은 문말어미인 경우의 악센트이고, て형은 중지형 く, 부사형 접미사 く와 같은 악센트를 취하며, ければ형은 과거형 かった와 같은 악센트를 취한다.

* な형용사 활용형 중 ない형은 문말어미인 경우의 악센트이고, で형은 부사형 접미사 に와 같은 악센트를 취하며, なら형은 연체형 な와 같은 악센트를 취한다. です형에서 ではありません, ですか, でした, ではありませんでした로 음이 일정하게 변화한다.

차 례

한·일·언·어·연·구·원

네이티브처럼 말하는 일본어

악센트

제일어학

あ**あ**	**아**ー		아아, 오호
あ**あ**	**아**ー		저렇게
★ アーモンド	**아**ー모ㄴ도	[almond]	아몬드
あ**い**	**아**이	[愛]	사랑
あ**いかわらず**	**아**이까와라즈	[相変わらず]	여전히, 변함 없이
あ**いこく**	**아**이꼬꾸	[愛国]	애국
ア**イコン**	**아**이꼬ㅇ	[icon]	아이콘
あ**いさつ**	**아**이사츠	[挨拶]	인사, 인사말
ア**イシャドー**	**아**이샤도ー	[eye shadow]	아이섀도우
あ**いしょう**	**아**이쇼ー	[相性]	궁합
あ**いじょう**	**아**이죠ー	[愛情]	애정, 사랑
あ**いじん**	**아**이지ㅇ	[愛人]	불륜상대, 정부
あ**いず**	**아**이즈	[合図]	신호
ア**イスクリーム**	**아**이스꾸리ー무	[ice cream]	아이스크림
★ ア**イスコーヒー**	**아**이스꼬ー히ー	[ice coffee]	아이스커피, 냉커피
ア**イススケート**	**아**이스스케ー토	[ice skate]	아이스스케이트

| アイスティー | 아이스티- | [iced tea] | 아이스티, 냉홍차 |
| あいする | 아이스루 | [愛する] | 사랑하다 |

↻ あいさない　あいして　あいすれば　あいします

あいせき	아이세끼	[相席]	합석, 동석
あいそ	아이소	[愛想]	붙임성, 정
あいだ	아이다	[間]	사이, 틈새
あいちゃく	아이쨔꾸	[愛着]	애착
あいついで	아이츠이데	[相次いで]	연이어
★ あいづち	아이즈치	[相槌]	맞장구
あいて	아이떼	[相手]	상대방
アイディア	아이디아	[idea]	아이디어, 착상
アイディー	아이디-	[ID]	아이디
★ あいま	아이마	[合間]	사이, 틈
あいまい	아이마이	[曖昧]	애매함, 모호함

↻ あいまいではない　あいまいで　あいまいなら　あいまいです

| アイライナー | 아이라이나- | [eyeliner] | 아이라이너 |
| あいらしい | 아이라시이 | [愛らしい] | 사랑스럽다, 귀엽다 |

↻ あいらしくない　あいらしくて　あいらしければ　あいらしいです

| アイロン | 아이로ㅇ | [iron] | 다리미 |
| アイロンがけ | 아이로ㅇ가께 | [アイロンがけ] | 다림질 |

あう	아우	[会う]	만나다
↻ あわない　あって　あえば　あいます			
あう	아우	[合う]	맞다, 합쳐지다
↻ あわない　あって　あえば　あいます			
あえて	아에떼	[敢えて]	감히, 굳이, 결코
あお	아오	[青]	파란색, 파랑
あおい	아오이	[青い]	파랗다, 푸르다
↻ あおくない　あおくて　あおければ　あおいです			
あおのり	아오노리	[青のり]	파래
あか	아까	[赤]	빨간색, 빨강
あか゛	아까゛	[垢]	때
あかい	아까이	[赤い]	빨갛다, 붉다
↻ あかくない　あかくて　あかければ　あかいです			
あかご	아까고	[赤子]	갓난아이, 젖먹이
あかじ	아까지	[赤字]	적자
あかちゃん	아까쨔ㅇ	[赤ちゃん]	갓난아기
★ アカデミー	아카데미-	[academy]	아카데미
あかり	아까리	[明かり]	빛, 불빛
あがる	아가루	[上がる]	오르다, 올라가다
↻ あがらない　あがって　あがれば　あがります			

あかるい	아까루이	[明るい]	밝다, 환하다

↻ あかるくない　あかるくて　あかるければ　あかるいです

あかんぼう	아까ㅁ보ー	[赤ん坊]	갓난아기
あき	아끼	[秋]	가을
あきす	아끼스	[空巣]	빈 둥지, 빈집
あきすねらい	아끼스네라이	[空巣狙い]	빈집털이
あきち	아끼치	[空き地]	공터, 빈터
あきらか	아끼라까	[明らか]	분명함, 뚜렷함

↻ あきらかではない　あきらかで　あきらかなら　あきらかです

あきらめる	아까라메루	[諦める]	포기하다, 체념하다

↻ あきらめない　あきらめて　あきらめれば　あきらめます

あきる	아끼루	[飽きる]	질리다, 물리다

↻ あきない　あきて　あきれば　あきます

あきれる	아끼레루	[呆れる]	기막히다, 아연해지다

↻ あきれない　あきれて　あきれれば　あきれます

あく	아꾸	[悪]	악
あく	아꾸	[開く]	열리다

↻ あかない　あいて　あけば　あきます

あくしゅ	아ㄱ슈	[握手]	악수
アクション	아ㄱ쇼ㄴ	[action]	액션

9

アクセサリー	아ㄱ세사리ー	[accessory]	액세서리
アクセル	아ㄱ세루	[accelerator]	액셀러레이터
アクセント	아ㄱ세ㄴ또	[accent]	악센트
あくび	아꾸비		하품
あくまでも	아꾸마데모		어디까지나
あぐら	아구라		책상다리
あける	아께루	[開ける]	열다

↻ あけない　あけて　あければ　あけます

あける	아께루	[空ける]	비우다

↻ あけない　あけて　あければ　あけます

あげる	아게루	[上げる]	올리다

↻ あげない　あげて　あげれば　あげます

あげる	아게루		드리다

↻ あげない　あげて　あげれば　あげます

あご	아고	[顎]	턱
アコーディオン	아꼬ー디오ㅇ	[accordion]	아코디언
あこがれる	애꼬가레루	[憧れる]	동경하다

↻ あこがれない　あこがれて　あこがれれば　あこがれます

あさ	아사	[朝]	아침
あざ	아자	[痣]	피부반점, 멍

あ

あさい	애사이	[浅い]	얕다, 세월이 짧다
↻ あさくない　あさくて　あさければ　あさいです			
あさがた	애사가따	[朝方]	해뜰 무렵, 아침결
あさごはん	애사고항ㅇ	[朝御飯]	아침밥
あさって	애새ㅅ떼	[明後日]	모레
あさねぼう	애사네보-	[朝寝坊]	늦잠, 늦잠꾸러기
あさばん	애사바ㄴ	[朝晩]	아침저녁, 조석으로
あさひ	애사히	[朝日]	아침해, 아침 햇살
あさめし	애사메시	[朝飯]	아침밥, 조반
あざやか	애재야까	[鮮やか]	선명함, 산뜻함
↻ あざやかではない　あざやかで　あざやかなら　あざやかです			
あさゆう	애사유-	[朝夕]	조석, 늘, 항상
あさり	애사리		바지락, 모시조개
あざわらう	애자와라우	[嘲笑う]	비웃다, 조소하다
↻ あざわらわない　あざわらって　あざわらえば　あざわらいます			
あし	애시	[足]	발, 다리
あじ	애지	[味]	맛
アジア	애지아	[Asia]	아시아
あした	애시따	[明日]	내일
★ あじみ	애지미	[味見]	맛을 봄, 간을 봄

11

あじわう	아지와우	[味わう]	맛보다, 음미하다
↻ あじわわない	あじわって	あじわえば	あじわいます

あす	아스	[明日]	내일, 앞날

あずかる	아즈까루	[預かる]	맡다, 보관하다
↻ あずからない	あずかって	あずかれば	あずかります

あずける	아즈께루	[預ける]	맡기다, 보관시키다
↻ あずけない	あずけて	あずければ	あずけます

★
アスパラガス	아스빠라가스	[asparagus]	아스파라거스

アスファルト	아스화루또	[asphalt]	아스팔트

あせ	아세	[汗]	땀

あせる	아세루	[焦る]	안달하다, 조급하게 굴다
↻ あせらない	あせって	あせれば	あせります

あそこ	아소꼬		저기, 저곳

あそび	아소비	[遊び]	놀이

あそぶ	아소부	[遊ぶ]	놀다
↻ あそばない	あそんで	あそべば	あそびます

あたえる	아따에루	[与える]	주다
↻ あたえない	あたえて	あたえれば	あたえます

あたたかい	아따따까이	[暖かい]	따뜻하다, 따스하다
↻ あたたかくない	あたたかくて	あたたかければ	あたたかいです

| あたたかい | 아따따까이 | [温かい] | 따뜻하다, 다정하다 |

↻ あたたかくない　あたたかくて　あたたかければ　あたたかいです

| あたたまる | 아따따마루 | [暖まる] | 따뜻해지다 |

↻ あたたまらない　あたたまって　あたたまれば　あたたまります

| あたためる | 아따따메루 | [暖める] | 따뜻하게 하다 |

↻ あたためない　あたためて　あたためれば　あたためます

| あたためる | 아따따메루 | [温める] | 데우다, 덥히다 |

↻ あたためない　あたためて　あたためれば　あたためます

あだな	아다나	[あだ名]	별명
あたま	아따마	[頭]	머리, 고개
あたらしい	아따라시이	[新しい]	새롭다

↻ あたらしくない　あたらしくて　あたらしければ　あたらしいです

| あたり | 아따리 | [辺り] | 부근, 근처 |
| あたりまえ | 아따리마에 | [当り前] | 당연함 |

↻ あたりまえではない　あたりまえで　あたりまえなら　あたりまえです

| あたる | 아따루 | [当る] | 맞다, 부딪치다 |

↻ あたらない　あたって　あたれば　あたります

あちこち	아치꼬치		여기저기
あちら	아치라		저쪽
あちらがわ	아치라가와	[あちら側]	저쪽 편

13

あちらこちら	아치라꼬치라		이쪽저쪽
あつい	아츠이	[暑い]	덥다

↻ あつくない　あつくて　あつければ　あついです

あつい	아츠이	[熱い]	뜨겁다

↻ あつくない　あつくて　あつければ　あついです

あつい	아츠이	[厚い]	두껍다

↻ あつくない　あつくて　あつければ　あついです

あつかう	아츠까우	[扱う]	다루다, 취급하다

↻ あつかわない　あつかって　あつかえば　あつかいます

あつかましい	아츠까마시이	[厚かましい]	뻔뻔스럽다

↻ あつかましくない　あつかましくて　あつかましければ　あつかましいです

あつがりや	아츠가리야	[暑がり屋]	더위를 잘 타는 사람
あつさ	아츠사	[暑さ]	더위
あつさ	아츠사	[厚さ]	두께
あっさり	아ㅅ사리		산뜻하게, 선선히
あっち	아ㅅ치		저기, 저쪽
アットマーク	아ㅅ또마ー쿠	[at mark]	골뱅이
★ あつまり	아츠마리	[集まり]	모임, 회합
あつまる	아츠마루	[集まる]	모이다

↻ あつまらない　あつまって　あつまれば　あつまります

あつめる	아츠메루	[集める]	모으다

↺ あつめない　あつめて　あつめれば　あつめます

あつりょくなべ	아츠료꾸나베	[圧力鍋]	압력솥
あてさき	아떼사끼	[宛先]	수신인, 수신처
あてな	아떼나	[宛名]	수신자명
あてはずれ	아떼하즈레	[当て外ずれ]	기대에 어긋남
あてる	아떼루	[当てる]	대다, 맞히다

↺ あてない　あてて　あてれば　あてます

あと	아또	[後]	나중, 뒤
★ あとかたづけ	아또까따즈께	[後片付け]	뒤치다꺼리
あとしまつ	아또시마츠	[後始末]	뒤치다꺼리, 마무리
あとつぎ	아또츠기	[跡継ぎ]	집안의 대를 이음, 후사
あとで	아또데	[後で]	나중에
★ アドバイス	아도바이스	[advice]	조언, 충고
あとばらい	아또바라이	[後払い]	후불
★ アトリエ	아또리에	[atelier]	아뜰리에, 화실
アドレスちょう	아도레스쵸-	[アドレス帳]	주소록
あな	아나	[穴]	구멍
アナウンサー	아나우ㄴ사-	[announcer]	아나운서
あなご	아나고	[海鰻]	붕장어

15

あなた	아나따	[貴方]	당신
あに	아니	[兄]	형, 오빠
★ アニメ	아니메	[animation]	애니메이션, TV 만화
あね	아네	[姉]	누나, 언니
あの	아노		저, 그
★ あのかた	아노가따	[あの方]	저 분
あのね	아노네		이것 봐
アパート	아빠-또	[apartment]	맨션
あばれる	아바레루	[暴れる]	날뛰다, 난폭하게 굴다

↻ あばれない　あばれて　あばれれば　あばれます

アピール	아삐-루	[appeal]	어필
あびる	아비루	[浴びる]	뒤집어쓰다

↻ あびない　あびて　あびれば　あびます

アフターサービス	아후타-사-비스	[after-service]	애프터서비스
あぶない	아부나이	[危ない]	위험하다, 위태롭다

↻ あぶなくない　あぶなくて　あぶなければ　あぶないです

あぶら	아부라	[油]	기름
あぶらあげ	아부라아게	[油揚げ]	유부
あぶらっこい	아부라ㄱ꼬이	[脂っこい]	느끼하다, 기름기 많다

↻ あぶらっこくない　あぶらっこくて　あぶらっこければ　あぶらっこいです

16

| アフリカ | 아후리카 | [Africa] | 아프리카 |

| あふれる | 아후레루 | [溢れる] | 넘치다, 넘쳐흐르다 |

↻ あふれない　あふれて　あふれれば　あふれます

| あべこべ | 아베꼬베 | | 반대, 뒤바뀜 |

↻ あべこべではない　あべこべで　あべこべなら　あべこべです

| あほ | 아호 | [阿呆] | 바보, 천치, 바보 같음 |

↻ あほではない　あほで　あほなら　あほです

| アボカド | 아보카도 | [avocado] | 아보카도 |

| あまい | 아마이 | [甘い] | 달다, 달콤하다 |

↻ あまくない　あまくて　あまければ　あまいです

| あまえる | 아마에루 | [甘える] | 응석부리다, 어리광 부리다 |

↻ あまえない　あまえて　あまえれば　あまえます

| アマチュア | 아마쥬아 | [amateur] | 아마추어 |

| あまのがわ | 아마노가와 | [天の川] | 은하수 |

| あまり | 아마리 | | 그다지, 너무나 |

| あまりにも | 아마리니모 | | 너무나도 |

| あまる | 아마루 | [余る] | 남다 |

↻ あまらない　あまって　あまれば　あまります

| あみ | 아미 | [網] | 그물, 망 |

| あみもの | 아미모노 | [編み物] | 뜨개질 |

あむ	아무	[編む]	뜨다, 엮다

🔄 あまない　あんで　あめば　あみます

あめ	아메	[雨]	비
あめ	아메	[飴]	엿
アメリカ	아메리카	[America]	미국
アメリカじん	아메리카진ㅇ	[America 人]	미국인
あやしい	애야시이	[怪しい]	수상하다, 야릇하다

🔄 あやしくない　あやしくて　あやしければ　あやしいです

あやす	아야스		달래다, 어르다

🔄 あやさない　あやして　あやせば　あやします

あやまり	애야마리	[謝り]	사과, 사죄
あやまり	애야마리	[誤り]	잘못, 실수
あやまる	애야마루	[謝る]	빌다, 사과하다

🔄 あやまらない　あやまって　あやまれば　あやまります

あやまる	애야마루	[誤る]	잘못하다, 실수하다

🔄 あやまらない　あやまって　あやまれば　あやまります

あやめ	아야메	[菖蒲]	붓꽃
★ あら	아라		어머, 어머나
あらい	아라이	[荒い]	거칠다, 사납다

🔄 あらくない　あらくて　あらければ　あらいです

18

| あらう | 아라우 | [洗う] | 씻다, 빨다 |

↻ あらわない　あらって　あらえば　あらいます

あらかじめ	아라까지메	[予め]	미리, 사전에
あらし	아라시	[嵐]	폭풍
あらすじ	아라스지	[粗筋]	줄거리, 개요
あらそい	아라소이	[争い]	다툼, 언쟁
あらそう	아라소우	[争う]	다투다, 겨루다

↻ あらそわない　あらそって　あらそえば　あらそいます

| あらた | 아라따 | [新た] | 새로움 |

↻ あらたではない　あらたで　あらたなら　あらたです

| あらためて | 아라따메떼 | [改めて] | 다른 기회에,
새삼스럽게 |
| あらためる | 아라따메루 | [改める] | 고치다, 바로 하다 |

↻ あらためない　あらためて　あらためれば　あらためます

アラブ	아라부	[Arab]	아랍
あらまあ	아라마ー		어머나!
あらまし	아라마시		개요, 대강, 대충
あらゆる	아라유루		온갖
あらわす	아라와스	[表す]	나타내다, 표현하다

↻ あらわさない　あらわして　あらわせば　あらわします

| あらわす | 아라와스 | [現す] | 나타내다 |

↻ あらわさない　あらわして　あらわせば　あらわします

| あらわれる | 아라와레루 | [現れる] | 나타나다, 드러나다 |

↻ あらわれない　あらわれて　あらわれれば　あらわれます

| あり | 아리 | [蟻] | 개미 |
| ありがたい | 아리가따이 | | 고맙다, 반갑다 |

↻ ありがたくない　ありがたくて　ありがたければ　ありがたいです

| ありがとう | 아리가또ー | | 고마워 |
| ある | 아루 | | 있다 |

↻ ない　あって　あれば　あります

ある	아루	[或]	어느, 어떤
あるいは	아루이와	[或いは]	혹은, 또는
あるきまわる	아루끼마와루	[歩き回る]	돌아다니다

↻ あるきまわらない　あるきまわって　あるきまわれば　あるきまわります

| あるく | 아루꾸 | [歩く] | 걷다 |

↻ あるかない　あるいて　あるけば　あるきます

アルバイト	아루바이토	[Arbeit]	아르바이트
アルバム	아루바무	[album]	앨범
アルファベット	아루화베ㅅ또	[alphabet]	알파벳
アルミニウム	아루미니우무	[aluminium]	알루미늄
アルミホイル	아루미호이루	[aluminium foil]	알루미늄 호일

あれ	아레		어, 어머나
あれ	아레		저것
あれこれ	아레꼬레		이것저것, 여러 가지
アレルギー	아레루기ー	[Allergie]	알레르기
あわ	애와	[泡]	거품, 기포
あわせる	애와세루	[合わせる]	맞추다, 모으다

↻ あわせない　あわせて　あわせれば　あわせます

あわてる	애와떼루	[慌てる]	당황하다, 허둥대다

↻ あわてない　あわてて　あわてれば　あわてます

あんき	아ㅇ끼	[暗記]	암기
アンケート	아ㅇ케ー또	[enquete]	앙케트
あんごう	아ㅇ고ー	[暗号]	암호
アンコール	아ㅇ꼬ー루	[encore]	앙코르
あんざん	아ㄴ자ㅇ	[暗算]	암산
あんしょうばんごう	아ㄴ쇼ー바ㅇ고ー	[暗証番号]	비밀번호
あんしん	아ㄴ시ㅇ	[安心]	안심

↻ あんしんではない　あんしんで　あんしんなら　あんしんです

あんせい	아ㅔㄴ세ー	[安静]	안정

↻ あんせいではない　あんせいで　あんせいなら　あんせいです

あんぜん	아ㅔㄴ제ㅇ	[安全]	안전

↻ あんぜんではない　あんぜんで　あんぜんなら　あんぜんです

あんてい	아ㄴ떼ー	[安定]	안정
アンテナ	아ㄴ떼나	[antenna]	안테나
あんな	아ㄴ나		저런, 저러한
あんない	아ㄴ나이	[案内]	안내
★ あんないじょ	아ㄴ나이죠	[案内所]	안내소
あんなに	아ㄴ나니		저렇게
あんのじょう	아ㄴ노죠ー	[案の定]	짐작대로, 아니나다를까
あんまり	아ㅁ마리		그다지, 별로, 너무
★ あんらく	아ㄴ라꾸	[安楽]	안락

↻ あんらくではない　あんらくで　あんらくなら　あんらくです

22

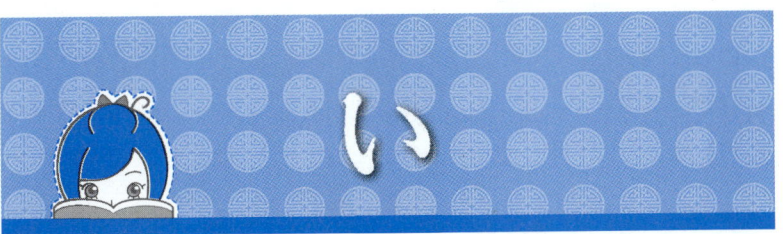

い	이	[胃]	위
いい	이이		좋다, 된다
↻ よくない　よくて　よければ　いいです			
いいあらそい	이－아라소이	[言い争い]	말다툼
いいあらそう	이－아라소우	[言い争う]	말다툼하다
↻ いいあらそわない　いいあらそって　いいあらそえば　いいあらそいます			
いいあらわす	이－아라와스	[言い表わす]	말로 나타내다, 표현하다
↻ いいあらわさない　いいあらわして　いいあらわせば　いいあらわします			
いいえ	이－에		아니오
いいがかり	이－가까리	[言い掛かり]	생트집
いいかげん	이－까게ㄴ	[いい加減]	적당함, 알맞음, 적당히
↻ いいかげんではない　いいかげんで　いいかげんなら　いいかげんです			
いいかた	이－까따	[言い方]	말투, 말씨
いいきかせる	이－끼까세루	[言い聞かせる]	타이르다, 훈계하다
↻ いいきかせない　いいきかせて　いいきかせれば　いいきかせます			
いいつける	이－츠께루	[言い付ける]	시키다, 명령하다

23

↻ いいつけない　いいつけて　いいつければ　いいつけます

いいはる	이–하루	[言い張る]	우기다

↻ いいはらない　いいはって　いいはれば　いいはります

イーメール	이–메–루	[E-mail]	이메일
いいわけ	이–와께	[言い訳]	변명, 핑계
いいん	이이ㅇ	[委員]	위원
いいんかい	이이ㅇ까이	[委員会]	위원회
いう	이우	[言う]	말하다

↻ いわない　いって　いえば　いいます

いえ	이에´	[家]	집, 가정
イエス	이에스	[Jesus]	예수
いえで	이에데	[家出]	가출
いか	이까		오징어
いか	이까	[以下]	이하
いがい	이가이	[以外]	이외
いがい	이가이	[意外]	의외, 뜻밖

↻ いがいではない　いがいで　いがいなら　いがいです

いかが	이까가		어떻게
いかす	이까스	[生かす]	살리다

↻ いかさない　いかして　いかせば　いかします

| いかす | 이까스 | [活かす] | 살리다, 발휘하다 |

↻ いかさない　いかして　いかせば　いかします

いき	이끼	[息]	숨, 호흡
★ いきどおり	이끼도-리	[憤り]	노여움, 분노
いきなり	이끼나리		갑자기, 별안간
★ いきぬく	이끼누꾸	[生き抜く]	꿋꿋이 살아가다

↻ いきぬかない　いきぬいて　いきぬけば　いきぬきます

| ★ いきのこる | 이끼노꼬루 | [生き残る] | 살아남다 |

↻ いきのこらない　いきのこって　いきのこれば　いきのこります

★ いきもの	이끼모노	[生き物]	생물
イギリス	이기리스	[Engles]	영국
いきる	이끼루	[生きる]	살다

↻ いきない　いきて　いきれば　いきます

| いく | 이꾸 | [行く] | 가다 |

↻ いかない　いって　いけば　いきます

いくじ	이꾸지	[育児]	육아
いくつ	이꾸츠	[幾つ]	몇 개, 몇 살
いくら	이꾸라		얼마, 아무리
★ いくらか	이꾸라까		조금, 다소, 얼마간
いけ	이께	[池]	연못, 못

25

いけばな	이께바나	[生け花]	꽃꽂이
いけん	이께ㅇ	[意見]	의견
いこう	이꼬-	[以降]	이후
いこく	이꼬꾸	[異国]	이국
いざかや	이자까야	[居酒屋]	선술집, 민속주점
いさん	이사ㄴ	[遺産]	유산
いし	이시	[医師]	의사
いし	이시	[石]	돌
いし	이시	[意思]	의사
いし	이시	[意志]	의지
いじ	이지	[維持]	유지
いじ	이지	[意地]	고집, 심술
いしき	이시끼	[意識]	의식
いしころ	이시꼬로	[石ころ]	돌멩이
いしだん	이시다ㅇ	[石段]	돌계단, 돌층계
いしばし	이시바시	[石橋]	돌다리
いじめられる	이지메라레루		왕따를 당하다

↻ いじめられない　いじめられて　いじめられれば　いじめられます

| いじめる | 이지메루 | | 괴롭히다,
못살게 굴다 |

↻ いじめない　いじめて　いじめれば　いじめます

26

いしゃ	이샤	[医者]	의사
いしょ	이쇼	[遺書]	유서
いしょう	이쇼—	[衣装]	의상
いじょう	이죠—	[以上]	이상
いじょう	이죠—	[異常]	이상

↻ いじょうではない　いじょうで　いじょうなら　いじょうです

★ いじわる　이지와루　[意地悪]　심술, 심술쟁이

↻ いじわるではない　いじわるで　いじわるなら　いじわるです

いす	이스	[椅子]	의자
いずみ	이즈미	[泉]	샘
イスラムきょう	이스라무꾜—	[Islam 教]	이슬람교
いずれ	이즈레		어차피, 머지않아, 조만간
いぜん	이제ㅇ	[以前]	이전
いそがしい	이소가시이	[忙しい]	바쁘다, 분주하다

↻ いそがしくない　いそがしくて　いそがしければ　いそがしいです

いそぐ　이소구　[急ぐ]　서두르다

↻ いそがない　いそいで　いそげば　いそぎます

いぞく	이조꾸	[遺族]	유족
いた	이따	[板]	판자, 널빤지
いたい	이따이	[痛い]	아프다

↺ いたくない いたくて いたければ いたいです			
いたす	이따스	[致す]	하다 (겸양어)
↺ いたさない いたして いたせば いたします			
いたずら	이따즈라	[悪戯]	못된 장난
いたずらでんわ	이따즈라데ㅇ와	[いたずら電話]	장난전화
いただき	이따다끼	[頂]	꼭대기, 정상
いただく	이따다꾸	[頂く]	받다 (겸양어)
↺ いただかない いただいて いただけば いただきます			
いたみどめ	이따미도메	[痛み止め]	진통제
いためる	이따메루	[炒める]	볶다
↺ いためない いためて いためれば いためます			
イタリア	이타리아	[Italia]	이탈리아
イタリアりょうり	이타리아료-리	[Italia 料理]	이태리요리
★ いたるところ	이따루또꼬로	[至る所]	도처, 온갖 곳
いち	이치'	[一]	1, 일
いち	이치	[位置]	위치
いちおう	이치오-	[一応]	우선, 일단
いちがつ	이치가츠'	[一月]	1월
いちご	이치고		딸기
いちじ	이치지	[一時]	1시

28

いちぜろよん	이치제로요ㅇ	[104]	전화안내국
いちだん	이치다ㅇ	[一段]	한 단계, 더욱
いちど	이치도	[一度]	한 번
いちにち	이치니치	[一日]	하루
いちねん	이치네ㄴ	[一年]	일년
いちねんじゅう	이치네ㄴ쥬-	[一年中]	일년 내내
いちば	이치바	[市場]	시장
いちばん	이치바ㅇ	[一番]	1번, 첫 번째
いちばん	이치바ㅇ	[一番]	가장, 제일
いちめん	이치메ㅇ	[一面]	일면, 전체
いちやづけ	이치야즈께	[一夜漬け]	벼락치기
いちょう	이쵸-	[銀杏]	은행
いちりゅう	이치류-	[一流]	일류
いつ	이츠		언제, 어느때
いつか	이츠까		언젠가
いつか	이츠까	[五日]	5일
いっかつばらい	이ㄱ까츠바라이	[一括払い]	일시불
いつから	이츠까라		언제부터
いっきに	이ㄱ끼니	[一気に]	단숨에, 단번에
いっきのみ	이ㄱ끼노미	[一気飲み]	원샷

いっこだて	읻ㄱ꼬다떼	[一戸建て]	단독주택
いっしゅうかん	읻ㅅ슈ー까ㅇ	[一週間]	일주일
いっしょう	읻ㅅ쇼ー	[一生]	일생
いっしょうけんめい	읻ㅅ쇼ー께ㅁ메ー	[一生懸命]	열심히

↻ いっしょうけんめではない　いっしょうけんめいで

　いっしょうけんめいなら　いっしょうけんめいです

いっしょに	읻ㅅ쇼니	[一緒に]	같이, 함께
いっそ	읻ㅅ소		차라리, 오히려
いっそう	읻ㅅ소ー	[一層]	더욱, 한층
いったい	읻ㅅ따이	[一体]	도대체, 원래
いつつ	읻츠츠	[五つ]	다섯 개, 다섯 살
いってい	읻ㅅ떼ー	[一定]	일정
いつでも	읻츠데모		언제라도
いっぱい	읻ㅂ빠이	[一杯]	한 잔, 한 컵
いっぱい	읻ㅂ빠이	[一杯]	가득, 잔뜩
いっぱく	읻ㅂ빠꾸	[一泊]	일박
いっぱん	읻ㅂ빠ㅇ	[一般]	일반
いっぽう	읻ㅂ뽀ー	[一方]	한편, 한쪽
いっぽうつうこう	읻ㅂ뽀ー츠ー꼬ー	[一方通行]	일방통행
いつまで	읻츠마데		언제까지

いつも	이츠모		항상, 늘
★ イデオロギー	이데오로기-	[Ideologie]	이데올로기, 주의
いでん	이덴	[遺伝]	유전
いでんがく	이뎅가꾸	[遺伝学]	유전학
いと	이또	[糸]	실
いと	이또	[意図]	의도
いどう	이도-	[移動]	이동
いとこ	이또꼬	[従兄弟]	사촌
いない	이나이	[以内]	이내
いなか	이나까	[田舎]	시골
イニシャル	이니샤루	[initial]	이니셜
いぬ	이누	[犬]	개
いぬどし	이누도시	[戌年]	개띠
いねむり	이네무리	[居眠り]	앉아서 졸음, 말뚝잠
いのしし	이노시시	[猪]	멧돼지
いのししどし	이노시시도시	[猪年]	돼지띠
いのち	이노치	[命]	생명, 목숨
いのり	이노리	[祈り]	기도, 기원
いのる	이노루	[祈る]	기도하다

↻ いのらない　いのって　いのれば　いのります

31

いばる	이바루	[威張る]	뽐내다, 으스대다

↻ いばらない　いばって　いばれば　いばります

いはん	이항ㅇ	[違反]	위반
いびき	이비끼		코고는 소리를 냄
いほう	이호-	[違法]	위법
いま	이마	[今]	지금
いま	이마	[居間]	거실
いまから	이마까라	[今から]	지금부터
いまごろ	이마고로	[今頃]	지금쯤
いまさら	이마사라	[今更]	새삼스럽게, 이제 와서
いまだ	이마다	[未だ]	아직
いまや	이마야	[今や]	바야흐로
いみ	이미	[意味]	의미
いみん	이미ㄴ	[移民]	이민
いも	이모	[芋]	감자류, 마
いもうと	이모-또	[妹]	여동생
いもうとさん	이모-또사ㅇ	[妹さん]	언니분, 누님
いや	이야		아니
いや	이야	[嫌]	싫음

↻ いやではない　いやで　いやなら　いやです

いやがる	이야가루	[嫌がる]	싫어하다

↻ いやがらない　いやがって　いやがれば　いやがります

イヤリング	이야리○구	[earring]	귀걸이
いよいよ	이요이요		점점, 더욱더, 드디어
いらい	이라이	[依頼]	의뢰
いらい	이라이	[以来]	이래
いらいら	이라이라		조마조마
イラク	이라꾸	[Iraq]	이라크
いらっしゃる	이라ㅅ샤루		계시다

↻ いらっしゃらない　いらっしゃって　いらっしゃれば　いらっしゃいます

イラン	이라ㄴ	[Iran]	이란
いりぐち	이리구치	[入口]	입구
いりょう	이료-	[医療]	의료
いりょうほけん	이료-호께○	[医療保険]	의료보험
いる	이루	[居る]	있다

↻ いない　いて　いれば　います

いる	이루	[要る]	필요하다

↻ いらない　いれば　いります

いる	이루	[射る]	쏘다

↻ いない　いて　いれば　います

いるい	이루이	[衣類]	의류
いれずみ	이레즈미	[入れ墨]	문신
いれば	이레바	[入れ歯]	틀니
いれもの	이레모노	[入れ物]	그릇, 용기
いれる	이레루	[入れる]	넣다

↻ いれない　いれて　いれれば　いれます

いろ	이로	[色]	색깔
いろあい	이로아이	[色合い]	색상
いろいろ	이로이로	[色々]	여러 가지
いろう	이로ー	[慰労]	위로
いろえんぴつ	이로에ㅁ삐츠	[色鉛筆]	색연필
いろがみ	이로가미	[色紙]	색종이
いろけ	이로께	[色気]	성적매력
いろっぽい	이로ㅂ뽀이	[色っぽい]	요염하다, 섹시하다

↻ いろっぽくない　いろっぽくて　いろっぽければ　いろっぽいです

いろんな	이로ㄴ나	[色んな]	여러 가지
いわ	이와	[岩]	바위
いわい	이와이	[祝い]	축하
いわう	이와우	[祝う]	축하하다

↻ いわわない　いわって　いわえば　いわいます

い

★ いわば	이와바	[言わば]	말하자면, 이를테면
★ いわゆる	이와유루		이른바, 소위
いんかん	이ㅇ까ㄴ	[印鑑]	인감
インク	이ㅇ꾸	[ink]	잉크
いんげんまめ	이ㅇ게ㅁ마메	[いんげん豆]	강낭콩
インコ	이ㅇ꼬		잉꼬
いんさつ	이ㄴ사츠	[印刷]	인쇄
いんしゅうんてん	이ㄴ슈우ㄴ떼ㅇ	[飲酒運転]	음주운전
いんしょう	이ㄴ쇼ー	[印象]	인상
★ インスタント	이ㄴ스따ㄴ또	[instant]	인스턴트
インスタントコーヒー	이ㄴ스따ㄴ또코ー히ー	[instant coffee]	인스턴트커피
インスタントしょくひん	이ㄴ스따ㄴ또쇼꾸히ㅇ	[instant 食品]	인스턴트식품
インストール	이ㄴ스토ー루	[install]	인스톨, 설치
いんそつ	이ㄴ소츠	[引率]	인솔
インターネット	이ㄴ따ー네ㅅ또	[Internet]	인터넷
インターネット・カフェ	이ㄴ따ー네ㅅ또까훼	[Internet cafe]	피시방
インターホン	이ㄴ따ー호ㅇ	[interphone]	인터폰
インターン	이ㄴ따ーㄴ	[intern]	인턴
インタビュー	이ㄴ타뷰ー	[interview]	인터뷰
インド	이ㄴ도	[India]	인도

イントネーション	이ㄴ토네-쇼ㄴ	[intonation]	억양
インドネシア	이ㄴ도네시아	[Indonesia]	인도네시아
インフルエンザ	이ㄴ후루에ㄴ자	[influenza]	독감
インフレ	이ㄴ 후레	[inflation]	인플레이션
いんぼう	이ㅁ보-	[陰謀]	음모

★	ウイスキー	위이스끼ー	[whiskey]	위스키
	ウイルス	위이루스	[virus]	바이러스
	ウインク	위이ㅇ꾸	[wink]	윙크
★	ウインドー	위이ㄴ도ー	[window]	윈도우
	ウインドーショッピング	위이ㄴ도ー쇼ㅂ삐ㅇ구	[window shopping]	윈도우쇼핑
	ウーロンちゃ	위ー로ㅇ쨔	[ウーロン茶]	우롱차
	うえ	위에	[上]	위
★	うえ	위에	[飢え]	굶주림
	ウェーター	웨ー타ー	[waiter]	웨이터
	ウェートレス	웨ー토레스	[waitress]	웨이트리스
	ウェディング	웨디ㅇ구	[wedding]	웨딩
	ウェブ	웨부	[Web]	웹
	ウェブサイト	웨부사이또	[web site]	웹사이트
	うえる	위에루	[植える]	심다

🔊 うえない　うえて　うえれば　うえます

	うえる	위에루	[飢える]	굶주리다

37

🔁 うえない　うえて　うえれば　うえます

ウォーキング	워ー끼ㅇ구	[walking]	워킹
うおざ	우오자	[魚座]	물고기자리
ウォン	워ㄴ	[₩]	원
うがい	우가이		양치, 양치질
うかがう	우까가우	[伺う]	듣다, 여쭙다, 찾아뵙다

🔁 うかがわない　うかがって　うかがえば　うかがいます

| うかぶ | 우까부 | [浮かぶ] | 뜨다 |

🔁 うかばない　うかんで　うかべば　うかびます

| うかべる | 우까베루 | [浮かべる] | 띄우다 |

🔁 うかべない　うかべて　うかべれば　うかべます

| ★ | うきよえ | 우끼요에 | [浮世絵] | 풍속화 |
| | うく | 우꾸 | [浮く] | 뜨다 |

🔁 うかない　ういて　うけば　うきます

| うけつけ | 우께즈께 | [受付] | 접수, 접수처 |
| ★ | うけとる | 우께또루 | [受け取る] | 받다, 받아들이다 |

🔁 うけとらない　うけとって　うけとれば　うけとります

| うける | 우께루 | [受ける] | 받다 |

🔁 うけない　うけて　うければ　うけます

| うごかす | 우고까스 | [動かす] | 움직이다 |

↻ うごかさない　うごかして　うごかせば　うごかします

| うごく | 우고꾸 | [動く] | 움직이다 |

↻ うごかない　うごいて　うごけば　うごきます

うさぎ	우사기	[兎]	
うさぎどし	우사기도시	[兎年]	토끼띠
うし	우시	[牛]	소
うしどし	우시도시	[牛年]	소띠
うしなう	우시나우	[失う]	잃다, 잃어버리다

↻ うしなわない　うしなって　うしなえば　うしないます

うしろ	우시로	[後ろ]	뒤, 뒤쪽
うしろすがた	우시로스가따	[後ろ姿]	뒷모습
うしろめたい	우시로메따이	[後ろめたい]	꺼림칙하다

↻ うしろめたくない　うしろめたくて　うしろめたければ　うしろめたいです

| うすい | 우스이 | [薄い] | 엷다, 얇다, 연하다 |

↻ うすくない　うすくて　うすければ　うすいです

うすけしょう	우스게쇼ー	[薄化粧]	엷은 화장
うせつ	우세츠	[右折]	우회전
うそ	우소	[嘘]	거짓말
うそつき	우소츠끼	[嘘つき]	거짓말쟁이
うた	우따	[歌]	노래

39

うたう	우따우	[歌う]	노래하다

🔁 うたわない　うたって　うたえば　うたいます

うたがい	우따가이	[疑い]	의심, 의문
うたがう	우따가우	[疑う]	의심하다

🔁 うたがわない　うたがって　うたがえば　うたがいます

★ | うたがわしい | 우따가와시이 | [疑わしい] | 의심스럽다, 수상쩍다 |

🔁 うたがわしくない　うたがわしくて　うたがわしければ　うたがわしいです

うたばんぐみ	우따방ㅇ구미	[歌番組]	음악프로
うち	우치	[家]	집
うち	우치	[内]	안, 속
うちき	우치끼	[内気]	내성적임
うちゅう	우츄-	[宇宙]	우주
うちゅうじん	우츄-지ㅇ	[宇宙人]	외계인
うちゅうひこうし	우츄-히꼬-시	[宇宙飛行士]	우주비행사
うちゅうりょこう	우츄-료꼬-	[宇宙旅行]	우주여행
うちょうてん	우쵸-떼ㅇ	[有頂天]	기뻐서 어쩔 줄 모름

🔁 うちょうてんではない　うちょうてんで　うちょうてんなら　うちょうてんです

うちわ	우치와	[団扇]	부채
うつ	우츠	[打つ]	치다

🔁 うたない　うって　うてば　うちます

うっかり	웃ㄱ까리		깜빡, 무심코
うつくしい	웃츠꾸시이	[美しい]	아름답다

🔁 うつくしくない　うつくしくて　うつくしければ　うつくしいです

うつす	웃츠스	[写す]	베끼다

🔁 うつさない　うつして　うつせば　うつします

うつす	웃츠스	[映す]	비추다

🔁 うつさない　うつして　うつせば　うつします

うつす	웃츠스	[移す]	옮기다

🔁 うつさない　うつして　うつせば　うつします

★ | うったえる | 웃ㅅ따에루 | [訴える] | 호소하다, 고발하다 |
|---|---|---|---|

🔁 うったえない　うったえて　うったえれば　うったえます

うっとうしい	웃ㅅ또ー시이		울적하다, 음울하다

🔁 うっとうしくない　うっとうしくて　うっとうしければ　うっとうしいです

うっとり	웃ㅅ또리		넋없이, 넋을 잃고

★ | うつむく | 웃츠무꾸 | [俯く] | 고개를 숙이다 |
|---|---|---|---|

🔁 うつむかない　うつむいて　うつむけば　うつむきます

うつらうつら	웃츠라웃츠라		꾸벅꾸벅
うつる	웃츠루	[写る]	비치다

🔁 うつらない　うつって　うつれば　うつります

うつる	웃츠루	[映る]	비치다

41

🔁 うつらない うつって うつれば うつります			
うつる	우쯔루	[移る]	옮아가다, 바뀌다
🔁 うつらない うつって うつれば うつります			
うつわ	우츠와	[器]	그릇, 용기
うで	우데'	[腕]	팔
★ うできき	우데끼끼	[腕利き]	수완가, 솜씨가 뛰어난 사람
うでくび	우데꾸비	[腕首]	팔목
★ うでぐみ	우데구미	[腕組み]	팔짱
うでどけい	우데도께ー	[腕時計]	손목시계
うとい	우또이	[疎い]	소원하다
🔁 うとくない うとくて うとければ うといです			
うとうと	우또우또		꾸벅꾸벅
うどん	우도ㅇ		우동
うなぎ	우나기	[鰻]	뱀장어
★ うなずく	우나즈꾸		끄덕이다, 수긍하다
🔁 うなずかない うなづいて うなずけば うなずきます			
うなる	우나루	[唸る]	끙끙거리다
🔁 うならない うなって うなれば うなります			
★ うぬぼれる	우누보레루	[己惚れる]	자만하다, 자부하다
🔁 うぬぼれない うぬぼれて うぬぼれれば うぬぼれます			

う

| うばう | 우바우 | [奪う] | 빼앗다 |

🕐 うばわない　うばって　うばえば　うばいます

| うま | 우마 | [馬] | 말 |
| うまい | 우마이 | [旨い] | 맛있다, 잘하다 |

🕐 うまくない　うまくて　うまければ　うまいです

うまどし	우마도시	[馬年]	말띠
うまれ	우마레	[生まれ]	태생
うまれつき	우마레츠끼	[生まれつき]	천성
うまれる	우마레루	[生まれる]	태어나다

🕐 うまれない　うまれて　うまれれば　うまれます

うみ	우미	[海]	바다
うみ	우미	[膿]	고름
うみがわ	우미가와	[海側]	바닷가 쪽
うみのひ	우미노히	[海の日]	해양의 날
うみべ	우미베	[海辺]	해변, 바닷가
うむ	우무	[有無]	유무
うむ	우무	[産む]	낳다

🕐 うまない　うんで　うめば　うみます

| うめ | 우메 | [梅] | 매화 |
| うめあわせ | 우메아와세 | [埋め合わせ] | 보충, 벌충 |

うめしゅ	우메슈	[梅酒]	매실주
うめぼし	우메보시	[梅干し]	매실장아찌
うようよ	우요우요		우글우글, 득실득실
うら	우라	[裏]	뒷면, 이면
うらぎられる	우라기라레루	[裏切られる]	배신 당하다
↻ うらぎられない	うらぎられて	うらぎられれば	うらぎられます
うらぎる	우라기루	[裏切る]	배신하다, 배반하다
↻ うらぎらない	うらぎって	うらぎれば	うらぎります
うらどおり	우라도-리	[裏通り]	뒷골목
うらない	우라나이	[占い]	점
うらにわ	우라니와	[裏庭]	뒤뜰
うらむ	우라무	[恨む]	원망하다
↻ うらまない	うらんで	うらめば	うらみます
うらやましい	우라야마시이	[羨ましい]	부럽다
↻ うらやましくない	うらやましくて	うらやましければ	うらやましいです
うりあげ	우리아게	[売り上げ]	매상
うりきれ	우리끼레	[売り切れ]	매진
うりて	우리떼	[売り手]	파는 사람
うりば	우리바	[売り場]	매장
うりもの	우리모노	[売り物]	파는 물건

| うる | 우루 | [売る] | 팔다 |

⟳ うらない　うって　うれば　うります

| うるうどし | 우루―도시 | [うるう年] | 윤년 |
| うるさい | 우루사이 | | 시끄럽다,
소란스럽다 |

⟳ うるさくない　うるさくて　うるさければ　うるさいです

| うれしい | 우레시이 | [嬉しい] | 기쁘다 |

⟳ うれしくない　うれしくて　うれしければ　うれしいです

うれっこ	우레ㄱ꼬	[売れっこ]	인기인
うれゆき	우레유끼	[売れ行き]	팔림새
うれる	우레루	[熟れる]	익다, 무르익다

⟳ うれない　うれて　うれれば　うれます

| うれる | 우레루 | [売れる] | 팔리다 |

⟳ うれない　うれて　うれれば　うれます

| うろうろ | 우로우로 | | 어정어정 |
| ★ うろたえる | 우로따에루 | [狼狽える] | 허둥대다, 당황하다 |

⟳ うろたえない　うろたえて　うろたえれば　うろたえます

| うろちょろ | 우로쵸로 | | 졸랑졸랑, 촐랑촐랑 |
| うろつく | 우로츠꾸 | [彷徨く] | 떠돌다, 서성대다 |

⟳ うろつかない　うろついて　うろつけば　うろつきます

| うわき | 우와끼 | [浮気] | 바람기 |

うわぎ	우와기	[上着]	상의
うわきもの	우와끼모노	[浮気者]	바람둥이
うわさ	우와사	[噂]	소문
うわやく	우와야꾸	[上役]	상사, 상관
うん	우ㄴ	[運]	운
うん	우ㅇ		응, 그래
うんえい	우ㅇ에ー	[運営]	운영
うんざり	우ㄴ자리		지긋지긋함, 싫증남
うんそう	우ㄴ소ー	[運送]	운송
うんち	우ㄴ치		똥
うんちん	우ㄴ치ㅇ	[運賃]	운임, 차비
うんてん	우ㄴ떼ㅇ	[運転]	운전
うんてんしゅ	우ㄴ떼ㄴ슈	[運転手]	운전사
うんどう	우ㄴ도ー	[運動]	운동
うんどうかい	우ㄴ도ー까이	[運動会]	운동회
うんどうぐつ	우ㄴ도ー구츠	[運動靴]	운동화
うんぱん	우ㅁ빠ㅇ	[運搬]	운반
うんめい	우ㅁ메ー	[運命]	운명
うんゆ	우ㅇ유	[運輸]	운수
うんゆぎょう	우ㅇ유교ー	[運輸業]	운수업

46

え	에	[絵]	그림
エアコン	에아코ㅇ	[air conditioner]	냉난방기
エアポート	에아뽀ー또	[airport]	공항
エアメール	에아메ー루	[airmail]	항공우편
エアロビクス	에아로비ㄱ스	[aerobics]	에어로빅
えいが	에ー가	[映画]	영화
えいがかん	에ー가까ㅇ	[映画館]	영화관
えいがかんしょう	에ー가까ㄴ쇼ー	[映画鑑賞]	영화감상
えいきょう	에ー꾜ー	[影響]	영향
えいぎょう	에ー교ー	[営業]	영업
えいぎょうがかり	에ー교ー가까리	[営業係]	영업담당
えいぎょうじかん	에ー교ー지까ㅇ	[営業時間]	영업시간
えいぎょうちゅう	에ー교ー츄ー	[営業中]	영업중
えいぎょうぶ	에ー교ー부	[営業部]	영업부
えいご	에ー고	[英語]	영어
えいさい	에ー사이	[英才]	영재

えいじゅう	에┤쥬┤	[永住]	영주
エイズ	에이즈	[AIDS]	에이즈
えいせい	에┤세┤	[衛星]	위성
えいせい	에┤세┤	[衛生]	위생
えいせいほうそう	에┤세┤호┤소┤	[衛星放送]	위성방송
えいぞう	에┤조┤	[映像]	영상, 화상
えいぶん	에┤부ㄴ	[英文]	영문
えいぶんがく	에┤부ㅇ가꾸	[英文学]	영문학
えいよう	에┤요┤	[栄養]	영양
ええ	에┤		예
ええ	에┤		에?
エージェンシー	에┤제ㄴ시┤	[agency]	에이전시
エージェント	에┤제ㄴ또	[agent]	에이전트
ええと	에┤또		저, 그러니까
えがお	에가오	[笑顔]	웃는 얼굴
えがく	에가꾸	[描く]	그리다

↺ えがかない　えがいて　えがけば　えがきます　·

えき	에끼	[駅]	역
えきいん	에끼이ㅇ	[駅員]	역무원
えきしょう	에끼쇼┤	[液晶]	액정

48

エキストラ	에끼스또라	[extra]	엑스트라
えきたい	에끼따이	[液体]	액체
えきちょう	에끼쬬-	[駅長]	역장
えきべん	에끼베ㅇ	[駅辯]	역도시락
えきまえ	에끼마에	[駅前]	역 앞, 역전
えくぼ	에꾸보		보조개
エコノミー	에코노미-	[economy]	이코노미, 경제
エコノミークラス	에쿠노미-쿠라스	[economy class]	이코노미클래스
えさ	에사	[餌]	먹이
エスカレーター	에스까레-타-	[escalator]	에스컬레이터
エステ	에스테	[esthetique]	얼굴마사지, 피부관리
エスプレッソ	에스뿌레ㅅ소	[espresso]	에스프레스
えだ	에다	[枝]	가지, 나뭇가지
エチケット	에치케ㅅ또	[étiquette]	에티켓
えっ	에ㅅ		응?
エッセイ	에ㅅ세-	[essay]	에세이, 수필
えと	에또	[干支]	간지, 띠
エネルギー	에네루기-	[energy]	에너지
エノキダケ	에노끼다께		팽나무버섯
えのぐ	에노구	[絵の具]	물감

えはがき	에하가끼	[絵葉書]	그림엽서
えび	에비	[海老]	새우
★ エピソード	에피소-도	[episode]	에피소드
エビフライ	에비후라이	[エビ fry]	새우튀김
エピローグ	에피로-구	[epilogue]	에필로그
エプロン	에푸로ㅇ	[apron]	앞치마
えほん	에호ㅇ	[絵本]	그림책
えらい	에라이	[偉い]	훌륭하다, 위대하다

↻ えらくない　えらくて　えらければ　えらいです

| えらぶ | 에라부 | [選ぶ] | 고르다, 택하다 |

↻ えらばない　えらんで　えらべば　えらびます

| エリート | 에리-토 | [elite] | 엘리트 |
| える | 에루 | [得る] | 얻다 |

↻ えない　えて　えれば　えます

エレベーター	에레베-타-	[elevator]	엘리베이터
えん	에ㅇ	[円]	엔
えんか	에ㅇ까	[演歌]	엔카
えんぎ	에ㅇ기	[演技]	연기
えんげい	에ㅇ게-	[園芸]	원예
えんげき	에ㅇ게끼	[演劇]	연극

エンジニア	에ㄴ지니아	[engineer]	기술자
えんしゅつ	에ㄴ슈츠	[演出]	연출
エンジン	에ㄴ지○	[engine]	엔진
エンゼル	에ㄴ제루	[angel]	천사
えんそう	에ㄴ소-	[演奏]	연주
えんそく	에ㄴ소꾸	[遠足]	소풍
えんだか	에ㄴ다까	[円高]	엔고
えんちょう	에ㄴ쵸-	[延長]	연장
えんとつ	에ㄴ또츠	[煙突]	굴뚝
えんぴつ	에ㅁ삐츠	[鉛筆]	연필
えんやす	에○야스	[円安]	엔저
えんりょ	에ㄴ료	[遠慮]	사양, 겸손

お

オアシス	오아시스	[oasis]	오아시스
★ おいしい	오이시이		맛있다

↻ おいしくない　おいしくて　おいしければ　おいしいです

おいっこ	오이ㄱ꼬		남자조카
おいでになる	오이데니나루		오시다

↻ おいでにならない　おいでになって　おいでになれば　おいでになります

おいる	오이루	[老いる]	늙다

↻ おいない　おいて　おいれば　おいます

おう	오ー	[王]	왕
おう	오우	[追う]	쫓다, 따르다

↻ おわない　おって　おえば　おいます

おうえん	오ー에ㅇ	[応援]	응원
おうきゅう	오ー뀨ー	[応急]	응급
おうこく	오ー꼬꾸	[王国]	왕국
おうさま	오ー사마	[王様]	임금님
おうじ	오ー지	[王子]	왕자

52

お

| おうしざ | 오우시자 | [牡牛座] | 황소자리 |
| おうじる | 오-지루 | [応じる] | 응하다 |

↻ おうじない　おうじて　おうじれば　おうじます

おうだん	오-다ㄴ	[横断]	횡단
おうだんほどう	오-다ㅇ호도-	[横断歩道]	횡단보도
おうと	오-또	[嘔吐]	구토
おうふく	오-후꾸	[往復]	왕복
おえる	오에루	[終える]	끝내다, 마치다

↻ おえない　おえて　おえれば　おえます

おお	오-		그래
おお	오-		아이쿠
おおあたり	오-아따리	[大当り]	적중함, 딱 들어맞음
おおあめ	오-아메	[大雨]	큰비
おおい	오-이	[多い]	많다

↻ おおくない　おおくて　おおければ　おおいです

オーエル	오-에루	[office lady]	여회사원
おおかみ	오-까미	[狼]	이리, 늑대
おおきい	오-끼이	[大きい]	크다

↻ おおきくない　おおきくて　おおきければ　おおきいです

| おおきさ | 오-끼사 | [大きさ] | 크기 |

おおきな	오─끼나	[大きな]	큰
おおげさ	오─게사	[大げさ]	과장됨, 야단스러움

↻ おおげさではない　おおげさで　おおげさなら　おおげさです

オーケストラ	오─케스또라	[orchestra]	오케스트라
おおげんか	오─게ㅇ까	[大喧嘩]	큰 싸움
おおさか	오─사까	[大阪]	오사카
おおざっぱ	오─자ㅂ빠		조잡함, 엉성함

↻ おおざっぱではない　おおざっぱで　おおざっぱなら　おおざっぱです

オーストラリア	오─스토라리아	[Australia]	호주
おおぜい	오─제─	[大勢]	많은 사람
おおそうじ	오─소─지	[大掃除]	대청소
オーダー	오─다─	[order]	주문
おおどおり	오─도─리	[大通り]	대로, 큰길
オートバイ	오─토바이	[auto bicycle]	오토바이
オートマチックしゃ	오─토마치ㄱ끄샤	[オートマチック車]	오토매틱차
オーナー	오─나─	[owner]	오너, 소유자
オーバー	오─바─	[overcoat]	오버코트
オーブン	오─부ㄴ	[oven]	오븐
オープン	오─뿌ㄴ	[open]	오픈
オーブントースター	오─부ㄴ토─스타─	[oven toaster]	오븐토스트

54

おおみそか	오―미소까	[大晦日]	섣달 그믐날
おおもり	오―모리	[大盛り]	곱배기
おおやさん	오―야사ㅇ	[大家さん]	집주인
おかあさん	오까―사ㅇ	[お母さん]	어머니
おかげ	오까게		덕분, 덕택
おかし	오까시	[お菓子]	과자
おかしい	오까시이	[可笑しい]	이상하다, 우습다

↻ おかしくない　おかしくて　おかしければ　おかしいです

おかず	오까즈		반찬
おかね	오까네	[お金]	돈
おかわり	오까와리	[お代わり]	같은 음식을 더 먹음, 그 음식
おきなわ	오끼나와	[沖縄]	오키나와
おきゃく	오꺄꾸	[お客]	손님
おきる	오끼루	[起きる]	일어나다

↻ おきない　おきて　おきれば　おきます

おく	오꾸	[億]	억
おく	오꾸	[奥]	속, 안
おく	오꾸	[置く]	두다, 놓다

↻ おかない　おいて　おけば　おきます

おくがい	오꾸가이	[屋外]	옥외

おくさま	오ㄱ사마	[奥様]	부인, 사모님
おくさん	오ㄱ사ㅇ	[奥さん]	부인, 사모님
おくじょう	오꾸죠-	[屋上]	옥상
おくない	오꾸나이	[屋内]	집 안, 옥내
おくびょう	오꾸뵤-	[臆病]	겁쟁이, 겁 많음

↺ おくびょうではない　おくびょうで　おくびょうなら　おくびょうです

おくまん	오꾸마ㅇ	[億万]	억만
おくる	오꾸루	[送る]	보내다, 부치다

↺ おくらない　おくって　おくれば　おくります

おくる	오꾸루	[贈る]	보내다, 선물하다

↺ おくらない　おくって　おくれば　おくります

おくれる	오꾸레루	[遅れる]	늦어지다, 뒤쳐지다

↺ おくれない　おくれて　おくれれば　おくれます

おこげ	오꼬게		누룽지
おこさん	오꼬사ㅇ	[お子さん]	자제분
おこす	오꼬스	[起こす]	깨우다, 일으키다

↺ おこさない　おこして　おこせば　おこします

おこたる	오꼬따루	[怠る]	게을리 하다, 태만히 하다

↺ おこたらない　おこたって　おこたれば　おこたります

おこなう	오꼬나우	[行う]	행하다

↻ おこなわない　おこなって　おこなえば　おこないます

| おこのみやき | 오꼬노미야끼 | [お好み焼き] | 오꼬노미야끼 |
| おこりっぽい | 오꼬리ㅂ뽀이 | [怒りっぽい] | 툭하면 화내는 성격이다 |

↻ おこりっぽくない　おこりっぽくて　おこりっぽければ　おこりっぽいです

| おこる | 오꼬루 | [起こる] | 일어나다, 생기다 |

↻ おこらない　おこって　おこれば　おこります

| おこる | 오꼬루 | [怒る] | 화내다, 노하다 |

↻ おこらない　おこって　おこれば　おこります

| おごる | 오고루 | | 한턱내다 |

↻ おごらない　おごって　おごれば　おごります

| おさけ | 오사께 | [お酒] | 술 |
| おさない | 오사나이 | [幼い] | 어리다 |

↻ おさなくない　おさなくて　おさなければ　おさないです

おさななじみ	오사나나지미	[幼なじみ]	소꿉친구
おさら	오사라	[皿]	접시
おさらあらい	오사라아라이	[お皿洗い]	설거지
おじ	오지	[伯父]	큰 아버지, 큰 삼촌
おじ	오지	[叔父]	작은 아버지, 작은 삼촌
おしい	오시이	[惜しい]	아깝다, 아끼다

↻ おしくない　おしくて　おしければ　おしいです

57

おじいさん	오지ー사ㅇ	[お祖父さん]	할아버지
おしいれ	오시이레	[押入れ]	벽장, 반침
おしえる	오시에루	[教える]	가르치다

↻ おしえない　おしえて　おしえれば　おしえます

おじぎ	오지기	[お辞儀]	절
おじさん	오지사ㅇ		아저씨
おじさん	오지사ㅇ	[伯父さん]	큰 아버지, 큰 삼촌
おじさん	오지사ㅇ	[叔父さん]	작은 아버지, 작은 삼촌
おしっこ	오시ㄱ꼬		오줌
おしぼり	오시보리	[お絞り]	물수건
おしゃべり	오샤베리		수다, 수다쟁이, 수다스러움

↻ おしゃべりではない　おしゃべりで　おしゃべりなら　おしゃべりです

| おしゃれ | 오샤레 | | 멋쟁이, 멋을 냄 |

↻ おしゃれではない　おしゃれで　おしゃれなら　おしゃれです

おしょうがつ	오쇼ー가츠	[お正月]	정월
おじょうさん	오죠ー사ㅇ	[お嬢さん]	아가씨, 따님
おす	오스	[雄]	수컷
おす	오스	[押す]	밀다, 누르다

↻ おさない　おして　おせば　おします

| オセアニア | 오세아니아 | [Oceania] | 오세아니아 |

58

おせじ	오세지	[お世辞]	겉치레 말, 발림말
おせっかい	오세ㄱ까이	[お節介]	참견

↻ おせっかいではない　おせっかいで　おせっかいなら　おせっかいです

おそい	오소이	[遅い]	늦다, 느리다

↻ おそくない　おそくて　おそければ　おそいです

おそらく	오소라꾸	[恐らく]	아마, 필시
おそるおそる	오소루오소루		조심조심, 흠칫흠칫
おそれる	오소레루	[恐れる]	무서워하다, 두려워하다

↻ おそれない　おそれて　おそれれば　おそれます

おそろしい	오소로시이	[恐ろしい]	무섭다, 두렵다, 겁나다

↻ おそろしくない　おそろしくて　おそろしければ　おそろしいです

おそわれる	오소와레루		악몽에 시달리다, 가위눌리다

↻ おそわれない　おそわれて　おそわれれば　おそわれます

おたく	오따꾸	[お宅]	댁
おたま	오따마	[お玉]	국자
おだやか	오다야까	[穏やか]	온화함, 평온함

↻ おだやかではない　おだやかで　おだやかなら　おだやかです

★ おちいる	오치이루	[陥る]	빠지다, 함락하다

↻ おちいらない　おちいって　おちいれば　おちいります

おちつく	오치츠꾸	[落ち着く]	차분해지다

🔄 おちつかない　おちついて　おちつけば　おちつきます

| おちゃ | 오쨔 | [お茶] | 차 |
| おちる | 오치루 | [落ちる] | 떨어지다 |

🔄 おちない　おちて　おちれば　おちます

| おっしゃる | 오ㅅ샤루 | | 말씀하시다 |

🔄 おっしゃらない　おっしゃって　おっしゃれば　おっしゃいます

| おっちょこちょい | 오ㅅ쵸꼬쵸이 | | 덜렁이, 경박함 |

🔄 おっちょこちょいではない　おっちょこちょいで

おっちょこちょいなら　おっちょこちょいです

おっと	오ㅅ또	[夫]	남편
おっと	오ㅅ또		이크
おっぱい	오ㅂ빠이		젖
おつまみ	오츠마미		술안주
おつゆ	오츠유	[お汁]	국, 국물
おつり	오츠리	[お釣り]	거스름돈
おてあらい	오떼아라이	[お手洗い]	화장실
おてら	오떼라	[お寺]	절
おでん	오데ㅇ		오뎅
おと	오또	[音]	소리
おとうさん	오또ー사ㅇ	[お父さん]	아버지

おとうと	오또-또	[弟]	남동생
おとうとさん	오또-또사ㅇ	[弟さん]	동생분
おとくいさん	오또꾸이사ㅇ	[お得意さん]	단골손님
おとこ	오또꼬	[男]	남자, 사나이
おとこのこ	오또꼬노꼬	[男の子]	남자아이
おとこのひと	오또꼬노히또	[男の人]	남자
おとこらしい	오또꼬라시이	[男らしい]	남자답다

↻ おとこらしくない　おとこらしくて　おとこらしければ　おとこらしいです

おとしだま	오또시다마	[お年玉]	세뱃돈
おとしより	오또시요리	[お年寄り]	노인
おとす	오또스	[落とす]	떨어뜨리다

↻ おとさない　おとして　おとせば　おとします

おととい	오또또이	[一昨日]	그저께
おととし	오또또시	[一昨年]	재작년
おとな	오또나	[大人]	어른, 성인
おとなしい	오또나시이		얌전하다, 점잖다

↻ おとなしくない　おとなしくて　おとなしければ　おとなしいです

| おとめざ | 오또메자 | [乙女座] | 처녀자리 |
| おどる | 오도루 | [踊る] | 춤추다 |

↻ おどらない　おどって　おどれば　おどります

おどろく	오도로꾸	[驚く]	놀라다
↻ おどろかない　おどろいて　おどろけば　おどろきます			
おなか	오나까	[お腹]	배
おなじ	오나지	[同じ]	같음, 동일함, 똑같음
↻ おなじではない　おなじで　おなじなら　おなじです			
おなじく	오나지꾸	[同じく]	같이, 마찬가지로
おなら	오나라	[屁]	방귀
おに	오니	[鬼]	귀신, 도깨비
おにいさん	오니-사ㅇ	[お兄さん]	형, 오빠
おにぎり	오니기리		주먹밥
おにく	오니꾸	[お肉]	고기
おにごっこ	오니고ㄱ꼬	[鬼ごっこ]	술래잡기
おねえさん	오네-사ㅇ	[お姉さん]	누나, 언니
おば	오바	[伯母]	큰 고모, 큰 이모
おば	오바	[叔母]	고모, 이모
おばあさん	오바-사ㅇ	[お祖母さん]	할머니
おばさん	오바사ㅇ	[伯母さん]	큰 고모, 큰 이모
おばさん	오바사ㅇ	[叔母さん]	고모, 이모
おばさん	오바사ㅇ		아주머니
おはだ	오하다	[お肌]	피부, 살결

おはよう	오하요-		안녕하세요?
おひつじざ	오히츠지자	[牡羊座]	양자리
おひや	오히야	[お冷や]	찬물, 냉수
オファー	오화-	[offer]	오퍼, 신청
オフィス	오휘스	[office]	오피스, 사무실
おふろ	오후로	[お風呂]	목욕, 욕조
オペラ	오페라	[opera]	오페라
おべんとう	오베ㄴ또-	[お弁当]	도시락
おぼえる	오보에루	[覚える]	외우다, 암기하다

↻ おぼえない おぼえて おぼえれば おぼえます

おぼん	오보ㅇ	[お盆]	쟁반
おぼん	오보ㅇ	[お盆]	오봉(우란분재)
おまえ	오마에	[お前]	너
おまけ	오마께		덤
おまけに	오마께니		게다가, 그 위에
おみあい	오미아이	[お見合い]	중매
おみまい	오미마이	[お見舞い]	문병
おみやげ	오미야게	[お土産]	토산품, 선물
おむつ	오무츠		기저귀
オムライス	오무라이스	[ome rice]	오므라이스

63

| おめでたい | 오메데따이 | | 경사스럽다 |

↺ おめでたくない　おめでたくて　おめでたければ　おめでたいです

| おめでとう | 오메데또- | | 축하해요 |
| おも | 오모 | [主] | 주됨, 주요함 |

↺ おもではない　おもで　おもなら　おもです

| おもい | 오모이 | [思い] | 생각 |
| おもい | 오모이 | [重い] | 무겁다 |

↺ おもくない　おもくて　おもければ　おもいです

| おもいだす | 오모이다스 | [思い出す] | 생각나다, 생각해내다 |

↺ おもいださない　おもいだして　おもいだせば　おもいだします

おもいで	오모이데	[思い出]	추억
おもいやり	오모이야리	[思いやり]	동정, 동정심
おもう	오모우	[思う]	생각하다

↺ おもわない　おもって　おもえば　おもいます

| おもさ | 오모사 | [重さ] | 무게 |
| おもしろい | 오모시로이 | [面白い] | 재미있다, 우습다 |

↺ おもしろくない　おもしろくて　おもしろければ　おもしろいです

| おもたい | 오모따이 | [重たい] | 묵직하다 |

↺ おもたくない　おもたくて　おもたければ　おもたいです

| おもちかえり | 오모치까에리 | [お持ち帰り] | 테이크아웃 |

64

おもちゃ	오모쨔	[玩具]	장난감
おもちゃや	오모쨔야	[玩具屋]	완구점
おもて	오모떼	[表]	겉, 바깥
おもてむき	오모떼무끼	[表向き]	표면상, 표면화함
おもに	오모니	[主に]	주로
おや	오야	[親]	부모
おや	오야		어머!
おやこ	오야꼬	[親子]	부모 자식
おやすみなさい	오야스미나사이	[お休みなさい]	안녕히 주무세요.
おやつ	오야츠		오후의 간식
おやぶん	오야부ㅇ	[親分]	두목
おやゆび	오야유비	[親指]	엄지손가락
おゆ	오유	[お湯]	뜨거운 물, 끓인 물
およぐ	오요구	[泳ぐ]	헤엄치다, 수영하다

↻ およがない　およいで　およげば　およぎます

| およぶ | 오요부 | [及ぶ] | 미치다, 이르다 |

↻ およばない　およんで　およべば　およびます

オランダ	오라ㄴ다	[Olanda]	네덜란드
オリーブオイル	오리-부오이루	[olive oil]	올리브유
オリジナル	오리지나루	[original]	오리지널

おりたたみがさ	오리따따미가사	[折り畳み傘]	접이식 우산
おりる	오리루	[下りる]	내리다, 내려오다
↻ おりない　おりて　おりれば　おります			
おりる	오리루	[降りる]	내리다
↻ おりない　おりて　おりれば　おります			
オリンピック	오리ㅁ삐ㄱ꾸	[Olympic]	올림픽
おる	오루	[居る]	있다
↻ おって　おれば　おります			
おる	오루	[折る]	접다, 꺾다
↻ おらない　おって　おれば　おります			
おれ	오레	[俺]	나
おれい	오레-	[お礼]	사례, 감사인사
おれる	오레루	[折れる]	꺾이다, 접히다, 부러지다
↻ おれない　おれて　おれれば　おれます			
オレンジ	오레ㄴ지	[orange]	오렌지
オレンジいろ	오레ㄴ지이로	[オレンジ色]	오렌지색
オレンジジュース	오레ㄴ지쥬-스	[orange juice]	오렌지주스
おろか	오로까	[愚か]	어리석음
↻ おろかではない　おろかで　おろかなら　おろかです			
おろす	오로스	[下ろす]	내리다, 내리게 하다

🔊 おろさない おろして おろせば おろします

おわらいばんぐみ	오와라이바o구미	[お笑い番組]	개그프로
おわり	오와리	[終わり]	끝
おわる	오와루	[終わる]	끝나다, 마치다

🔊 おわらない おわって おわれば おわります

おわん	오와o	[お椀]	국그릇
おんがく	오o가꾸	[音楽]	음악
おんがくしつ	오o가ㄱ시츠	[音楽室]	음악실
おんじん	오ㄴ지o	[恩人]	은인
おんせん	오ㄴ세ㄴ	[温泉]	온천
おんだん	오ㄴ다o	[温暖]	온난
おんど	오ㄴ도	[温度]	온도
おんな	오ㄴ나	[女]	여자, 계집
おんなのこ	오ㄴ나노꼬	[女の子]	여자아이
おんなのひと	오ㄴ나노히또	[女の人]	여자
おんならしい	오ㄴ나라시이	[女らしい]	여자답다

🔊 おんならしくない おんならしくて おんならしければ おんならしいです

| おんぶ | 오ㅁ부 | | 어부바 |

か

か	가	[蚊]	모기
カー	카ー	[car]	카, 차
カーディガン	카ー디가ㄴ	[cardigan]	카디건
カーテン	카ー테ㅇ	[curtain]	커튼
ガーデン	가ー데ㅇ	[garden]	가든, 정원
カーネーション	카ー네ー쇼ㅇ	[carnation]	카네이션
カーペット	카ー페ㅅ또	[carpet]	카펫
ガール	가ー루	[girl]	걸, 소녀
ガールフレンド	가ー루후레ㄴ도	[girl friend]	여자친구
がい	가이	[害]	해
かいいん	가이이ㅇ	[会員]	회원
かいが	가이가	[絵画]	그림
がいか	가이까	[外貨]	외화
かいがい	가이가이	[海外]	해외
かいがいりょこう	가이가이료꼬ー	[海外旅行]	해외여행
かいかく	가이까꾸	[改革]	개혁

か

| かいがん | 개이가ㅇ | [海岸] | 해안 |
| かいき | 개이끼 | [怪奇] | 괴기 |

↻ かいきではない　かいきで　かいきなら　かいきです

かいぎ	개이기	[会議]	회의
かいぎょう	개이교ー	[開業]	개업
かいぐん	개이구ㅇ	[海軍]	해군
かいけい	개이께ー	[会計]	계산, 회계
かいけいし	개이께ー시	[会計士]	회계사
かいけつ	개이께츠	[解決]	해결
がいけん	개이께ㅇ	[外見]	외모
かいごう	개이고ー	[会合]	회합
がいこう	개이꼬ー	[外交]	외교
がいこうかん	개이꼬ー까ㅇ	[外交官]	외교관
がいこく	개이꼬꾸	[外国]	외국
がいこくご	개이꼬꾸고	[外国語]	외국어
がいこくじん	개이꼬꾸지ㅇ	[外国人]	외국인
かいさい	개이사이	[開催]	개최
かいさつ	개이사츠	[改札]	개찰
かいさつぐち	개이사츠구치	[改札口]	개찰구
かいさん	개이사ㅇ	[解散]	해산

<u>か</u>いし	<u>가</u>이시	[開始]	개시
<u>か</u>いしゃ	<u>가</u>이샤	[会社]	회사
<u>か</u>いしゃいん	<u>가</u>이샤이ㅇ	[会社員]	회사원
<u>か</u>いしゃく	<u>가</u>이샤꾸	[解釈]	해석
<u>が</u>いしゅつ	<u>가</u>이슈츠	[外出]	외출
<u>か</u>いしょう	<u>가</u>이쇼-	[解消]	해소
<u>か</u>いじょう	<u>가</u>이죠-	[会場]	회장
<u>か</u>いじょう	<u>가</u>이죠-	[海上]	해상
<u>か</u>いしん	<u>가</u>이시ㅇ	[回診]	회진
<u>が</u>いじん	<u>가</u>이지ㅇ	[外人]	외국인
<u>か</u>いすうけん	<u>가</u>이스-께ㅇ	[回数券]	회수권
<u>か</u>いせい	<u>가</u>이세-	[改正]	개정
<u>か</u>いせつ	<u>가</u>이세츠	[解説]	해설
<u>か</u>いせつ	<u>가</u>이세츠	[開設]	개설
<u>か</u>いぜん	<u>가</u>이제ㅇ	[改善]	개선
<u>か</u>いだん	<u>가</u>이다ㅇ	[会談]	회담
<u>か</u>いだん	<u>가</u>이다ㅇ	[階段]	계단
<u>か</u>いてき	<u>가</u>이떼끼	[快適]	쾌적

🔊 <u>か</u>いてきではない　<u>か</u>いてきで　<u>か</u>いてきなら　<u>か</u>いてきです

<u>か</u>いてん	<u>가</u>이떼ㅇ	[開店]	개점

かいてん	카이떼ㅇ	[回転]	회전
ガイド	카이도	[guide]	가이드, 안내자
かいとう	카이또ー	[回答]	회답
がいねん	카이네ㅇ	[概念]	개념
かいはつ	카이하츠	[開発]	개발
かいばつ	카이바츠	[海抜]	해발
かいひ	카이히	[会費]	회비
かいふく	카이후꾸	[回復]	회복
かいほう	카이호ー	[開放]	개방
かいほう	카이호ー	[解放]	해방
かいほう	카이호ー	[介抱]	간호, 병구완
かいもの	카이모노	[買い物]	장보기, 쇼핑
がいらいご	카이라이고	[外来語]	외래어
かいりょう	카이료ー	[改良]	개량
かいわ	카이와	[会話]	회화
かう	카우	[買う]	사다
↻ かわない　かって　かえば　かいます			
かう	카우	[飼う]	기르다
↻ かわない　かって　かえば　かいます			
ガウン	카우ㅇ	[gown]	가운

か

71

カウンター	캬우ㄴ따ー	[counter]	카운터
かえす	가에스	[返す]	돌리다, 갚다

かえさない　かえして　かえせば　かえします

かえって	가에ㅅ떼	[反って]	오히려, 도리어
かえで	가에데	[楓]	단풍나무
かえる	가에루	[帰る]	돌아가다

かえらない　かえって　かえれば　かえります

かえる	가에루	[変える]	바꾸다

かえない　かえて　かえれば　かえます

かえる	가에루	[代える]	대신하다

かえない　かえて　かえれば　かえます

かえる	가에루	[替える]	교체하다

かえない　かえて　かえれば　かえます

かえる	가에루	[換える]	바꾸다

かえない　かえて　かえれば　かえます

かえる	가에루	[蛙]	개구리
かお	가오	[顔]	얼굴
かおいろ	가오이로	[顔色]	안색
かおく	가오꾸	[家屋]	가옥
かおり	가오리	[香り]	향기

か

がか	개까	[画家]	화가
かかく	개까꾸	[価格]	가격
かがく	개가꾸	[科学]	과학
かがく	개가꾸	[化学]	화학
かかと	개까또	[踵]	발꿈치, 발뒤꿈치
かがみ	개가미	[鏡]	거울
かがやく	개가야꾸	[輝く]	

↻ かがやかない　かがやいて　かがやけば　かがやきます

かかる	개까루	[掛る]	걸리다

↻ かからない　かかって　かかれば　かかります

かかわらず	개까와라즈	[関わらず]	불구하고
かき	개끼	[柿]	감
かき	개끼		굴
かぎ	개기	[鍵]	열쇠
カキーン	개끼-ㅇ		딱
かきごおり	개끼고-리	[かき氷]	빙수
かきことば	개끼꼬또바	[書き言葉]	문장체
かきとめ	개끼또메	[書留]	등기
★ かきまぜる	개끼마제루	[掻き交ぜる]	뒤섞다

↻ かきまぜない　かきまぜて　かきまぜれば　かきまぜます

73

★	かぎり	가기리	[限り]	~한
	かぎる	가기루	[限る]	한하다
	↻ かぎらない　かぎって　かぎれば　かぎります			
	かく	가꾸	[書く]	쓰다, 적다
	↻ かかない　かいて　かけば　かきます			
	かく	가꾸	[描く]	그리다
	↻ かかない　かいて　かけば　かきます			
	かく	가꾸	[掻く]	긁다
	↻ かかない　かいて　かけば　かきます			
	かぐ	가구	[家具]	가구
	がくいん	가꾸이ㅇ	[学院]	학원
	かくえきれっしゃ	가꾸에끼레ㅅ샤	[各駅列車]	각역열차
	がくえん	가꾸에ㅇ	[学園]	학원
	かくげん	가꾸게ㅇ	[格言]	격언
	かくご	가꾸고	[覚悟]	각오
	かくしご	가꾸시고	[隠し子]	사생아
	かくじつ	가꾸지츠	[確実]	확실
	↻ かくじつではない　かくじつで　かくじつなら　かくじつです			
	がくしゃ	가ㄱ샤	[学者]	학자
	がくしゅう	가ㄱ슈-	[学習]	학습

がくしゅうしゃ	가ㄱ슈ー샤	[学習者]	학습자, 학생
がくしゅうじゅく	가ㄱ슈ー쥬꾸	[学習塾]	보습학원
かくしん	가ㄱ시ㅇ	[確信]	확신
かくす	가꾸스	[隠す]	숨기다, 감추다

↻ かくさない　かくして　かくせば　かくします

がくせい	가ㄱ세ー	[学生]	학생
カクテル	카ㄱ테루	[cocktail]	칵테일
かくど	가꾸도	[角度]	각도
かくとう	가ㄱ또ー	[格闘]	격투
がくひ	가꾸히	[学費]	학비
かくべつ	가꾸베츠	[格別]	각별, 특별

↻ がくべつではない　かくべつで　かくべつなら　かくべつです

かくめい	가꾸메ー	[革命]	혁명
がくめん	가꾸메ㅇ	[額面]	액면
がくもん	가꾸모ㅇ	[学問]	학문
かくりつ	가꾸리츠	[確率]	확률
かくりつ	가꾸리츠	[確立]	확립
がくれき	가꾸레끼	[学歴]	학력
かくれる	가꾸레루	[隠れる]	숨다

↻ かくれない　かくれて　かくれれば　かくれます

かくれんぼう	가꾸레ㅁ보-	[隠れん坊]	숨바꼭질
がくわり	가꾸와리	[学割]	학생할인
かくん	가꾸ㅇ	[家訓]	가훈
かけ	가케	[賭け]	내기, 도박
かげ	가게	[影]	그림자
かげ	가게	[陰]	그늘
かけあし	가케아시	[駆け足]	달음박질
かけい	가께-	[家計]	가계
かけいぼ	가케-보	[家計簿]	가계부
かげき	가게끼	[過激]	과격

↻ かげきではない　かげきで　かげきなら　かげきです

かけざん	가케자ㅇ	[かけ算]	곱셈
かけじく	가케지꾸	[掛け軸]	족자
かげつ	가게츠	[か月]	~개월
かけっこ	가께ㄱ꼬	[駆けっこ]	달리기, 경주
かけひき	가께히끼	[駆引き]	흥정
かけぶとん	가께부또ㅇ	[掛け布団]	이불
かけもの	가께모노	[掛け物]	족자
かける	가께루	[掛ける]	걸다, 곱하다

↻ かけない　かけて　かければ　かけます

76

かける	가께루	[欠ける]	결여되다, 이지러지다

↻ かけない　かけて　かければ　かけます

| かける | 가께루 | [駆ける] | 뛰다 |

↻ かけない　かけて　かければ　かけます

かこ	가꼬	[過去]	과거
かご	가고	[籠]	바구니
かこうしょくひん	가꼬-쇼꾸히o	[加工食品]	가공식품
かこむ	가꼬무	[囲む]	둘러싸다, 에워싸다

↻ かこまない　かこんで　かこめば　かこみます

かさ	가사	[傘]	우산
かさかさ	가사까사		바삭바삭, 버석버석
かさなる	가사나루	[重なる]	겹쳐지다, 포개지다

↻ かさならない　かさなって　かさなれば　かさなります

| かさねる | 가사네루 | [重ねる] | 겹치다, 포개다 |

↻ かさねない　かさねて　かさねれば　かさねます

かざり	가자리	[飾り]	장식
かざりもの	가자리모노	[飾り物]	장식물
かざる	가자루	[飾る]	장식하다, 꾸미다

↻ かざらない　かざって　かざれば　かざります

| かざん | 가자o | [火山] | 화산 |

かし	가시	[歌詞]	가사
かし	가시	[菓子]	과자
かじ	가지	[家事]	집안일
かじ	가지	[火事]	화재, 불
かしこい	가시꼬이	[賢い]	현명하다, 영리하다

↻ かしこくない　かしこくて　かしこければ　かしこいです

かしだし	가시다시	[貸出し]	대출
カジノ	카지노	[casino]	카지노
かしや	가시야	[貸家]	셋집
かしゅ	가슈	[歌手]	가수
カジュアル	카쥬아루	[casual]	캐주얼
かしらもじ	가시라모지	[頭文字]	머리글자
かす	가스	[貸す]	빌려주다

↻ かさない　かして　かせば　かします

かず	가즈	[数]	숫자
ガス	가스	[gas]	가스
かすか	가스까	[微か]	희미함, 어렴풋함

↻ かすかではない　かすかで　かすかなら　かすかです

| ガスだい | 가스다이 | [ガス代] | 가스요금 |
| ガスレンジ | 가스레ㄴ지 | [gas range] | 가스레인지 |

かぜ	가제	[風]	바람
かぜ	가제	[風邪]	감기
かせぐ	가세구	[稼ぐ]	벌다

かせがない　かせいで　かせげば　かせぎます

★ | かぜぐすり | 가제구스리 | [風邪薬] | 감기약 |
カセットテープ	카세ㅅ또테―뿌	[cassette tape]	카세트 테이프
かぞえどし	가조에도시	[数え年]	세는 나이
かぞえる	가조에루	[数える]	세다

かぞえない　かぞえて　かぞえれば　かぞえます

かぞく	가조꾸	[家族]	가족
ガソリン	가소리ㄴ	[gasoline]	휘발유
ガソリンスタンド	가소리ㄴ스타ㄴ도	[gas station]	주유소
かた	가따	[肩]	어깨
かた	가따	[方]	분
かたい	가따이	[固い]	단단하다

かたくない　かたくて　かたければ　かたいです

| かたい | 가따이 | [堅い] | 견고하다 |

かたくない　かたくて　かたければ　かたいです

| かたい | 가따이 | [硬い] | 딱딱하다 |

かたくない　かたくて　かたければ　かたいです

か

かだい	가다이	[課題]	과제
かたおもい	가따오모이	[片想い]	짝사랑
がたがた	가따가따		덜커덩덜커덩
かたかな	가따까나	[片仮名]	가타카나
★ かたこと	가따꼬또	[片言]	서투른 말씨
かたこり	가따꼬리	[肩凝り]	어깨 결림
かたち	가따치	[形]	모양, 형태
かたづける	가따즈께루	[片付ける]	치우다, 정리하다

↻ かたづけない　かたづけて　かたづければ　かたづけます

かたみち	가따미치	[片道]	편도
かたよる	가따요루	[偏る]	치우치다, 기울어지다

↻ かたよらない　かたよって　かたよれば　かたよります

かたる	가따루	[語る]	말하다, 이야기하다

↻ かたらない　かたって　かたれば　かたります

かち	가치	[価値]	값어치, 가치
かちょう	가쵸-	[課長]	과장
かつ	가츠	[勝つ]	이기다

↻ かたない　かって　かてば　かちます

がっか	가ㄱ까	[学科]	학과
がっかり	가ㄱ까리		실망하는 모양

か

がっき	가ㄱ끼	[学期]	학기
がっき	가ㄱ끼	[楽器]	악기
がっきゅう	가ㄱ뀨ー	[学級]	학급
かっこ	가ㄱ꼬	[括弧]	괄호
がっこう	가ㄱ꼬ー	[学校]	학교
かっこういい	가ㄱ꼬ー이ー		멋있다

↻ かっこうよくない　かっこうよくて　かっこうよければ　かっこういいです

★

かっこく	가ㄱ꼬꾸	[各国]	각국
かつじ	가츠지	[活字]	활자
カッター	캬ㅅ따ー	[cutter]	커터, 작은 칼
かつて	가츠떼		일찍이, 전에
かって	가ㅅ떼	[勝手]	제멋대로임, 마음대로임

↻ かってではない　かってで　かってなら　かってです

カット	캬ㅅ또	[cut]	커트
かつどう	가츠도ー	[活動]	활동
かつどん	가츠도ㅇ	[カツ丼]	포크커틀릿덮밥
カップ	캬ㅂ뿌	[cup]	손잡이 달린 컵
カップラーメン	캬ㅂ뿌라ー메ㅇ	[cup ラーメン]	컵라면
カップル	캬ㅂ푸루	[couple]	커플
かつら	가츠라	[髪]	가발

81

かてい	가떼ー	[家庭]	가정
かど	가도	[角]	모서리, 모퉁이
カトリック	카토리ㄱ꾸	[Catholic]	천주교
カトリックきょう	카토리ㄱ꼬ー	[Catholic 教]	천주교
かない	가나이	[家内]	아내
かなしい	가나시이	[悲しい]	슬프다

🔄 かなしくない　かなしくて　かなしければ　かなしいです

| かなしむ | 가나시무 | [悲しむ] | 슬퍼하다 |

🔄 かなしまない　かなしんで　かなしめば　かなしみます

カナダ	카나다	[Canada]	캐나다
かならず	가나라즈	[必ず]	반드시, 꼭
かならずしも	가나라즈시모	[必ずしも]	반드시
かなり	가나리		꽤, 제법
かに	가니	[蟹]	게
かにざ	가니자	[蟹座]	게자리
かね	가네	[鐘]	종
★ かねもうけ	가네모ー께	[金儲け]	돈벌이
かねもち	가네모치	[金持ち]	부자
かねる	가네루	[兼ねる]	겸하다

🔄 かねない　かねて　かねれば　かねます

82

か

かのう	카노-	[可能]	가능

↻ かのうではない　かのうで　かのうなら　かのうです

かのじょ	카노쬬	[彼女]	그녀, 여자친구
カバー	카바-	[cover]	커버
かばん	카방ㅇ	[鞄]	가방
かびん	카비ㅇ	[花瓶]	꽃병
かぶ	카부	[株]	그루터기, 주식
カフェ	카훼	[café]	카페
カフェオレ	카훼오레	[cafe au lait]	카페오레
かぶき	카부끼	[歌舞伎]	가부키
かぶしき	카부시끼	[株式]	주식
カプセル	카푸세루	[capsule]	캡슐
かぶぬし	카부누시	[株主]	주주
かぶる	카부루	[被る]	모자를 쓰다

↻ かぶらない　かぶって　かぶれば　かぶります

かべ	카베	[壁]	벽
かへい	카헤-	[貨幣]	화폐
かぼちゃ	카보쨔		호박
かまう	카마우	[構う]	상관하다, 관계하다

↻ かまわない　かまって　かまえば　かまいます

がまん	가마ㅇ	[我慢]	참음
かみ	가미	[紙]	종이
かみ	가미	[髪]	머리카락
かみ	가미	[神]	신
かみさま	가미사마	[神様]	하느님
かみそり	가미소리	[剃刀]	여성용 면도기, 면도칼
かみだな	가미다나	[神棚]	신전
かみなり	가미나리	[雷]	천둥, 벼락
かみのけ	가미노께	[髪の毛]	머리카락
かみぶくろ	가미부꾸로	[紙袋]	종이 봉지, 봉투
かむ	가무	[噛む]	씹다, 물다, 깨물다

↻ かまない　かんで　かめば　かみます

ガム	가무	[gum]	껌
かめ	가메	[亀]	거북
カメラ	카메라	[camera]	카메라
★ がめん	가메ㅇ	[画面]	화면
かもく	가모꾸	[科目]	과목
がやがや	가야가야		와글와글, 왁자글
かゆ	가유	[粥]	
かゆい	가유이	[痒い]	가렵다

か

↻ か<u>ゆく</u>ない　か<u>ゆく</u>て　か<u>ゆ</u>ければ　か<u>ゆ</u>いです

か<u>よう</u>	가<u>요</u>우	[通う]	다니다

↻ か<u>よわ</u>ない　か<u>よっ</u>て　か<u>よえ</u>ば　か<u>よ</u>います

か<u>よう</u>び	가<u>요</u>ㅡ비	[火曜日]	화요일
か<u>ら</u>	가<u>라</u>	[殻]	껍질, 껍데기
<u>カ</u>ラー	카<u>라</u>ㅡ	[color]	컬러, 색채
<u>カ</u>ラーリング	카<u>라</u>ㅡ리ㅇ구	[coloring]	염색
か<u>らい</u>	가<u>라</u>이	[辛い]	맵다

↻ か<u>らく</u>ない　か<u>らく</u>て　か<u>らけ</u>れば　か<u>らい</u>です

<u>カ</u>ラオケ	가<u>라</u>오께	[空オケ]	가라오케
<u>カ</u>ラオケボックス	가<u>라</u>오께보ㄱ꾸스	[空オケボックス]	노래방
か<u>らか</u>う	가<u>라</u>까우		조롱하다, 놀리다

↻ か<u>らかわ</u>ない　か<u>らかっ</u>て　か<u>らかえ</u>ば　か<u>らか</u>います

が<u>らく</u>た	가<u>라</u>ㄱ따		잡동사니
か<u>ら</u>し	가<u>라</u>시	[芥子]	겨자
か<u>ら</u>す	가<u>라</u>스	[烏]	까마귀
<u>ガ</u>ラス	가<u>라</u>스	[glass]	유리
か<u>ら</u>だ	가<u>라</u>다	[体]	몸
か<u>ら</u>だつき	가<u>라</u>다츠끼	[体付き]	몸매, 체격
か<u>ら</u>だのふじゆうなひと	가<u>라</u>다노후지유ㅡ나히또	[体の不自由な人]	장애인

からっぽ	가라ㅂ뽀	[空っぽ]	텅 빔, 아무 것도 없음
↻ からっぽではない　からっぽで　からっぽなら　からっぽです			
からて	가라떼	[空手]	당수, 빈손
かりに	가리니	[仮に]	가령, 임시로
かりる	가리루	[借りる]	빌리다, 꾸다
↻ かりない　かりて　かりれば　かります			
かるい	가루이	[軽い]	가볍다
↻ かるくない　かるくて　かるければ　かるいです			
かるがる	가루가루	[軽々]	아주 가볍게, 거뜬히
カルシウム	카루시우무	[calcium]	칼슘
カルテ	카르테	[Karte]	진료기록부, 진료카드
カルビ	가루비		갈비
かれ	가레	[彼]	그, 남자 친구
かれい	가레ー	[鰈]	가자미
カレー	카레ー	[curry]	카레
★ ガレージ	가레ー지	[garage]	차고
カレーライス	가레ー라이스	[curried rice]	카레라이스
かれこれ	가레꼬레		이러쿵저러쿵, 대충
かれし	가레시	[彼氏]	남자친구
かれは	가레하	[枯葉]	마른 잎, 고엽

| かれら | 가레라 | [彼等] | 그들 |
| かれる | 가레루 | [枯れる] | 초목이 시들다 |

↻ かれない　かれて　かれれば　かれます

カレンダー	카레ㄴ다ー	[calender]	캘린더
カロリー	카로리ー	[calorie]	칼로리
かわ	가와	[川]	강
かわ	가와	[皮]	껍질
かわ	가와	[革]	가죽
かわいい	가와이이	[可愛い]	예쁘다, 귀엽다

↻ かわいくない　かわいくて　かわいければ　かわいいです

| かわいそう | 가와이소ー | [可愛そう] | 불쌍함, 가엾음, 딱함 |

↻ かわいそうではない　かわいそうで　かわいそうなら　かわいそうです

| かわいらしい | 가와이라시이 | [可愛らしい] | 귀엽다, 사랑스럽다 |

↻ かわいらしくない　かわいらしくて　かわいらしければ　かわいらしいです

| かわかす | 가와까스 | [乾かす] | 말리다 |

↻ かわかさない　かわかして　かわかせば　かわかします

| かわく | 가와꾸 | [渇く] | 목마르다, 갈증나다 |

↻ かわかない　かわいて　かわけば　かわきます

| かわく | 가와꾸 | [乾く] | 마르다, 건조하다 |

↻ かわかない　かわいて　かわけば　かわきます

87

かわせ	가와세	[為替]	환
かわり	가와리	[代わり]	대신, 대용
かわりもの	가와리모노	[変わり者]	괴짜
かわる	가와루	[代わる]	대신하다
↻ かわらない　かわって　かわれば　かわります			
かわる	가와루	[変わる]	바뀌다, 변하다
↻ かわらない　かわって　かわれば　かわります			
カン	개ㅇ	[缶]	캔
がん	개ㅇ	[癌]	암
がんか	개ㅇ까	[眼科]	안과
かんがえ	개ㅇ가에	[考え]	생각
★ かんがえる	개ㅇ가에루	[考える]	생각하다
↻ かんがえない　かんがえて　かんがえれば　かんがえます			
かんかく	개ㅇ까꾸	[感覚]	감각
カンガルー	캐ㅇ가루-	[kangaroo]	캥거루
がんがん	개ㅇ가ㅇ		욱신욱신, 땡땡
かんきょう	개ㅇ꾜-	[環境]	환경
かんきり	개ㅇ끼리	[缶切り]	깡통 따개
がんぐ	개ㅇ구	[玩具]	완구
かんけい	개ㅇ께-	[関係]	관계

か

かんげい	개ㅇ게ー	[歓迎]	환영
かんげき	개ㅇ게끼	[感激]	감격
がんこ	개ㅇ꼬	[頑固]	완고

↻ がんこではない　がんこで　がんこなら　がんこです

かんこう	개ㅇ꼬ー	[観光]	관광
かんこうあんないじょ	개ㅇ꼬ー아ㄴ나이죠	[観光案内所]	관광안내소
かんこうコース	개ㅇ꼬ーコー스	[観光コース]	관광코스
かんこうち	가ㅇ꼬ー치	[観光地]	관광지
かんこく	개ㅇ꼬꾸	[韓国]	한국
かんごく	개ㅇ고꾸	[監獄]	감옥
かんこくご	개ㅇ꼬꾸고	[韓国語]	한국어
かんこくじん	개ㅇ꼬꾸지ㅇ	[韓国人]	한국인
かんこくりょうり	개ㅇ꼬꾸료ー리	[韓国料理]	한국음식
かんごし	개ㅇ고시	[看護師]	간호사
かんさつ	개ㄴ사츠	[観察]	관찰
かんし	개ㄴ시	[監視]	감시
かんじ	개ㄴ지	[感じ]	느낌
かんじ	개ㄴ지	[漢字]	한자
がんじつ	개ㄴ지츠	[元日]	설날
かんしゃ	개ㄴ샤	[感謝]	감사

89

かんじゃ	카ㄴ쟈	[患者]	환자
かんしょう	카ㄴ쇼-	[鑑賞]	감상
かんしょう	카ㄴ쇼-	[干渉]	간섭
かんじょう	카ㄴ죠-	[感情]	감정
かんじょう	카ㄴ죠-	[勘定]	계산
かんしょく	카ㄴ쇼꾸	[間食]	간식
かんじる	카ㄴ지루	[感じる]	느끼다

↻ かんじない　かんじて　かんじれば　かんじます

| かんしん | 카ㄴ시ㅇ | [関心] | 관심 |
| かんしん | 카ㄴ시ㅇ | [感心] | 감탄 |

↻ かんしんではない　かんしんで　かんしんなら　かんしんです

| かんじん | 카ㄴ지ㅇ | [肝心] | 중요함, 요긴함 |

↻ かんじんではない　かんじんで　かんじんなら　かんじんです

かんせい	카ㄴ세-	[完成]	완성
かんぜい	카ㄴ제-	[関税]	관세
かんせつ	카ㄴ세츠	[関節]	관절
かんせつえん	카ㄴ세츠에ㅇ	[関節炎]	관절염
かんぜん	카ㄴ제ㅇ	[完全]	완전

↻ かんぜんではない　かんぜんで　かんぜんなら　かんぜんです

| がんそ | 카ㄴ소 | [元祖] | 원조 |

かんそう	가ㄴ 소ー	[感想]	감상
かんそう	가ㄴ 소ー	[乾燥]	건조
かんそうはだ	가ㄴ 소ー하다	[乾燥肌]	건성피부
かんそく	가ㄴ 소꾸	[観測]	관측
かんたん	가ㄴ 따ㅇ	[簡単]	간단

🔁 かんたんではない　かんたんで　かんたんなら　かんたんです

がんたん	가ㄴ 따ㅇ	[元旦]	정월초하루 (1월 1일)
かんちがい	가ㄴ 치가이	[勘違い]	착각
★ かんづめ	가ㄴ 즈메	[缶詰]	통조림
かんでんち	가ㄴ 데ㄴ치	[乾電池]	건전지
かんどう	가ㄴ 도ー	[感動]	감동
かんとうちほう	가ㄴ 또ー치호ー	[関東地方]	관동지방
かんとく	가ㄴ 또꾸	[監督]	감독
★ カンニング	카ㄴ 니ㅇ구	[cunning]	커닝
かんぱい	가ㅁ 빠이	[乾杯]	건배
カンパニー	카ㅁ 빠니ー	[company]	회사
がんばる	가ㅁ 바루	[頑張る]	노력하다, 분발하다

🔁 がんばらない　がんばって　がんばれば　がんばります

| かんばん | 가ㅁ 바ㅇ | [看板] | 간판 |
| かんびょう | 가ㅁ 뵤ー | [看病] | 간병 |

91

かんぶん	가口부ㅇ	[漢文]	한문
かんぺき	가口 뻬끼	[完璧]	완벽

↳ かんぺきではない　かんぺきで　かんぺきなら　かんぺきです

かんぽう	가口 뽀—	[漢方]	한방
かんぽうい	가口 뽀—이	[漢方医]	한의사
かんぽうやく	가口 뽀—야꾸	[漢方薬]	한약
かんようく	가ㅇ요—꾸	[慣用句]	관용구
がんらい	가ㄴ 라이	[元来]	원래
かんらん	가ㄴ 라ㅇ	[観覧]	관람
かんり	가ㄴ 리	[管理]	관리
かんりしょく	가ㄴ 리쇼꾸	[管理職]	관리직
かんりゅう	가ㄴ 류—	[寒流]	한류
かんりょう	가ㄴ 료—	[官僚]	관료
かんれき	가ㄴ 레끼	[還暦]	환갑
かんれん	가ㄴ 레ㅇ	[関連]	관련

き	기	[木]	나무
き	기	[気]	마음, 기분, 기
キー	키ー	[key]	키, 열쇠
キーボード	키ー보ー도	[keyboard]	키보드
キーホルダー	키ー호루다ー	[key holder]	열쇠고리
きいろ	기이로	[黄色]	노란색, 노랑
きいろい	기이로이	[黄色い]	노랗다

🕐 きいろくない　きいろくて　きいろければ　きいろいです

キウイ	큐ー이	[kiwi]	키위
きえる	기에루	[消える]	없어지다, 사라지다

🕐 きえない　きえて　きえれば　きえます

きおく	기오꾸	[記憶]	기억
きおくれ	기오꾸레	[気後れ]	기가 죽음, 주눅
きおん	기오ㅇ	[気温]	기온
きかい	기까이	[機会]	기회
きかい	기까이	[機械]	기계

★ きがえる	기가에루	[着替える]	갈아입다
↻ きがえない　きがえて　きがえれば　きがえます			
★ きがかり	기가까리	[気掛かり]	염려, 근심
きかせる	기까세루	[聞かせる]	들려주다
↻ きかせない　きかせて　きかせれば　きかせます			
きがる	기가루	[気軽]	부담 없음
↻ きがるではない　きがるで　きがるなら　きがるです			
きかん	기까ㅇ	[期間]	기간
きき	기끼	[危機]	위기
ききて	기끼떼	[聞き手]	듣는 사람, 청자
ききめ	기께메	[効き目]	효과, 효능, 효험
きぎょう	기교ー	[企業]	기업
きく	기꾸	[菊]	국화
きく	기꾸	[聞く]	듣다, 묻다
↻ きかない　きいて　きけば　ききます			
きく	기꾸	[聴く]	청취하다
↻ きかない　きいて　きけば　ききます			
きく	기꾸	[効く]	효과가 있다
↻ きかない　きいて　きけば　ききます			
きく	기꾸	[利く]	효과가 있다, 듣다

🔄 きかない　きいて　きけば　ききます

きくり	기꾸리		움찔, 덜컥
きけつ	기께츠	[既決]	기결
きけん	기께ㅇ	[危険]	위험

🔄 きけんではない　きけんで　きけんなら　きけんです

きげん	기게ㅇ	[期限]	기한
きげん	기게ㅇ	[機嫌]	기분, 비위
きこう	기꼬ー	[気候]	기후
きごう	기고ー	[記号]	기호
きこえる	기꼬에루	[聞こえる]	들리다

🔄 きこえない　きこえて　きこえれば　きこえます

| きこく | 기꼬꾸 | [帰国] | 귀국 |
| ぎごちない | 기고치나이 | | 어색하다 |

🔄 ぎごちなくない　ぎごちなくて　ぎごちなければ　ぎごちないです

きこん	기꼬ㅇ	[既婚]	기혼
きじ	기지	[記事]	기사
きじ	기지	[生地]	옷감, 천
きじつ	기지츠	[期日]	기일
きしゃ	기샤	[記者]	기자
きしゃ	기샤	[汽車]	기차

き

きしゃかいけん	기샤까이께ᄋ	[記者会見]	기자회견
きしゅ	기슈	[機種]	기종
きしゅう	기슈-	[奇襲]	기습
ぎじゅつ	기쥬츠	[技術]	기술
きしょう	기쇼-	[起床]	기상
きしょう	기쇼-	[気象]	기상
キス	키스	[kiss]	키스, 입맞춤
きず	기즈	[傷]	상처
きすう	기스-	[奇数]	홀수
きずく	기즈꾸	[築く]	쌓다, 구축하다

↺ きずかない　きずいて　きずけば　きずきます

| きずつく | 기즈츠꾸 | [傷付く] | 상처 입다, 다치다 |

↺ きずつかない　きずついて　きずつけば　きずつきます

| きずつける | 기즈츠께루 | [傷付ける] | 상처 주다 |

↺ きずつけない　きずつけて　きずつければ　きずつけます

きずな	기즈나	[絆]	인연, 고삐
きずもの	기즈모노	[傷物]	흠이 있는 것
きせい	기세-	[帰省]	귀성
きせい	기세-	[犠牲]	희생
きせいふく	기세-후꾸	[既製服]	기성복

き

きせき	기세끼	[奇跡]	기적
きせつ	기세츠	[季節]	계절
きぜつ	기제츠	[気絶]	기절
きせつのかわりめ	기세츠노까와리메	[季節の変わり目]	환절기
きせる	기세루	[着せる]	입히다

↻ きせない　きせて　きせれば　きせます

キセル	기세루		부정 승차
きそ	기소	[基礎]	기초
きそ	기소	[起訴]	기소
きぞう	기조-	[寄贈]	기증
ぎそう	기소-	[偽装]	위장
きそく	기소꾸	[規則]	규칙
ぎそく	기소꾸	[義足]	의족
きた	기따	[北]	북, 북쪽
ギター	기따-	[guitar]	기타
きたアメリカ	기따아메리까	[北アメリカ]	북미
きたい	기따이	[期待]	기대
きたい	기따이	[気体]	기체
きたえる	기따에루	[鍛える]	단련하다

↻ きたえない　きたえて　きたえれば　きたえます

97

きたく	기따꾸	[帰宅]	귀가
きたく	기따꾸	[寄託]	기탁
きたちょうせん	기따쵸ー세ㄴ	[北朝鮮]	북한
きだて	기다떼	[気立て]	마음씨
きたない	기따나이	[汚い]	더럽다
↻ きたなくない　きたなくて　きたなければ　きたないです			
きたはんきゅう	기따하ㄴ뀨ー	[北半球]	북반구
きち	기치	[基地]	기지
きちがい	기치가이	[気違い]	미치광이
きちょうひん	기쵸ー히ㅇ	[貴重品]	귀중품
きちょうめん	기쵸ー메ㄴ	[几帳面]	착실하고 꼼꼼함
↻ きちょうめんではない　きちょうめんで			
きちょうめんなら　きちょうめんです			
きちんと	기치ㄴ또		제대로, 정확히
きつい	기츠이		심하다, 고되다
↻ きつくない　きつくて　きつければ　きついです			
きつえん	기츠에ㅇ	[喫煙]	흡연
きつえんしつ	기츠에ㄴ시츠	[喫煙室]	흡연실
きっかり	기ㄱ까리		꼭, 딱, 두드러지게
きづく	기즈꾸	[気づく]	깨닫다, 눈치채다

き

🔊 きづかない　きついて　きづけば　きづきます

★ きっさてん	키ㅅ사떼ㅇ	[喫茶店]	찻집
きっしり	키ㅅ시리		잔뜩, 빽빽, 가득
キッチン	키ㅅ치ㄴ	[kitchen]	키친, 주방
★ きって	키ㅅ떼	[切手]	우표
きってあつめ	키ㅅ떼아츠메	[切手集め]	우표수집
きってコレクション	키ㅅ떼코레ㄱ쇼ㄴ	[切手コレクション]	우표수집
きっと	키ㅅ또		꼭, 반드시
きつね	키츠네	[狐]	여우
きっぱり	키ㅂ빠리		단호히, 딱 잘라
きっぷ	키ㅂ뿌	[切符]	표
きっぷうりば	키ㅂ뿌우리바	[切符売り場]	매표소
きてい	기떼-	[規定]	규정
きてい	기떼-	[既定]	기정
きてき	기떼끼	[汽笛]	기적
きと	기또	[企図]	기도
きどう	기도-	[軌道]	궤도
きとく	기또꾸	[危篤]	위독
きどる	기도루	[気取る]	뽐내다, 허세부리다

🔊 きどらない　きどって　きどれば　きどります

きないあずけにもつ	기나이아즈께니모츠	[機内預け荷物]	기내위탁수하물
きないしょく	기나이쇼꾸	[機内食]	기내식
きないはんばい	기나이하ㅁ바이	[機内販売]	기내판매
きながに	기나가니	[気長に]	느긋하게
きにゅう	기뉴ー	[記入]	기입
きぬ	기누	[絹]	비단, 실크
きねん	기네ㅇ	[記念]	기념
きねんしゃしん	기네ㄴ샤시ㅇ	[記念写真]	기념사진
きのう	기노ー	[昨日]	어제
きのう	기노ー	[機能]	기능
ぎのう	기노ー	[技能]	기능
きのこ	기노꼬	[茸]	버섯
きのどく	기노도꾸	[気の毒]	가엾음, 딱함

↻ きのどくではない　きのどくで　きのどくなら　きのどくです

きのり	기노리	[気乗り]	마음이 내킴
きば	기바	[牙]	짐승 어금니
きば	기바	[騎馬]	기마
きはく	기하꾸	[気魄]	기백
きばつ	기바츠	[奇抜]	기발

↻ きばつではない　きばつで　きばつなら　きばつです

き

★	きばらし	기바라시	[気晴らし]	기분전환, 기분풀이
	きばん	기바ㅇ	[基盤]	기반
	きびきび	기비기비		시원스러운 모양
	きびしい	기비시이	[厳しい]	엄하다

↻ きびしくない　きびしくて　きびしければ　きびしいです

	きふ	기후	[寄付]	기부
	ギブス	기부스	[Gips]	깁스, 석고붕대
	きぶん	기부ㅇ	[気分]	기분, 심정
	きぼ	기보	[規模]	규모
	きぼう	기보−	[希望]	희망
	きほん	기호ㅇ	[基本]	기본
	きまえ	기마에	[気前]	기질, 시원스런 성미
★	きまぐれ	기마구레	[気紛れ]	변덕

↻ きまぐれではない　きまぐれで　きまぐれなら　きまぐれです

| ★ | きまずい | 기마즈이 | [気まずい] | 서먹서먹하다 |

↻ きまずくない　きまずくて　きまずければ　きまずいです

| | きまつテスト | 기마츠테스토 | [期末テスト] | 기말시험 |
| | きまま | 기마마 | [気まま] | 제멋대로 굶 |

↻ きままではない　きままで　きままなら　きままです

| | きまりもんく | 기마리모ㅇ꾸 | [決まり文句] | 틀에 박힌 말, 상투어 |

101

きまる	기마루	[決まる]	정해지다
↻ きまらない　きまって　きまれば　きまります			
きみ	기미	[君]	너
きみたち	기미따치	[君たち]	너희들
きみどりいろ	기미도리이로	[黄緑色]	연두색
きみょう	기묘-	[奇妙]	기묘
↻ きみょうではない　きみょうで　きみょうなら　きみょうです			
★ きみわるい	기미와루이	[気味悪い]	어쩐지 기분이 나쁘다
↻ きみわるくない　きみわるくて　きみわるければ　きみわるいです			
ぎむ	기무	[義務]	의무
★ きむずかしい	기무즈까시이	[気難しい]	성미가 까다롭다
↻ きむずかしくない　きむずかしくて　きむずかしければ　きむずかしいです			
キムチ	기무치		김치
きめる	기메루	[決める]	정하다
↻ きめない　きめて　きめれば　きめます			
きもち	기모치	[気持ち]	기분, 감정
きもの	기모노	[着物]	기모노, 옷
ぎもん	기모ㄴ	[疑問]	의문
きゃく	갸꾸	[客]	손님
きゃくあつかい	갸꾸아츠까이	[客扱い]	손님접대

き

ぎゃくこうか	갸꾸꼬ー까	[逆効果]	역효과
きゃくしつ	갸ㄱ시츠	[客室]	객실
きゃくしつじょうむいん	갸ㄱ시츠죠ー무이ㅇ	[客室乗務員]	객실승무원
きゃくしゃ	갸ㄱ샤	[客車]	객차
ぎゃくせつ	갸ㄱ세츠	[逆接]	역접
ぎゃくたい	갸ㄱ따이	[虐待]	학대
ぎゃくてん	갸ㄱ떼ㅇ	[逆転]	역전
きゃっかんてき	갸ㄱ까ㄴ떼끼	[客観的]	객관적

↻ きゃっかんてきではない　きゃっかんてきで

　きゃっかんてきなら　きゃっかんてきです

キャッシュカード	캬ㅅ슈까ー도	[cash card]	현금카드
キャバレー	캬바레ー	[cabaret]	카바레
★ キャビネット	캬비네ㅅ또	[cabinet]	캐비닛
キャベツ	캬베츠	[cabbage]	양배추
★ キャラクター	캬라ㄱ타ー	[character]	캐릭터
キャラメル	캬라메루	[caramel]	캐러멜
ギャラリー	갸라리ー	[gallery]	갤러리, 화랑
キャリア	캬리아	[career]	캐리어
キャンセル	캬ㄴ세루	[cancel]	캔슬, 취소
キャンディー	캬ㄴ디ー	[candy]	캔디, 사탕

キャンバス	캬ㅁ바스	[canvas]	캔버스
キャンパス	캬ㅁ빠스	[campus]	캠퍼스, 대학 교정
キャンプ	캬ㅁ뿌	[camp]	캠프
ギャンブル	갸ㅁ부루	[gamble]	노름
キャンペーン	캬ㅁ뻬ーㄴ	[campaign]	캠페인
きゅう	규ー	[九]	9, 구
きゅう	규ー	[急]	긴급, 갑작스러움

↻ きゅうではない　きゅうで　きゅうなら　きゅうです

きゅうか	규ー까	[休暇]	휴가
きゅうがく	규ー가꾸	[休学]	휴학
きゅうきゅうしつ	규ー뀨ー시츠	[救急室]	응급실
きゅうきゅうしゃ	규ー뀨ー샤	[救急車]	응급차, 구급차
きゅうぎょう	규ー교ー	[休業]	휴업
きゅうくつ	규ー꾸츠	[窮屈]	답답함, 갑갑함

↻ きゅうくつではない　きゅうくつで　きゅうくつなら　きゅうくつです

| ★ きゅうけいじょ | 규ー께ー죠 | [休憩所] | 휴게실 |
| きゅうげき | 규ー게끼 | [急激] | 급격 |

↻ きゅうげきではない　きゅうげきで　きゅうげきなら　きゅうげきです

| きゅうこう | 규ー꼬ー | [急行] | 급행 |
| きゅうこう | 규ー꼬ー | [休講] | 휴강 |

きゅうこうれっしゃ	규-꼬-레人샤	[急行列車]	급행열차
きゅうこん	규-꼬ㅇ	[求婚]	구혼
きゅうしき	규-시끼	[旧式]	구식

↳ きゅうしきではない　きゅうしきで　きゅうしきなら　きゅうしきです

きゅうじつ	규-지츠	[休日]	휴일
きゅうしゅう	규-슈-	[九州]	규슈
きゅうしゅう	규-슈-	[吸収]	흡수
きゅうしゅうちほう	규-슈-치호-	[九州地方]	규슈지역
きゅうじょ	규-죠	[救助]	구조
きゅうしょく	규-쇼꾸	[給食]	급식
きゅうしん	규-시ㅇ	[休診]	휴진
ぎゅうどん	규-도ㅇ	[牛丼]	소고기덮밥
きゅうに	규-니	[急に]	갑자기
ぎゅうにく	규-니꾸	[牛肉]	쇠고기, 소고기
ぎゅうにゅう	규-뉴-	[牛乳]	우유
きゅうり	규-리		오이
きゅうりょう	규-료-	[給料]	월급, 급료
きゅうれき	규-레끼	[旧暦]	음력
きょう	교-	[今日]	오늘
きよう	기요-	[器用]	잔재주가 있음

きょういく	교–이꾸	[教育]	교육
きょういん	교–이ㅇ	[教員]	교원
きょうかい	교–까이	[協会]	협회
きょうかい	교–까이	[教会]	교회
きょうがく	교–가꾸	[驚愕]	경악
きょうかしょ	교–까쇼	[教科書]	교과서
きょうかん	교–까ㅇ	[共感]	공감
きょうぎ	교–기	[競技]	경기
ぎょうぎ	교–기	[行儀]	예의범절, 행실
きょうぎじょう	교–기쵸–	[競技場]	경기장
きょうきゅう	교–뀨–	[供給]	공급
きょうくん	교–꾸ㅇ	[教訓]	교훈
ギョーザ	교–자	[餃子]	만두
きょうざい	교–자이	[教材]	교재
きょうさんしゅぎ	교–사ㄴ슈기	[共産主義]	공산주의
きょうし	교–시	[教師]	교사
★ ぎょうじ	교–지	[行事]	행사
きょうしつ	교–시츠	[教室]	교실
きょうじゅ	교–쥬	[教授]	교수

ぎょうしゅ	교―슈	[業種]	업종
きょうせい	교―세―	[矯正]	교정
きょうせい	교―세―	[強制]	강제
きょうそう	교―소―	[競争]	경쟁
きょうだい	교―다이	[兄弟]	형제, 남매
きょうちょう	교―쬬―	[強調]	강조
きょうつう	교―츠―	[共通]	공통

↻ きょうつうではない　きょうつうで　きょうつうなら　きょうつうです

きょうと	교―또	[京都]	교토
きょうどう	교―도―	[共同]	공동

↻ きょうどうではない　きょうどうで　きょうどうなら　きょうどうです

きょうどりょうり	교―도료―리	[郷土料理]	향토요리
きょうばい	교―바이	[競売]	경매
きょうふ	교―후	[恐怖]	공포
きょうみ	교―미	[興味]	흥미
ぎょうむ	교―무	[業務]	업무
きょうめい	교―메―	[共鳴]	공명
きょうよう	교―요―	[共用]	공용
きょうよう	교―요―	[強要]	강요
きょうよう	교―요―	[教養]	교양

きょうりゅう	쿄ー류ー	[恐竜]	공룡
きょうりょく	쿄ー료꾸	[協力]	협력
ぎょうれつ	쿄ー레츠	[行列]	행렬
きょうわこく	쿄ー와꼬꾸	[共和国]	공화국
きょか	쿄까	[許可]	허가
きょがく	쿄가꾸	[巨額]	거액
ぎょぎょう	쿄쿄ー	[漁業]	어업
きょくたん	쿄끄따ㅇ	[極端]	극단

↻ きょくたんではない　きょくたんで　きょくたんなら　きょくたんです

きょくち	쿄ㄱ치	[局地]	국지
きょくど	쿄꾸도	[極度]	극도
きょくめん	쿄꾸메ㄴ	[局面]	국면
きょじん	쿄지ㅇ	[巨人]	거인
きょぜつ	쿄제츠	[拒絶]	거절
きょどう	쿄도ー	[挙動]	거동
きょねん	쿄네ㅇ	[去年]	작년
きょひ	쿄히	[拒否]	거부
きょり	쿄리	[距離]	거리
きょろきょろ	쿄로꾜로		두리번두리번
きらい	기라이	[嫌い]	싫음, 싫어함

き

↻ きらいではない きらいで きらいなら きらいです

| きらう | 기라우 | [嫌う] | 싫어하다 |

↻ きらわない きらって きらえば きらいます

| きらきら | 기라끼라 | | 반짝반짝 |
| きらく | 기라꾸 | [気楽] | 마음 편함, 홀가분함 |

↻ きらくではない きらくで きらくなら きらくです

| きらめく | 기라메꾸 | | 빛나다, 번쩍이다 |

↻ きらめかない きらめいて きらめけば きらめきます

きり	기리	[霧]	안개
ぎり	기리'	[義理]	의리
キリストきょう	키리스토꾜ー	[キリスト教]	기독교
きりぬき	기리누끼	[切り抜き]	오려낸 것
ぎりのちち	기리노치치	[義理の父]	시아버지, 장인
ぎりのはは	기리노하하	[義理の母]	시어머니, 장모
きりょう	기료ー	[器量]	기량
きりょく	기료꾸	[気力]	기력
キリン	기리ㅇ		기린
きる	기루	[切る]	자르다, 베다, 끊다

↻ きらない きって きれば きります

| きる | 기루 | [着る] | 입다 |

109

↻ き<u>ない</u>　き<u>て</u>　き<u>れば</u>　き<u>ます</u>

| き<u>れい</u> | 기레― | | 깨끗함, 예쁨, 고움 |

↻ き<u>れいではない</u>　き<u>れいで</u>　き<u>れいなら</u>　き<u>れいです</u>

| き<u>れる</u> | 기레루 | [切れる] | 끊어지다, 잘리다 |

↻ き<u>れない</u>　き<u>れて</u>　き<u>れれば</u>　き<u>れます</u>

き<u>ろく</u>	기로꾸	[記録]	기록
ぎ<u>ろん</u>	기로ㅇ	[議論]	논의, 의논
キ<u>ロ</u>グ<u>ラム</u>	키로구라무	[kilogram]	킬로그램
キ<u>ロ</u>メ<u>ートル</u>	키로메―토루	[kilometre]	킬로미터
き<u>わ</u>めて	기와메떼	[極めて]	지극히, 극히
き<u>ん</u>	기ㅇ	[金]	금
ぎ<u>ん</u>	기ㅇ	[銀]	은
き<u>ん</u>いろ	기ㅇ이로	[金色]	금색
ぎ<u>ん</u>いろ	기ㅇ이로	[銀色]	은색
き<u>ん</u>えん	기ㅇ에ㅇ	[禁煙]	금연
き<u>ん</u>がく	기ㅇ가꾸	[金額]	금액
き<u>ん</u>きち<u>ほう</u>	기ㄴ 끼치호―	[近畿地方]	긴키지역
き<u>ん</u>きゅう	기ㅇ뀨―	[緊急]	긴급

↻ き<u>んきゅうではない</u>　き<u>んきゅうで</u>　き<u>んきゅうなら</u>　き<u>んきゅうです</u>

| き<u>ん</u>こ | 기ㅇ꼬 | [金庫] | 금고 |

き

ぎんこう	기○꼬-	[銀行]	은행
ぎんこういん	기○꼬-이○	[銀行員]	은행원
きんし	기ㄴ시	[禁止]	금지
きんし	기ㄴ시	[近視]	근시
きんしゅ	기ㄴ슈	[禁酒]	금주
きんじょ	기ㄴ죠	[近所]	근처
★ きんじる	기ㄴ지루	[禁じる]	금지하다

🔁 きんじない　きんじて　きんじれば　きんじます

きんせん	기ㄴ세ㄴ	[金銭]	금전
きんぞく	기ㄴ조꾸	[金属]	금속
きんちょう	기ㄴ쵸-	[緊張]	긴장
きんにく	기ㄴ니꾸	[筋肉]	근육
きんねん	기ㄴ네○	[近年]	근년, 최근, 근래
きんみつ	기ㅁ미츠	[緊密]	긴밀

🔁 きんみつではない　きんみつで　きんみつなら　きんみつです

きんむ	기ㅁ무	[勤務]	근무
きんむじかん	기ㅁ무지까○	[勤務時間]	근무시간
きんもつ	기ㅁ모츠	[禁物]	금물
きんゆう	기○유-	[金融]	금융
きんようび	기○요-비	[金曜日]	금요일

きんろう　　　　キンロ　　　［勤労］　　近労

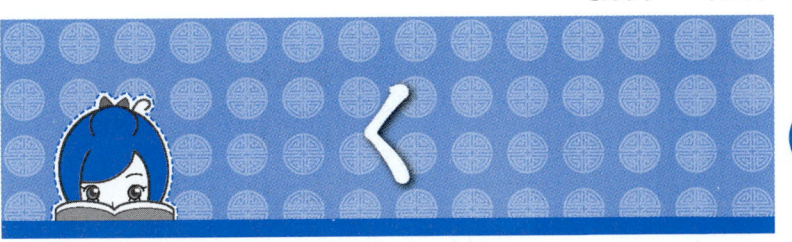

く	구	[区]	구
ぐあい	구아이	[具合]	상태, 형편
グアム	구아무	[Guam]	괌
くいき	구이끼	[区域]	구역
クイズ	쿠이즈	[quiz]	퀴즈
くいる	구이루	[悔いる]	뉘우치다, 후회하다
↻ くいない　くいて　くいれば　くいます			
くう	구우	[食う]	먹다
↻ くわない　くって　くえば　くいます			
くうき	구―끼	[空気]	공기
くうこう	구―꼬―	[空港]	공항
ぐうすう	구―스―	[偶数]	짝수
くうせき	구―세끼	[空席]	공석
ぐうぜん	구―젠ㅇ	[偶然]	우연
↻ ぐうぜんではない　ぐうぜんで　ぐうぜんなら　ぐうぜんです			
くうそう	구―소―	[空想]	공상

113

クーポン	쿠―포○	[coupon]	쿠폰
クーラー	쿠―라―	[cooler]	에어컨
ぐうわ	구―와	[寓話]	우화
くがく	구가꾸	[苦学]	고학
くがつ	구가츠	[九月]	9월
くき	구끼'	[茎]	줄기
くぎ	구기	[釘]	못
くぎる	구기루	[区切る]	구분하다, 일단락 짓다

↺ くぎらない　くぎって　くぎれば　くぎります

くく	구꾸	[九九]	구구단
くぐる	구구루	[潜る]	빠져나가다, 잠수하다

↺ くぐらない　くぐって　くぐれば　くぐります

くさ	구사'	[草]	풀
くさい	구사이	[臭い]	구리다

↺ くさくない　くさくて　くさければ　くさいです

くさる	구사루	[腐る]	썩다, 부패하다

↺ くさらない　くさって　くされば　くさります

くされえん	구사레에○	[腐れ縁]	악연
くし	구시'	[櫛]	빗
くし	구시'	[串]	꼬치, 꼬챙이

くじ	구지	[籤]	제비추첨
くじく	구지꾸	[挫く]	삐다, 접질리다
↻ くじかない　くじいて　くじけば　くじきます			
くじびき ★	구지비끼	[籤引き]	제비뽑기
くしゃみ	구샤미		재채기
くじょう	구죠-	[苦情]	불평, 불만
くすぐる	구스구루	[擽る]	간질이다
↻ くすぐらない　くすぐって　くすぐれば　くすぐります			
くすり	구스리	[薬]	약
くすりや	구스리야	[薬屋]	약국
くすりゆび	구스리유비	[薬指]	약지
くせ	구세	[癖]	버릇, 습관
くせに	구세니		주제에
くせもの	구세모노	[曲者]	성깔이 있는 사람, 수상한 자
くそ	구소	[糞]	똥
ぐたいてき	구따이떼끼	[具体的]	구체적
↻ ぐたいてきではない　ぐたいてきで　ぐたいてきなら　ぐたいてきです			
くだく	구다꾸	[砕く]	부수다, 깨다
↻ くだかない　くだいて　くだけば　くだきます			
くたくた	구따꾸따		피곤해서 녹초가 됨

115

↻ くたくたではない	くたくたで	くたくたなら	くたくたです

くだける	구다께루	[砕ける]	부서지다, 깨지다

↻ くだけない	くだけて	くだければ	くだけます

くださる	구다사루	[下さる]	주시다

↻ くださらない	くださって	くだされば	くださいます

くたばる	구따바루		녹초가 되다, 죽다

↻ くたばらない	くたばって	くたばれば	くたばります

くたびれる	구따비레루	[草臥れる]	지치다, 낡아빠지다

↻ くたびれない	くたびれて	くたびれれば	くたびれます

くだもの	구다모노	[果物]	과일
★ くだものや	구다모노야	[果物屋]	과일가게
くだらない	구다라나이		시시하다, 하찮다

↻ くだらなくない	くだらなくて	くだらなければ	くだらないです

くだりざか	구다리자까	[下り坂]	내리막길
くだる	구다루	[下る]	내리다, 내려가다

↻ くだらない	くだって	くだれば	くだります

くち	구치	[口]	입
ぐち	구치	[愚痴]	푸념
★ くちいれ	구치이레	[口入れ]	말참견
くちぐせ	구치구세	[口癖]	말버릇, 입버릇

くちぐちに	구치구치니	[口々に]	저마다
★ くちごたえ	구치고따에	[口答え]	말대꾸
くちばし	구치바시	[嘴]	부리, 주둥이
くちびる	구치비루	[唇]	입술
★ くちぶえ	구치부에	[口笛]	휘파람
くちべに	구비베니	[口紅]	립스틱
くつ	구츠	[靴]	신발, 구두
クッキー	쿠ㄱ끼-	[cookie]	쿠키
クッキング	쿠ㄱ끼ㅇ구	[cooking]	쿠킹, 요리
くつした	구츠시따	[靴下]	양말
くつじょく	구츠쿄꾸	[屈辱]	굴욕
クッション	쿠ㅅ쇼ㄴ	[cushion]	쿠션
ぐっすり	구ㅅ스리		푹, 깊이 잠이 든 모양
ぐったり	구ㅅ따리		축, 지쳐서 축 늘어진 모양
くっつく	구ㅅ츠꾸		달라붙다, 붙다

↻ くっつかない　くっついて　くっつけば　くっつきます

| くっつける | 구ㅅ츠께루 | [くっ付ける] | 갖다 붙이다 |

↻ くっつけない　くっつけて　くっつければ　くっつけます

| くつや | 구츠야 | [靴屋] | 신발가게 |
| くつろぐ | 구츠로구 | [寛ぐ] | 편히 지내다 |

117

🔁 くつろがない　くつろいで　くつろげば　くつろぎます			
くどい	구도이	[諄い]	끈덕지다
🔁 くどくない　くどくて　くどければ　くどいです			
くどく	구도꾸	[口説く]	하소연하다, 설득하다
🔁 くどかない　くどいて　くどけば　くどきます			
くどくどしい	구도구도시이		장황하다
🔁 くどくどしくない　くどくどしくて　くどくどしければ　くどくどしいです			
くなん	구나ㅇ	[苦難]	고난
くに	구니	[国]	나라
くにばんごう	구니바ㅇ고-	[国番号]	나라국번
くばる	구바루	[配る]	나누어 주다, 배부하다
🔁 くばらない　くばって　くばれば　くばります			
くび	구비	[首]	목
くふう	구후-	[工夫]	궁리함, 고안함
くべつ	구베츠	[区別]	구별
くま	구마	[熊]	곰
くみ	구미'	[組]	～반
くみあい	구미아이	[組合]	조합
くみあわせ	구미아와세	[組み合わせ]	짜맞춤, 짝지음
くみたて	구미따떼	[組み立て]	조립

くむ	구무	[組む]	짜다
くまない　くんで　くめば　くみます			
くも	구모	[雲]	구름
くもり	구모리	[曇り]	흐림
くもる	구모루	[曇る]	흐리다
くもらない　くもって　くもれば　くもります			
くやしい	구야시이	[悔しい]	분하다, 억울하다
くやしくない　くやしくて　くやしければ　くやしいです			
くらい	구라이	[暗い]	어둡다
くらくない　くらくて　くらければ　くらいです			
クライマックス	쿠라이맥끄스	[climax]	클라이맥스, 최고조
グラウンド	구라운도	[ground]	운동장
クラクション	쿠라ㄱ쇼ㅇ	[klaxon]	경적
くらし	구라시	[暮らし]	생활, 살림
クラシック	쿠라시ㄱ꾸	[classic]	클래식
くらす	구라스	[暮らす]	살다, 날을 보내다
くらさない　くらして　くらせば　くらします			
クラス	쿠라스	[class]	클래스, 반
グラス	구라스	[glass]	잔, 글라스
クラスメート	쿠라스메ー또	[classmate]	반친구

119

クラブ	쿠라부	[club]	클럽
グラフ	구라후	[graph]	그래프
★ グラフィック	구라휘ㄱ끄	[graphic]	그래픽
クラブかつどう	쿠라부까츠도–	[クラブ活動]	클럽활동
くらべる	구라베루	[比べる]	비교하다, 견주다

↻ くらべない くらべて くらべれば くらべます

グラム	구라무	[gram]	그램
クラリネット	쿠라리네ㅅ또	[clarinet]	클라리넷
くり	구리	[栗]	밤
クリーニングや	쿠리–니ㅇ구야	[クリーニング屋]	세탁소
クリーム	쿠리–무	[cream]	크림
クリームいろ	쿠리–무이로	[クリーム色]	크림색
グリーン	구리–ㄴ	[green]	그린, 녹색
くりかえす	구리까에스	[繰り返す]	되풀이하다, 반복하다

↻ くりかえさない くりかえして くりかえせば くりかえします

クリスマス	쿠리스마스	[Christmas]	크리스마스
クリック	쿠리ㄱ끄	[click]	클릭
クリップ	쿠리ㅂ뿌	[clip]	클립
★ クリニック	쿠리니ㄱ끄	[clinic]	클리닉, 진료소
グリル	구리루	[grill]	그릴

120

くる	구루	[来る]	오다

↺ こない　きて　くれば　きます

くるう	구루우	[狂う]	미치다, 돌다

↺ くるわない　くるって　くるえば　くるいます

ぐるぐる	구루구루		빙글빙글

くるしい	구루시이	[苦しい]	괴롭다, 고통스럽다

↺ くるしくない　くるしくて　くるしければ　くるしいです

くるしむ	구루시무	[苦しむ]	괴로워하다

↺ くるしまない　くるしんで　くるしめば　くるしみます

くるしめる	구루시메루	[苦しめる]	괴롭히다

↺ くるしめない　くるしめて　くるしめれば　くるしめます

くるま	구루마	[車]	차, 자동차
くるまだい	구루마다이	[車代]	차비
くるまよい	구루마요이	[車酔い]	차멀미
くるみ	구루미	[胡桃]	호두
グルメ	구루메	[gourmet]	미식
グレー	구레-	[gray]	회색
グレープフルーツ	구레-뿌후루-츠	[grapefruit]	자몽
クレーム	쿠레-무	[claim]	클레임
クレジットカード	쿠레지ㅅ또카-도	[credit card]	신용카드

くれない	쿠레나이	[紅]	주홍색
クレヨン	쿠레요ㅇ	[crayon]	크레파스
くれる	쿠레루		주다
↻ くれない　くれて　くれれば　くれます			
くれる	쿠레루	[暮れる]	저물다
↻ くれない　くれて　くれれば　くれます			
クレンジング	쿠레ㄴ지ㅇ구	[cleansing cream]	클린징
くろ	쿠로	[黒]	검은색, 검정
くろい	쿠로이	[黒い]	검다, 까맣다
↻ くろくない　くろくて　くろければ　くろいです			
くろう	쿠로−	[苦労]	고생, 노고
クローゼット	쿠로−제ㅅ또	[closet]	옷장
グローバル	쿠로−바루	[global]	전세계적인
↻ グローバルではない　グローバルで　グローバルなら　グローバルです			
くろざとう	쿠로자또−	[黒砂糖]	흑설탕
くろじ	쿠로지	[黒字]	흑자
グロス	쿠로스	[gross]	립글로스
くろまく	쿠로마꾸	[黒幕]	흑막
★ くわえる	쿠와에루	[加える]	가하다, 보태다
↻ くわえない　くわえて　くわえれば　くわえます			

くわしい	구와시이	[詳しい]	상세하다, 자세하다
↳ くわしくない くわしくて くわしければ くわしいです			
ぐんたい	구ㄴ따이	[軍隊]	군대
ぐんび	구ㅁ비	[軍備]	군비
くんれん	구ㄴ레ㅇ	[訓練]	훈련

け

け	게	[毛]	털
けいい	게─이	[経緯]	경위
けいい	게─이	[敬意]	경의
けいえい	게─에─	[経営]	경영
けいえいがく	게─에─가꾸	[経営学]	경영학
けいか	게─까	[経過]	경과
けいかい	게─까이	[軽快]	경쾌

↻ けいかいではない　けいかいで　けいかいなら　けいかいです

けいかく	게─까꾸	[計画]	계획
けいかん	게─까ㅇ	[警官]	경관
けいき	게─끼	[景気]	경기
けいけん	게─께ㅇ	[経験]	경험
けいこ	게─꼬	[稽古]	예능 학습, 레슨, 연습
けいご	게─고	[敬語]	경어
けいこう	게─꼬─	[傾向]	경향
けいこうしょく	게─꼬─쇼꾸	[蛍光色]	형광색

け

けいこうとう	게ー꼬ー또ー	[蛍光灯]	형광등
けいこく	게ー꼬꾸	[渓谷]	계곡
けいこく	게ー꼬꾸	[警告]	경고
けいさい	게ー사이	[掲載]	게재
けいざい	게ー자이	[経済]	경제
けいざいがく	게ー재이가꾸	[経済学]	경제학
けいさつ	게ー사츠	[警察]	경찰
けいさつかん	게ー사츠까ㅇ	[警察官]	경찰
けいさつしょ	게ー사츠쇼	[警察署]	경찰서
けいさん	게ー사ㅇ	[計算]	계산
けいじ	게ー지	[刑事]	형사
けいじ	게ー지	[掲示]	게시
けいしき	게ー시끼	[形式]	형식
けいじばん	게ー지바ㅇ	[掲示板]	게시판
げいしゃ	게ー샤	[芸者]	기생
げいじゅつ	게ー쥬츠	[芸術]	예술
けいしょう	게ー쇼ー	[軽傷]	경상
けいず	게ー즈	[系図]	족보, 가계도
けいせい	게ー세ー	[形成]	형성
けいせいげか	게ー세ー게까	[形成外科]	성형외과

125

けいたい	게─따이	[携帯]	휴대전화
けいたいでんわ	게─따이데ㅇ와	[携帯電話]	휴대전화
けいとう	게─또─	[系統]	계통
げいにん	게─니ㅇ	[芸人]	개그맨
げいのう	게─노─	[芸能]	예능
げいのうじん	게─노─지ㅇ	[芸能人]	연예인
けいば	게─바	[競馬]	경마
けいひ	게─히	[経費]	경비
けいび	게─비	[警備]	경비
けいひん	게─히ㅇ	[景品]	경품
けいべつ	게─베츠	[軽蔑]	경멸
けいほう	게─호─	[警報]	경보
けいほう	게─호─	[刑法]	형법
★ けいむしょ	게─무쇼	[刑務所]	교도소, 형무소
けいやく	게─야꾸	[契約]	계약
けいやくしゃいん	게─야ㄱ샤이ㅇ	[契約社員]	계약사원
★ けいゆ	게─유	[経由]	경유
けいり	게─리	[経理]	경리
けいりか	게─리까	[経理課]	경리과
けいりぶ	게─리부	[経理部]	경리부

け

けいれき	게ー레끼	[経歴]	경력
けいれつ	게ー레츠	[系列]	계열
ケーキ	케ー끼	[cake]	케이크
ケーキや	케ー끼야	[ケーキ屋]	케이크가게
ケース	케ー스	[case]	케이스
ケータイメール	케ー따이메ー루	[携帯メール]	문자 메시지
ゲート	게ー또	[gate]	게이트
ケーブルカー	케ー부루카ー	[cable car]	케이블카
ゲーム	게ー무	[game]	게임
ゲームセンター	게ー무세ㄴ따	[game center]	오락실
けが	게가	[怪我]	부상, 상처
げか	게까	[外科]	외과
けがにん	게가니ㅇ	[けが人]	부상자
けがわ	게가와	[毛皮]	모피, 털가죽
げき	게끼	[劇]	극, 연극
げきじょう	게끼죠ー	[劇場]	극장
げきてき	게끼떼끼	[劇的]	극적

↻ げきてきではない　げきてきで　げきてきなら　げきてきです

| げきど | 게끼도 | [激怒] | 격노 |
| げきれい | 게끼레ー | [激励] | 격려 |

127

げこう	게꼬-	[下校]	하교
けさ	게사	[今朝]	오늘 아침
けしき	게시끼	[景色]	경치
けしゴム	게시고무	[消しゴム]	지우개
★ げしゃ	게샤	[下車]	하차
げしゅく	게슈꾸	[下宿]	하숙
げじゅん	게쥬ㅇ	[下旬]	하순
けしょう	게쇼-	[化粧]	화장
けしょうすい	게쇼-스이	[化粧水]	스킨
けしょうせっけん	게쇼-세ㄱ께ㅇ	[化粧石鹸]	화장비누
けしょうひん	게쇼-히ㅇ	[化粧品]	화장품
けす	게스	[消す]	끄다, 지우다

↻ けさない　けして　けせば　けします

ゲスト	게스토	[guest]	게스트, 손님
げたばこ	게따바꼬	[下駄箱]	신발장
★ けだるい	게다루이	[気だるい]	노곤하다

↻ けだるくない　けだるくて　けだるければ　けだるいです

けち	게치		인색함

↻ けちではない　けちで　けちなら　けちです

ケチャップ	케쨔ㅂ뿌	[ketchup]	케첩

け

けちんぼう	게치ㅁ보ー	[けちん坊]	구두쇠
けつあつ	게츠아츠	[血圧]	혈압
けつい	게츠이	[決意]	결의
けつえき	게츠에끼	[血液]	혈액
けつえきがた	게츠에끼가따	[血液型]	혈액형
けっか	게ㄱ까	[結果]	결과
けっかん	게ㄱ까ㅇ	[血管]	혈관
けっかん	게ㄱ까ㅇ	[欠陥]	결함
げっかん	게ㄱ까ㅇ	[月刊]	월간
げっかんし	게ㄱ까ㄴ시	[月刊誌]	월간지
げっきゅう	게ㄱ뀨ー	[月給]	월급
けっきょく	게ㄱ꾜꾸	[結局]	결국
けっきん	게ㄱ끼ㄴ	[欠勤]	결근
げっけい	게ㄱ께ー	[月経]	월경
げっけいかん	게ㄱ께ー까ㅇ	[月桂冠]	월계관
けっこう	게ㄱ꼬ー	[結構]	제법, 훌륭함
↻ けっこうではない　けっこうで　けっこうなら　けっこうです
けっこん	게ㄱ꼬ㅇ	[結婚]	결혼
けっこんしき	게ㄱ꼬ㅇ시끼	[結婚式]	결혼식
けっさい	게ㅅ사이	[決済]	결제

129

けっさく	게ㅅ사꾸	[傑作]	걸작, 우스꽝스러움
↻ けっさくではない けっさくで けっさくなら けっさくです			
けっして	게ㅅ시떼	[決して]	결코, 절대로
けっしょう	게ㅅ쇼ー	[決勝]	결승
けっしん	게ㅅ시ㄴ	[決心]	결심
けっせい	게ㅅ세ー	[結成]	결성
けっせき	게ㅅ세끼	[欠席]	결석
けってい	게ㅅ떼ー	[決定]	결정
けってん	게ㅅ떼ㄴ	[欠点]	결점
けつぼう	게츠보ー	[欠乏]	결핍
けつまつ	게츠마츠	[結末]	결말
げつまつ	게츠마츠	[月末]	월말
げつようび	게츠요ー비	[月曜日]	월요일
けつろん	게츠로ㅇ	[結論]	결론
けど	게도		그러나, 그렇지만, 하지만
げどく	게도꾸	[解毒]	해독
げねつざい	게네츠자이	[解熱剤]	해열제
けはい	게하이	[気配]	기색, 낌새
けびょう	게뵤ー	[仮病]	꾀병
げひん	게히ㅇ	[下品]	천함, 천박함

130

け

↻ げひんではない　げひんで　げひんなら　げひんです

けむり	게무리	[煙]	연기
げり	게리	[下痢]	설사
げりどめ	게리도메	[下痢止め]	지사제
ゲリラ	게리라	[guerrilla]	게릴라, 유격대
ける	게루	[蹴る]	차다, 걷어차다

↻ けらない　けって　ければ　けります

けれど	게레도		그러나, 그렇지만, 하지만
けれども	게레도모		그러나, 그렇지만, 하지만
げんいん	게ㅇ이ㄴ	[原因]	원인
けんか	게ㅇ까	[喧嘩]	싸움
けんかい	게ㅇ까이	[見解]	견해
げんがい	게ㅇ가이	[圏外]	통화권 밖
げんかい	게ㅇ까이	[限界]	한계
けんがく	게ㅇ가꾸	[見学]	견학
げんかん	게ㅇ까ㅇ	[玄関]	현관
げんき	게ㅇ끼	[元気]	원기, 건강함

↻ げんきではない　げんきで　げんきなら　げんきです

| げんきゅう | 게ㅇ뀨- | [研究] | 연구 |
| げんきゅう | 게ㅇ뀨- | [言及] | 언급 |

131

| けんきゅうしつ | 게ㅇ뀨-시츠 | [研究室] | 연구실 |
| けんきょ | 게ㅇ꾜 | [謙虚] | 겸허 |

↻ けんきょではない　けんきょで　けんきょなら　けんきょです

げんきん	게ㅇ끼ㅇ	[現金]	현금
げんご	게ㅇ고	[言語]	언어
けんこう	게ㅇ꼬-	[健康]	건강

↻ けんこうではない　けんこうで　けんこうなら　けんこうです

げんこう	게ㅇ꼬-	[原稿]	원고
けんこうしょくひん	게ㅇ꼬-쇼꾸히ㅇ	[健康食品]	건강식품
けんこうしんだん	게ㅇ꼬-시ㄴ다ㅇ	[健康診断]	건강진단
けんさ	게ㄴ사	[検査]	검사
げんざい	게ㄴ자이	[現在]	현재
けんさく	게ㄴ사꾸	[検索]	검색
げんさく	게ㄴ사꾸	[原作]	원작
けんじ	게ㄴ지	[検事]	검사
げんし	게ㄴ시	[原子]	원자
げんしじん	게ㄴ시지ㅇ	[原始人]	원시인
げんじつ	게ㄴ지츠	[現実]	현실
★ げんしょ	게ㄴ쇼	[原書]	원서, 원본
けんじょう	게ㄴ죠-	[謙譲]	겸양

け

🔊 けんじょうではない　けんじょうで　けんじょうなら　けんじょうです

げんしょう	게ㄴ쇼ー	[現象]	현상
げんしょう	게ㄴ쇼ー	[減少]	감소
げんじょう	게ㄴ죠ー	[現状]	현상
げんしょく	게ㄴ쇼ㄲ	[原色]	원색
けんせつ	게ㄴ세츠	[建設]	건설
けんぜん	게ㄴ제ㅇ	[健全]	건전

🔊 けんぜんではない　けんぜんで　けんぜんなら　けんぜんです

げんそく	게ㄴ소ㄲ	[原則]	원칙
けんそん	게ㄴ소ㅇ	[謙遜]	겸손
げんだい	게ㄴ다이	[現代]	현대
げんち	게ㄴ치	[現地]	현지
けんちく	게ㄴ치ㄲ	[建築]	건축
けんちくし	게ㄴ치ㄲ시	[建築士]	건축사
げんてい	게ㄴ떼ー	[限定]	한정
けんとう	게ㄴ또ー	[見当]	짐작, 예상
けんどう	게ㄴ도ー	[剣道]	검도
げんば	게ㅁ바	[現場]	현장
けんびきょう	게ㅁ비꾜ー	[顕微鏡]	현미경
けんぶつ	게ㅁ부츠	[見物]	구경

けんぽう	게ㅁ뽀ー	[憲法]	헌법
けんり	게ㄴ리	[権利]	권리
げんり	게ㄴ리	[原理]	원리
げんりょう	게ㄴ료ー	[原料]	원료
けんりょく	게ㄴ료꾸	[権力]	권력
げんろん	게ㄴ로ㅇ	[言論]	언론

134

こ

こ	고	[子]	아이, 자식
こ	고	[個]	〜개
ご	고	[五]	5, 다섯
コアラ	코아라	[koala]	코알라
こい	고이	[恋]	사랑
こい	고이	[濃い]	진하다

↻ こくない　こくて　こければ　こいです

| こいしい | 고이시이 | [恋しい] | 그립다 |

↻ こいしくない　こいしくて　こいしければ　こいしいです

こいぬ	고이누	[子犬]	강아지
こいびと	고이비또	[恋人]	애인, 연인
コイン	코이ㄴ	[coin]	코인, 동전
コインランドリー	코이ㄴ래ㄴ도리ー	[coin laundry]	빨래방
コインロッカー	코이ㄴ로ㄱ까ー	[coin locker]	코인로커
こう	고ー		이렇게
こうい	고ー이	[行為]	행위

こうい	고－이	[好意]	호의
こういしょう	고－이쇼－	[後遺症]	후유증
こういってん	고－이ㅅ떼ㅇ	[紅一点]	홍일점
こうう	고－우	[降雨]	강우
ごうう	고－우	[豪雨]	호우
こううん	고－우ㄴ	[幸運]	행운

↻ こううんではない　こううんで　こううんなら　こううんです

こうえん	고－에ㅇ	[公演]	공연
こうえん	고－에ㅇ	[公園]	공원
こうか	고－까	[効果]	효과
こうか	고－까	[高価]	고가

↻ こうかではない　こうかで　こうかなら　こうかです

| ごうか | 고－까 | [豪華] | 호화 |

↻ ごうかではない　ごうかで　ごうかなら　ごうかです

こうかい	고－까이	[公開]	공개
こうかい	고－까이	[後悔]	후회
ごうかく	고－까꾸	[合格]	합격
こうかん	고－까ㅇ	[交換]	교환
こうぎ	고－기	[抗議]	항의
こうきしん	고－끼시ㄴ	[好奇心]	호기심

こ

こうきゅう	고─뀨─	[高級]	고급

↻ こうきゅうではない　こうきゅうで　こうきゅうなら　こうきゅうです

こうぎょう	고─교─	[工業]	공업
こうくう	고─꾸─	[航空]	항공
こうくうがいしゃ	고─꾸─가이샤	[航空会社]	항공회사
こうくうけん	고─꾸─께ㅇ	[航空券]	항공권
こうくうびん	고─꾸─비ㅇ	[航空便]	항공편
ごうけい	고─께─	[合計]	합계
こうげき	고─게끼	[攻撃]	공격
★ こうけつあつ	고─께츠아츠	[高血圧]	고혈압
こうこう	고─꼬─	[高校]	고등학교
こうこう	고─꼬─	[孝行]	효도

↻ こうこうではない　こうこうで　こうこうなら　こうこうです

こうこうせい	고─꼬─세─	[高校生]	고등학생
こうこく	고─꼬꾸	[広告]	광고
ごうコン	고─꼬ㅇ	[合コン]	미팅
こうざ	고─자	[口座]	계좌
こうさい	고─사이	[交際]	교제
★ こうさてん	고─사떼ㅇ	[交差点]	교차점
こうざばんごう	고─자바ㅇ고─	[口座番号]	계좌번호

137

こうし	고–시	[講師]	강사
こうじ	고–지	[工事]	공사
こうしき	고–시끼	[公式]	공식
こうじちゅう	고–지쥬–	[工事中]	공사중
こうしつ	고–시츠	[皇室]	황실
こうじつ	고–지츠	[口実]	구실, 핑계
~ごうしつ	고–시츠	[号室]	~호차
こうしゃ	고–샤	[校舎]	교사, 학교 건물
こうしゅうでんわ	고–슈–데ㅇ와	[公衆電話]	공중전화
こうしょう	고–쇼–	[交渉]	교섭
こうじょう	고–죠–	[工場]	공장
こうじょう	고–죠–	[向上]	향상
ごうじょう	고–죠–	[強情]	고집, 고집이 셈

↻ ごうじょうではない　ごうじょうで　ごうじょうなら　ごうじょうです

こうしん	고–시ㅇ	[更新]	갱신
こうしんこく	고–시ㅇ꼬꾸	[後進国]	후진국
こうしんりょう	고–시ㄴ료–	[香辛料]	향신료
こうすい	고–스이	[香水]	향수
こうずい	고–즈이	[洪水]	홍수
こうせい	고–세–	[公正]	공정

◔ こうせいではない　こうせいで　こうせいなら　こうせいです

こうせい	고─세─	[合成]	합성
こうそう	고─소─	[高層]	고층
こうそく	고─소꾸	[高速]	고속
こうそくどうろ	고─소꾸도─로	[高速道路]	고속도로
こうたい	고─따이	[交代]	교대
こうたい	고─따이	[交替]	교체, 교대
こうちゃ	고─쨔	[紅茶]	홍차
こうちょう	고─쬬─	[校長]	교장
こうつう	고─츠─	[交通]	교통
こうつうじこ	고─츠─지꼬	[交通事故]	교통사고
こうつうじゅうたい	고─츠─쥬─따이	[交通渋滞]	교통정체
こうつうルール	고─츠─루─루	[交通ルール]	교통법규
こうつごう	고─츠고─	[好都合]	적절함, 알맞음

◔ こうつごうではない　こうつごうで　こうつごうなら　こうつごうです

こうてい	고─떼─	[高低]	고저
こうてい	고─떼─	[肯定]	긍정
こうてい	고─떼─	[校庭]	교정
こうど	고─도	[高度]	고도
こうとう	고─또─	[高等]	고등

こ

139

こうどう	고ー도ー	[行動]	행동
こうどう	고ー도ー	[講堂]	강당
こうとう	고ー또ー	[強盗]	강도
こうどう	고ー도ー	[合同]	합동
こうとうがっこう	고ー또ー가ㄱ꼬ー	[高等学校]	고등학교
こうどく	고ー도꾸	[購読]	구독
こうにゅう	고ー뉴ー	[購入]	구입
こうねつひ	고ー네츠히	[光熱費]	전기세
こうはい	고ー하이	[後輩]	후배
こうばい	고ー바이	[購買]	구매
こうばん	고ー바ㅇ	[交番]	파출소
こうふく	고ー후꾸	[降伏]	항복
こうふく	고ー후꾸	[幸福]	행복

↻ こうふくではない　こうふくで　こうふくなら　こうふくです

こうぶつ	고ー부츠	[好物]	즐기는 음식
こうふん	고ー후ㄴ	[興奮]	흥분
こうべ	고ー베	[神戸]	고베
こうへい	고ー헤ー	[公平]	공평

↻ こうへいではない　こうへいで　こうへいなら　こうへいです

こうほ	고ー호	[候補]	후보

140

こ

こうほしゃ	고―호―샤	[候補者]	후보자
こうみんかん	고―미ㅇ까ㅇ	[公民館]	시민회관, 구민회관
こうむいん	고―무이ㅇ	[公務員]	공무원
こうもん	고―모ㅇ	[校門]	교문
こうもん	고―모ㅇ	[肛門]	항문
ごうもん	고―모ㅇ	[拷問]	고문
こうり	고우리	[小売り]	소매
こうりつ	고―리츠	[公立]	공립
ごうりてき	고―리떼끼	[合理的]	합리적

🔄 ごうりてきではない　ごうりてきで　ごうりてきなら　ごうりてきです

こうりゃく	고―랴꾸	[攻略]	공략
こうりゅう	고―류―	[交流]	교류
ごうれい	고―레―	[号令]	호령
こえ	고에	[声]	목소리
こえる	고에루	[越える]	넘다

🔄 こえない　こえて　こえれば　こえます

| こえる | 고에루 | [超える] | 넘다, 초월하다 |

🔄 こえない　こえて　こえれば　こえます

| コース | 코―스 | [course] | 코스 |
| コースりょうり | 코―스료―리 | [コース料理] | 코스요리 |

コーチ	코ー치	[coach]	코치
コート	코ー또	[coat]	코트
コード	코ー도	[code]	코드
コーナー	코ー나ー	[corner]	코너
コーヒー	코ー히ー	[coffee]	커피
コーヒーポット	코ー히ー포ㅅ또	[coffeepot]	커피포트
コーヒーメーカー	코ー히ー메ー카ー	[coffee maker]	커피메이커
コーラ	코ー라	[cola]	콜라
コーラス	코ー라스	[chorus]	코러스, 합창
こおり	고ー리	[氷]	얼음
こおる	고ー루	[凍る]	얼다

↻ こおらない　こおって　こおれば　こおります

ゴールデンウィーク	고ー루데ㄴ위ー꾸	[golden week]	골든위크[5월]
ごかい	고까이	[誤解]	오해
ごがく	고가꾸	[語学]	어학
ごがつ	고가츠	[五月]	5월
こがら	고가라	[小柄]	몸집이 작음

↻ こがらではない　こがらで　こがらなら　こがらです

| こがらし | 고가라시 | [木枯し] | 초겨울의 찬바람 |
| こき | 고끼 | [子機] | 무선전화기 |

こ

こぎって	고기ㅅ떼	[小切手]	수표
ごきぶり	고끼부리		바퀴벌레
こきゃく	고꺄꾸	[顧客]	고객
こきゅう	고뀨ー	[呼吸]	호흡
こきょう	고꾜ー	[故郷]	고향
★ こぎれい	고기레ー	[小綺麗]	깔끔함, 말쑥함

↻ こぎれいではない　こぎれいで　こぎれいなら　こぎれいです

ごく	고꾸	[極]	극히, 매우
ごく	고구	[語句]	어구
こくおう	고꾸오ー	[国王]	국왕
こくご	고꾸고	[国語]	국어
こくさい	고ㄱ사이	[国際]	국제
こくさいせん	고ㄱ사이세ㅇ	[国際線]	국제선
こくさいでんわ	고ㄱ사이데ㅇ와	[国際電話]	국제전화
こくさいゆうびん	고ㄱ사이유ー비ㅇ	[国際郵便]	국제우편
こくさん	고ㄱ사ㅇ	[国産]	국산
こくせき	고ㄱ세끼	[国籍]	국적
こくない	고꾸나이	[国内]	국내
こくないせん	고꾸나이세ㅇ	[国内線]	국내선
こくないでんわ	고꾸나이데ㅇ와	[国内電話]	국내전화

こくないりょこう	고꾸나이료꼬-	[国内旅行]	국내여행
こくはく	고꾸하꾸	[告白]	고백
こくばん	고꾸바ㅇ	[黒板]	칠판
こくばんけし	고꾸바ㅇ케시	[黒板消し]	칠판지우개
こくひ	고꾸히	[国費]	국비
こくふく	고꾸후꾸	[克服]	극복
こくぶんがく	고꾸부ㅇ가꾸	[国文学]	국문학
こくほう	고꾸호-	[国宝]	국보
こくぼう	고꾸보-	[国防]	국방
こくみん	고꾸미ㅇ	[国民]	국민
★ ごくらく	고꾸라꾸	[極楽]	극락
こくりつ	고꾸리츠	[国立]	국립
こくりょく	고꾸료꾸	[国力]	국력
こげる	고게루	[焦げる]	눋다, 타서 까맣게 되다
↻ こげない　こげて　こげれば　こげます			
ここ	고꼬		여기, 이곳
ごご	고고	[午後]	오후
ココア	코꼬아	[cocoa]	코코아
こごと	고고또	[小言]	잔소리, 꾸중
ココナッツ	코꼬나ㅅ츠	[coconut]	코코넛

144

こ

ここのか	고꼬노까	[九日]	9일
ここのつ	고꼬노츠	[九つ]	아홉 개, 아홉 살
こころ	고꼬로	[心]	마음
こころあたり	고꼬로아따리	[心当り]	짐작
こころがかり	고꼬로가까리	[心掛り]	걱정, 염려
こころがけ	고꼬로가께	[心掛け]	마음가짐
こころがまえ	고꼬로가마에	[心構え]	각오, 마음준비
こころがわり	고꼬로가와리	[心変わり]	변심, 변덕
こころづかい	고꼬로즈까이	[心遣い]	배려, 심려
こころづよい	고꼬로즈요이	[心強い]	마음 든든하다

↻ こころづよくない　こころづよくて　こころづよければ　こころづよいです

| こころのこり | 고꼬로노꼬리 | [心残り] | 미련 |
| こころぼそい | 고꼬로보소이 | [心細い] | 허전하다, 불안하다 |

↻ こころぼそくない　こころぼそくて　こころぼそければ　こころぼそいです

| こころみる | 고꼬로미루 | [試みる] | 시도하다 |

↻ こころみない　こころみて　こころみれば　こころみます

| こころよい | 고꼬로요이 | [快い] | 상쾌하다 |

↻ こころよくない　こころよくて　こころよければ　こころよいです

| こさめ | 고사메 | [小雨] | 가랑비 |
| こし | 고시 | [腰] | 허리 |

| こじ | 고지 | [五時] | 5시 |
| こしかける | 고시까께루 | [腰掛ける] | 걸터앉다 |

↺ こしかけない　こしかけて　こしかければ　こしかけます

ゴシップ ★	고시ㅂ뿌	[gossip]	가십, 소문
こしぬけ ★	고시누께	[腰抜け]	겁쟁이
ごしゅじん	고슈지ㅇ	[ご主人]	남편분
こしょう	고쇼ー	[胡椒]	후추
こしょう	고쇼ー	[故障]	고장
こじん	고지ㅇ	[個人]	개인
こじん	고지ㅇ	[故人]	고인
こす	고스	[越す]	넘기다

↺ こさない　こして　こせば　こします

コスト	코스토	[cost]	비용, 원가
コスモス	코스모스	[cosmos]	코스모스
こせい	고세ー	[個性]	개성
こせき	고세끼	[戸籍]	호적
こぜに	고제니	[小銭]	잔돈
ごぜん	고제ㅇ	[午前]	오전
こそこそ	고소꼬소		살금살금
こたい	고따이	[固体]	고체

こ

こだい	고다이	[古代]	고대
こたえ	고따에	[答え]	대답
★ こたえる	고따에루	[答える]	대답하다

↻ こたえない　こたえて　こたえれば　こたえます

★ こだち	고다치	[木立]	나무숲
こたつ	고따츠		각로
ごちそう	고치소-	[御馳走]	진수성찬
こちら	고치라		이 분, 이쪽
こつ	고츠		요령
こっか	고ㄱ까	[国家]	국가
こっかい	고ㄱ까이	[国会]	국회
こづかい	고즈까이	[小遣い]	용돈
こっき	고ㄱ끼	[国旗]	국기
こっきょう	고ㄱ꾜-	[国境]	국경
コック	코ㄱ꾸	[cook]	요리사
こっけい	고ㄱ께-	[滑稽]	익살스러움, 우스꽝스러움

↻ こっけいではない　こっけいで　こっけいなら　こっけいです

こっせつ	고ㅅ세츠	[骨折]	골절
こっそり	고ㅅ소리		살짝, 살그머니, 몰래
こっち	고ㅅ치		이쪽

こづつみ	고즈츠미	[小包]	소포
こっとうひん	고ㅅ또−히ㅇ	[骨董品]	골동품
こっとうひんてん	고ㅅ또−히ㅇ떼ㅇ	[骨董品店]	골동품가게
こつばん	고츠바ㅇ	[骨盤]	골반
コップ	코ㅂ뿌	[cup]	손잡이 없는 컵
こてい	고떼−	[固定]	고정
こてん	고떼ㅇ	[古典]	고전
こと	고또	[古都]	고도
こと	고또'	[事]	일
こと	고또'		것
こどく	고도꾸	[孤独]	고독

🔁 こどくではない　こどくで　こどくなら　こどくです

ことごとく	고또고또꾸	[悉く]	모조리, 몽땅
ことし	고또시	[今年]	금년, 올해
ことなる	고또나루	[異なる]	다르다

🔁 ことならない　ことなって　ことなれば　ことなります

ことのほか	고또노호까	[殊の外]	의외로, 더한층
ことば	고또바'	[言葉]	말, 언어
こども	고도모	[子供]	어린이, 아이
こどもっぽい	고도모ㅂ뿌이	[子供っぽい]	유치하다

↻ こどもっぽくない　こどもっぽくて　こどもっぽければ　こどもっぽいです			
こどものひ	고도모노히	[こどもの日]	어린이날
ことり	고또리	[小鳥]	작은 새
★ ことわざ	고또와자	[諺]	속담
ことわる	고또와루	[断る]	거절하다
↻ ことわらない　ことわって　ことわれば　ことわります			
こな	고나	[粉]	가루, 분말
こなぐすり	고나구스리	[粉薬]	가루약
こにもつ	고니모츠	[小荷物]	작은 짐
この	고노		이
このごろ	고노고로	[この頃]	요즘
このひと	고노히또	[この人]	이 사람
このへん	고노헤ㅇ	[この辺]	이 근처
このまま	고노마마		이대로
このみ	고노미	[好み]	취향
このむ	고노무	[好む]	좋아하다, 즐기다
↻ このまない　このんで　このめば　このみます			
こばむ	고바무	[拒む]	거절하다, 거부하다
↻ こばまない　こばんで　こばめば　こばみます			
ごはん	고하ㅇ	[御飯]	밥

ごはん	고항ㅇ	[誤判]	오판
コピー	코삐ー	[copy]	복사
こびりつく	고비리츠꾸		달라붙다

🔁 こびりつかない　こびりついて　こびりつけば　こびりつきます

こびる	고비루	[媚びる]	아양떨다

🔁 こびらない　こびって　こびれば　こびります

ごぶさた	고부사따	[御無沙汰]	격조
こぶし	고부시	[拳]	주먹
コブラ	코부라	[cobra]	코브라
こふん	고후ㅇ	[古墳]	고분
こぶん	고부ㄴ	[子分]	부하
こべつ	고베츠	[個別]	개별
ごぼう	고보ー	[牛蒡]	우엉
こぼす	고보스	[零す]	엎지르다, 흘리다, 쏟다

🔁 こぼさない　こぼして　こぼせば　こぼします

こぼれる	고보레루	[零れる]	넘치다, 넘쳐흐르다

🔁 こぼれない　こぼれて　こぼれれば　こぼれます

コマーシャル	고마ー샤루	[commercial]	방송광고, 선전
ごまあぶら	고마아부라	[胡麻油]	참기름
こまかい	고마까이	[細かい]	자세하다, 잘다

↻ こまかくない こまかくて こまかければ こまかいです			
★ ごまかし	고마까시	[誤魔化し]	속임수
ごまかす	고마까스	[誤魔化す]	속이다
↻ ごまかさない ごまかして ごまかせば ごまかします			
こまる	고마루	[困る]	곤란하다, 난처해지다
↻ こまらない こまって こまれば こまります			
ごみ	고미	[塵]	쓰레기, 먼지
ごみのひ	고미노히	[塵の日]	쓰레기 버리는 날
ごみばこ	고미바꼬	[ごみ箱]	쓰레기통
コミュニケーション	코뮤니케―쇼ㄴ	[communication]	커뮤니케이션
こむ	고무	[込む]	붐비다, 혼잡하다
↻ こまない こんで こめば こみます			
ゴム	고무	[gom]	고무
こむぎ	고무기	[小麦]	밀
こむぎこ	고무기꼬	[小麦粉]	밀가루
こめ	고메	[米]	쌀
こめつぶ	고메츠부	[米粒]	쌀알
コメディー	코메디―	[comedy]	코미디
コメディアン	코메디아ㄴ	[comedian]	코미디언
ごめんください	고메ㅇ꾸다사이		실례합니다

こ

151

ごめんなさい	고메ㄴ나사이		미안합니다
こよう	고요-	[雇用]	고용
★ こらえる	고라에루	[堪える]	참다, 견디다

↻ こらえない　こらえて　こらえれば　こらえます

こらく	고라꾸	[娯楽]	오락
ごらんになる	고라ㄴ니나루	[ご覧になる]	보시다

↻ ごらんにならない　ごらんになって　ごらんになれば　ごらんになります

ごりょうしん	고료-시ㄴ	[ご両親]	부모님
ゴリラ	고리라	[gorilla]	고릴라
こりる	고리루	[懲りる]	질리다, 넌더리나다

↻ こりない　こりて　こりれば　こります

ゴルフ	고루후	[golf]	골프
ゴルフじょう	고루후죠-	[ゴルフ場]	골프장
これ	고레		이것
これ	고레		야
これから	고레까라		앞으로
コレクション	코레ㄱ쇼ㅇ	[collection]	컬렉션, 수집
コレクトコール	코레ㄱ토꼬-루	[collect call]	콜렉트콜
これほど	고레호도		이 정도, 이토록, 이처럼
ころ	고로	[頃]	즈음

こ

| ころがる | 고로가루 | [転がる] | 구르다, 넘어지다 |

↻ ころがらない　ころがって　ころがれば　ころがります

ころころ	고로꼬로		대굴대굴
ごろごろ	고로고로		우르르
ころす	고로스	[殺す]	죽이다

↻ ころさない　ころして　ころせば　ころします

| ころぶ | 고로부 | [転ぶ] | 넘어지다, 구르다 |

↻ ころばない　ころんで　ころべば　ころびます

| こわい | 고와이 | [怖い] | 무섭다, 두렵다 |

↻ こわくない　こわくて　こわければ　こわいです

| ★ こわがり | 고와가리 | [怖がり] | 무서움을 잘 타는 사람 |
| こわがる | 고와가루 | [怖がる] | 무서워하다, 두려워하다 |

↻ こわがらない　こわがって　こわがれば　こわがります

| こわす | 고와스 | [壊す] | 부수다, 깨뜨리다, 망치다 |

↻ こわさない　こわして　こわせば　こわします

| こわれる | 고와레루 | [壊れる] | 깨지다, 고장나다 |

↻ こわれない　こわれて　こわれれば　こわれます

| こんいろ | 고ㅇ이로 | [紺色] | 감색 |
| こんがらがる | 고ㅇ가라가루 | | 뒤얽히다 |

↻ こんがらがらない　こんがらがって　こんがらがれば　こんがらがります

こんがり	고ㅇ가리		노릇노릇
こんかん	고ㅇ까ㅇ	[根幹]	근간
こんき	고ㅇ끼	[根気]	끈기
こんきょ	고ㅇ꾜	[根拠]	근거
こんげつ	고ㅇ게츠	[今月]	이번 달
こんご	고ㅇ고	[今後]	앞으로, 이후
こんこん	고ㅇ꼬ㅇ		똑똑
コンサート	코ㄴ사ー토	[concert]	콘서트
こんざつ	고ㄴ자츠	[混雑]	혼잡
こんじき	고ㄴ지끼	[金色]	금빛
こんしゅう	고ㄴ슈ー	[今週]	이번 주
こんじょう	고ㄴ죠ー	[根性]	근성, 기질
コンソメ	코ㄴ소메	[consommé]	콩소메, 맑은 수프
コンタクト	코ㄴ타끄토	[contact]	콘택트 렌즈
コンタクトレンズ	코ㄴ타끄토레ㄴ즈	[contact lens]	콘택트렌즈
こんだてひょう	고ㄴ다떼효ー	[献立表]	메뉴판
コンディショナー	코ㄴ디쇼나ー	[conditioner]	컨디셔너
コンディション	코ㄴ디쇼ㅇ	[condition]	컨디션
コンテスト	코ㄴ테스또	[contest]	콘테스트
こんど	고ㄴ도	[今度]	이번, 다음 번

154

こ

コントロール	コ∟토로ー루 [control]	컨트롤
こんな	고∟나	이런
こんなん	고∟나∟ [困難]	곤란

🔄 こんなんではない　こんなんで　こんなんなら　こんなんです

こんにち	고∟니치 [今日]	오늘, 오늘날
こんにちは	고∟니치와	안녕하세요
★ こんにゃく	고∟냐꾸 [蒟蒻]	곤약
こんねん	고∟네∟ [今年]	올해, 금년
コンパ	코ㅁ빠 [company]	친목회, 다과회
コンパス	코ㅁ빠스 [kompass]	컴퍼스
こんばん	고ㅁ바ㅇ [今晩]	오늘밤
こんばんは	고ㅁ바ㅇ와	안녕하세요
コンビ	코ㅁ비 [combination]	콤비, 짝
コンビニ	고ㅁ비니 [convenience store]	편의점
コンピューター	코ㅁ뿌ー타ー [computer]	컴퓨터
こんぶ	고ㅁ부 [昆布]	다시마
コンプレックス	코ㅁ푸레ㄱ끄스 [complex]	콤플렉스
こんや	고ㅇ야 [今夜]	오늘밤
こんやく	고ㅇ야꾸 [婚約]	약혼
こんやくしゃ	고ㅇ야ㄱ샤 [婚約者]	약혼자

こんらん　　　고ㄴ라ㅇ　　[混乱]　　혼란

さ	사	[差]	차, 차이
さあ	사―		자
サーカス	사―까스	[circus]	서커스
サークル	사―꾸루	[circle]	서클, 동호회
ざあざあ	자―자―		쏴아쏴아
サービス	사―비스	[service]	서비스
サービスエリア	사―비스에리아	[service area]	휴게소
サービスぎょう	사―비스교―	[サービス業]	서비스업
サーフィン	사―휘ㅇ	[surfing]	서핑
サーモン	사―모ㅇ	[salmon]	연어
さい	사이	[差異]	차이
さい	사이	[際]	때, 기회
さいあく	사이아꾸	[最悪]	최악
ざいあく	자이아꾸	[罪悪]	죄악
さいかい	사이까이	[再会]	재회
さいがい	사이가이	[災害]	재해

さいがく	자이가꾸	[在学]	재학
さいきん	사이끼ㅇ	[最近]	최근
さいきん	사이끼ㅇ	[細菌]	세균
さいご	사이고	[最後]	마지막
さいこ	자이꼬	[在庫]	재고
さいこん	사이꼬ㅇ	[再婚]	재혼
ざいさん	자이사ㅇ	[財産]	재산
さいし	사이시	[妻子]	처자
さいしゅう	사이슈-	[最終]	최종, 최후
ざいじゅう	자이쥬-	[在住]	거주
さいしょ	사이쇼	[最初]	처음, 최초
さいしょう	사이쇼-	[最小]	최소
さいしょく	사이쇼꾸	[菜食]	채식
ざいしょく	자이쇼꾸	[在職]	재직
さいしん	사이시ㅇ	[最新]	최신
サイズ	사이즈	[size]	사이즈
さいせい	사이세-	[再生]	재생
さいぜん	사이제ㅇ	[最善]	최선
サイダー	사이다-	[cider]	사이다
さいだい	사이다이	[最大]	최대

ざいたく	자이따꾸	[在宅]	재택
さいちゅう	사이쮸ー	[最中]	한창인 때
さいてい	사이떼ー	[最低]	최저, 최소한
サイト	사이토	[site]	사이트
サイド	사이도	[side]	사이드, 옆
サイドミラー	사이도미라ー	[side-view mirror]	사이드미러
さいのう	사이노ー	[才能]	재능
さいはん	사이하ㅇ	[再版]	재판
さいばん	사이바ㄴ	[裁判]	재판
さいばんかん	사이바ㅇ까ㅇ	[裁判官]	재판관, 법관
さいばんしょ	사이바ㄴ쇼	[裁判所]	법원
さいふ	사이후	[財布]	지갑
さいぼう	사이보ー	[細胞]	세포
さいほうそう	사이호ー소ー	[再放送]	재방송
さいみんじゅつ	사이미ㄴ쥬츠	[催眠術]	최면술
さいよう	사이요ー	[採用]	채용
ざいりょう	자이료ー	[材料]	재료
ざいりょく	자이료꾸	[財力]	재력
サイレン	사이레ㅇ	[siren]	사이렌
さいわい	사이와이	[幸い]	다행, 요행

↻ さいわいではない	さいわいで	さいわいなら	さいわいです

サイン	사이ㄴ	[sign]	사인
サウナ	사우나	[sauna]	사우나
さかさま	사까사마	[逆様]	거꾸로 매달린 상태

↻ さかさまではない	さかさまで	さかさまなら	さかさまです

さがす	사가스	[探す]	찾다

↻ さがさない	さがして	さがせば	さがします

さがす	사가스	[捜す]	찾다

↻ さがさない	さがして	さがせば	さがします

さかずき	사까즈끼	[杯]	술잔
さかだい	사까다이	[酒代]	술값
さかだち	사까다치	[逆立ち]	물구나무서기
さかな	사까나	[魚]	생선, 물고기
さかなや	사까나야	[魚屋]	생선가게
さかなりょうり	사까나료-리	[魚料理]	생선요리
★ さかば	사까바	[酒場]	술집
さかみち	사까미치	[坂道]	비탈길
さかや	사까야	[酒屋]	주류판매점
さがる	사가루	[下がる]	내려가다, 떨어지다

↻ さがらない	さがって	さがれば	さがります

さき	사끼	[先]	앞, 선두, 끝
さぎ	사기	[詐欺]	사기
★ さきごろ	사끼고로	[先頃]	일전, 요전
さきに	사끼니	[先に]	먼저, 앞서
さきばらい	사끼바라이	[先払い]	선불
さきほど	사끼호도	[先程]	조금 전
さぎょう	사교-	[作業]	작업
さく	사꾸	[咲く]	꽃이 피다

↻ さかない　さいて　さけば　さきます

さくしゃ	사ㄱ샤	[作者]	작자
さくじょ	사꾸죠	[削除]	삭제
さくせい	사ㄱ세-	[作成]	작성
さくせん	사ㄱ세ㅇ	[作戦]	작전
さくねん	사꾸네ㅇ	[昨年]	작년
さくばん	사꾸바ㅇ	[昨晩]	어젯밤
さくひん	사꾸히ㅇ	[作品]	작품
さくぶん	사꾸부ㅇ	[作文]	작문
さくや	사꾸야	[昨夜]	어젯밤
さくら	사꾸라	[桜]	벚꽃
さくらのき	사꾸라노끼	[桜の木]	벚나무

さくらんぼ	사꾸라ㅁ보		버찌
さけ	사께	[酒]	술, 요리술
さけ	사께	[鮭]	연어
さけぶ	사께부	[叫ぶ]	외치다, 부르짖다

↻ さけばない　さけんで　さけべば　さけびます

さける	사께루	[裂ける]	찢어지다, 터지다

↻ さけない　さけて　さければ　さけます

さける	사께루	[避ける]	피하다

↻ さけない　さけて　さければ　さけます

さげる	사게루	[下げる]	내리다

↻ さげない　さげて　さげれば　さげます

さじ	사지	[匙]	숟가락, 수저
★ さしあげる	사시아게루	[差し上げる]	드리다

↻ さしあげない　さしあげて　さしあげれば　さしあげます

さしみ	사시미	[刺身]	생선회
さしょう	사쇼-	[査証]	사증
さす	사스	[差す]	가리다

↻ ささない　さして　させば　さします

さす	사스	[刺す]	찌르다

↻ ささない　さして　させば　さします

| さす | 사스 | [指す] | 가리키다 |
| さ**さ**ない | さ**し**て | さ**せ**ば | さ**し**ます |

| さす | 사스 | [挿す] | 꽂다 |
| さ**さ**ない | さ**し**て | さ**せ**ば | さ**し**ます |

さすが	사스가		과연, 역시
ざせき	자세끼	[座席]	좌석
させつ	사세츠	[左折]	좌회전
ざせつ	자세츠	[挫折]	좌절
さそう	사소우	[誘う]	꾀다, 유혹하다
さ**そわ**ない	さ**そっ**て	さ**そえ**ば	さ**そい**ます

| さだまる | 사다마루 | [定まる] | 정해지다 |
| さ**だまら**ない | さ**だまっ**て | さ**だまれ**ば | さ**だまり**ます |

| さだめる | 사다메루 | [定める] | 정하다 |
| さ**だめ**ない | さ**だめ**て | さ**だめれ**ば | さ**だめ**ます |

ざだんかい	자다ㅇ까이	[座談会]	좌담회
さつ	사츠	[札]	지폐
さつ	사츠	[冊]	～권
さつえい	사츠에-	[撮影]	촬영
ざつおん	자츠오ㅇ	[雑音]	잡음
さっか	사ㄱ까	[作家]	작가

163

サッカー	사ㄱ까-	[soccer]	축구
さっかく	사ㄱ까꾸	[錯覚]	착각
さっき	사ㄱ끼		아까, 앞서
さっさと	사ㅅ사또		서둘러, 척척
ざっし	자ㅅ시	[雑誌]	잡지
さつじん	사츠지ㅇ	[殺人]	살인
ざっそう	자ㅅ소-	[雑草]	잡초
さっそく	사ㅅ소꾸	[早速]	즉시, 곧
さつたば	사츠따바	[札束]	지폐뭉치
ざつだん	자츠다ㅇ	[雑談]	잡담
さっぱり	사ㅂ빠리		산뜻한, 형편 없음

↳ さっぱりではない　さっぱりで　さっぱりなら　さっぱりです

さっぽろ	사ㅂ뽀로	[札幌]	삿포로
さつまいも	사츠마이모	[さつま芋]	고구마
さて	사떼		그런데, 그러면
さとう	사또-	[砂糖]	설탕
さどう	사도-	[茶道]	다도
さば	사바	[鯖]	고등어
さばく	사바꾸	[砂漠]	사막
さび	사비'	[錆]	녹

| さびしい | 새비시이 | [寂しい] | 외롭다, 쓸쓸하다 |

↻ さびしくない　さびしくて　さびしければ　さびしいです

サファイア	새화이아	[sapphire]	사파이어
ざぶとん	재부또ㅇ	[座布団]	방석
さべつ	새베츠	[差別]	차별
さほう	새호-	[作法]	예의범절
サボテン	새보떼ㅇ		선인장
さほど	새호도		과히, 그리
サボる	새보루		수업을 빼먹다

↻ サボらない　サボって　サボれば　サボります

★ | さまざま | 새마자마 | [様々] | 가지각색, 여러 가지 |

↻ さまざまではない　さまざまで　さまざまなら　さまざまです

| さます | 새마스 | [覚ます] | 깨다, 깨우다 |

↻ さまさない　さまして　さませば　さまします

| さます | 새마스 | [冷ます] | 식히다 |

↻ さまさない　さまして　さませば　さまします

| さまたげる | 새마따게루 | [妨げる] | 방해하다, 지장을 주다 |

↻ さまたげない　さまたげて　さまたければ　さまたげます

| さまよう | 새마요우 | [さ迷う] | 헤매다, 떠돌다 |

↻ さまよわない　さまよって　さまよえば　さまよいます

さむい	사무이	[寒い]	춥다
↻ さむくない　さむくて　さむければ　さむいです			
さむがりや	사무가리야	[寒がり屋]	추위를 잘 타는 사람
さめる	사메루	[冷める]	식다
↻ さめない　さめて　さめれば　さめます			
さめる	사메루	[覚める]	깨다
↻ さめない　さめて　さめれば　さめます			
さゆう	사유-	[左右]	좌우
さよう	사요-	[作用]	작용
★ さようなら	사요-나라		안녕히 계세요, 안녕히 가세요
さら	사라	[皿]	접시
さらあらい	사라아라이	[皿洗い]	설거지
★ さらいげつ	사라이게츠	[再来月]	다음 다음달
さらいしゅう	사라이슈-	[再来週]	다음 다음주
さらいねん	사라이네ㅇ	[再来年]	내후년
サラダ	사라다	[salad]	샐러드
さらに	사라니		더욱더, 그 위에
サラリーマン	사라리-마ㅇ	[salaried man]	샐러리맨, 월급쟁이
さる	사루	[猿]	원숭이
さる	사루	[去る]	떠나다

166

さ

↺ さらない　さって　されれば　さります

| さわがしい | 사와가시이 | [騒がしい] | 시끄럽다, 성가시다 |

↺ さわがしくない　さわがしくて　さわがしければ　さわがしいです

| さわぎ | 사와기 | [騒ぎ] | 소동, 소란 |
| さわぐ | 사와구 | [騒ぐ] | 떠들다 |

↺ さわがない　さわいで　さわげば　さわぎます

| さわやか | 사와야까 | [爽やか] | 상쾌함, 산뜻함 |

↺ さわやかではない　さわやかで　さわやかなら　さわやかです

| さわる | 사와루 | [触る] | 만지다, 닿다 |

↺ さわらない　さわって　さわれば　さわります

さん	산	[三]	3, 삼
さんか	사○까	[参加]	참가
さんかく	사○까꾸	[三角]	삼각, 세모
さんかくかんけい	사○까꾸까○께-	[三角関係]	삼각관계
さんがつ	사○가츠	[三月]	3월
さんぎょう	사○교-	[産業]	산업
ざんぎょう	자○교-	[残業]	잔업
ざんきん	자○끼○	[残金]	잔금
サングラス	사○구라스	[sunglasses]	선글라스
さんこう	사○꼬-	[参考]	참고

さんこうしょ	새ㅇ꼬ー쇼	[参考書]	참고서
さんじ	새ㄴ지	[三時]	3시
さんじゅう	새ㄴ쥬ー	[三十]	30
さんじゅうにち	새ㄴ쥬ー니치	[三十日]	30일
ざんしょみまい	쟈ㄴ쇼미마이	[残暑見舞い]	잔쇼미마이[8월]
さんすう	새ㄴ스ー	[算数]	산수
さんせい	새ㄴ세ー	[賛成]	찬성
さんせい	새ㄴ세ー	[酸性]	산성
さんそ	새ㄴ소	[酸素]	산소
ざんだか	쟈ㄴ다까	[残高]	잔고
サンダル	새ㄴ다루	[sandal]	샌들
サンドイッチ	새ㄴ도이ㅅ치	[sandwich]	샌드위치
ざんにん	쟈ㄴ니ㅇ	[残忍]	잔인

↻ ざんにんではない　ざんにんで　ざんにんなら　ざんにんです

ざんねん	쟈ㄴ네ㅇ	[残念]	유감

↻ ざんねんではない　ざんねんで　ざんねんなら　ざんねんです

さんばし	새ㅁ바시	[桟橋]	선창, 부두
さんぱつ	새ㅁ빠츠	[散髪]	산발
さんびか	새ㅁ비까	[賛美歌]	찬송가
さんふじんか	새ㄴ후지ㅇ까	[産婦人科]	산부인과

さんぶつ	사ロ부츠	[産物]	산물
サンプル	사ロ푸루	[sample]	샘플
さんぽ	사ロ뽀	[散歩]	산책
さんみゃく	사ロ먀꾸	[山脈]	산맥

さ

し

し	시	[四]	4, 사
し	시	[詩]	시
し	시	[市]	시
し	시	[死]	죽음
じ	지	[字]	글자
しあい	시아이	[試合]	시합
じあい	지아이	[慈愛]	자애
しあげ	시아게	[仕上げ]	완성, 마무리
しあげる	시아게루	[仕上げる]	완성시키다, 마무리하다

↻ しあげない　しあげて　しあげれば　しあげます

| しあさって | 시아사ㅅ떼 | [明明後日] | 글피 |
| しあわせ | 시아와세 | [幸せ] | 행복 |

↻ しあわせではない　しあわせで　しあわせなら　しあわせです

しあん	시아ㄴ	[思案]	궁리
しいく	시이꾸	[飼育]	사육
ジージャン	지ー쟈ㄴ	[Gジャン]	청재킷

170

シーズン	시－즈ㄴ	[season]	시즌, 계절
シーソー	시－소－	[seesaw]	시소
しいたけ	시－따께	[椎茸]	표고버섯
シーツ	시－츠	[sheet]	침대시트
しいて	시－떼	[強いて]	억지로, 굳이, 구태여
シーディー	시－디－	[CD]	CD
シーディーデッキ	시－디－데ㄱ끼	[CD deck]	CD플레이어
シート	시－토	[sheet]	시트, 넓은 천
シートベルト	시－토베루또	[seat belt]	안전벨트
ジーパン	지－빠ㅇ	[G パン]	청바지
シーフード	시－후－도	[seafood]	해물
しいる	시이루	[強いる]	강요하다

↻ しいない　しいて　しいれば　しいます

| しいれる | 시이레루 | [仕入れる] | 사들이다, 매입하다 |

↻ しいれない　しいれて　しいれれば　しいれます

シーン	시－ㄴ	[scene]	신, 장면
じえいぎょう	지에－교－	[自営業]	자영업
じえいぎょうしゃ	지에－교－샤	[自営業者]	자영업자
じえいたい	지에－따이	[自衛隊]	자위대
シェービングクリーム	세－비ㅇ구쿠리－무	[shaving cream]	세이빙크림

171

ジェル	제루	[gel]	젤
しえん	시에ㅇ	[支援]	지원
しお	시오'	[塩]	소금
しおからい	시오까라이	[塩辛い]	짜다

↻ しおからくない　しおからくて　しおからければ　しおからいです

しおけ	시오께'	[塩気]	소금기, 염분
しおみず	시오미즈	[塩水]	소금물
しか	시까	[歯科]	치과
しか	시까	[鹿]	사슴
じが	지가	[自我]	자아
しかい	시까이	[歯科医]	치과의사
しかい	시까이	[司会]	사회
しがい	시가이	[市街]	시가
しがいせん	시가이세ㅇ	[紫外線]	자외선
しがいつうわ	시가이츠ㅡ와	[市外通話]	시외통화
しかえし	시까에시	[仕返し]	보복, 복수
しかく	시까꾸'	[四角]	사각, 네모
しかく	시까꾸	[資格]	자격
しかく	시까꾸	[視覚]	시각
★ しかくい	시까꾸이	[四角い]	네모지다, 네모나다

し

© しかくない　しかくて　しかくければ　しかくいです

しかけ	시까께	[仕掛け]	장치, 속임수
しかし	시까시		그러나, 그렇지만
しかしながら	시까시나가라		그렇지만, 그러나
しかた	시까따	[仕方]	방법, 방도, 수단
しがつ	시가츠	[四月]	4월
しかめる	시까메루	[顰める]	찌푸리다

© しかめない　しかめて　しかめれば　しかめます

| しかも | 시까모 | | 더구나, 게다가 |
| しかる | 시까루 | [叱る] | 혼내다, 꾸짖다 |

© しからない　しかって　しかれば　しかります

しがん	시가ㅇ	[志願]	지원
じかん	지까ㅇ	[時間]	시간
じかんわり	지까ㅇ와리	[時間割り]	시간표
しき	시끼	[四季]	사계절
しき	시끼	[指揮]	지휘
じき	지끼	[時期]	시기
しきい	시끼이	[敷居]	문턱, 문지방
しききん	시끼끼ㅇ	[敷金]	보증금
しきさい	시끼사이	[色彩]	색채

じきに	지끼니	[直に]	곧, 바로
しきぶとん	시끼부또ㅇ	[敷き布団]	요
しきべつ	시끼베츠	[識別]	식별
しきもう	시끼모-	[色盲]	색맹
しきもの	시끼모노	[敷物]	깔개
しきゅう	시뀨-	[子宮]	자궁
しきゅう	시뀨-	[支給]	지급
じぎょう	지교-	[事業]	사업
しきりに	시끼리니	[頻りに]	연달아, 자꾸만
しきん	시끼ㄴ	[資金]	자금
しく	시꾸	[敷く]	깔다

↻ しかない　しいて　しけば　しきます

しぐさ	시구사	[仕草]	처사, 짓
しくしく	시꾸시꾸		훌쩍훌쩍
しくじる	시꾸지루		실수하다, 망치다

↻ しくじらない　しくじって　しくじれば　しくじります

シグナル	시구나루	[signal]	시그널, 신호기
しけい	시께-	[死刑]	사형
しげき	시게끼	[刺激]	자극
しけん	시께ㅇ	[試験]	시험

しげん	시게ㅇ	[資源]	자원
じけん	지께ㅇ	[事件]	사건
じこ	지꼬	[事故]	사고
じこ	지꼬	[自己]	자기
しこう	시꼬-	[思考]	사고
じこく	지꼬꾸	[時刻]	시각
しこく	시꼬꾸	[四国]	시꼬꾸지역
じごく	지고꾸	[地獄]	지옥
しこくちほう	시꼬꾸치호-	[四国地方]	시코쿠지역
じこくひょう	지꼬꾸효-	[時刻表]	시간표
しごと	시고또	[仕事]	일
じさ	지사	[時差]	시차
しさく	시사꾸	[施策]	시책
じさつ	지사츠	[自殺]	자살
じさんきん	지사ㅇ끼ㅇ	[持参金]	지참금
しじ	시지	[指示]	지시
しじ	시지	[支持]	지지
ししざ	시시자	[獅子座]	사자자리
じじつ	지지츠	[事実]	사실
ししゃ	시샤	[支社]	지사

し

175

じしゃく	지샤꾸	[磁石]	자석
じしゅ	지슈	[自主]	자주
ししゅう	시슈-	[刺繍]	자수
じしゅう	지슈-	[自習]	자습
ししゅつ	시슈츠	[支出]	지출
ししゅんき	시슈ㅇ끼	[思春期]	사춘기
じしょ	지쇼	[辞書]	사전
じじょ	지죠	[次女]	차녀
ししょう	시쇼-	[師匠]	스승
しじょう	시죠-	[市場]	시장
じじょう	지죠-	[事情]	사정
ししょく	시쇼꾸	[試食]	시식
じしょく	지쇼꾸	[辞職]	사직
じしん	지시ㅇ	[地震]	지진
じしん	지시ㅇ	[自身]	자신
じしん	지시ㅇ	[自信]	자신
じすい	지스이	[自炊]	자취
しずか	시즈까	[静か]	조용함, 고요함
↻ しずかではない　しずかで　しずかなら　しずかです			
しずく	시즈꾸	[滴]	물방울

システム	시스테무	[system]	시스템
しずむ	시즈무	[沈む]	가라앉다

↻ しずまない　しずんで　しずめば　しずみます

しせい	시세—	[姿勢]	자세
しせいじ	시세—지	[私生児]	사생아
しせつ	시세츠	[施設]	시설
しせん	시세ㅇ	[視線]	시선
しぜん	시제ㅇ	[自然]	자연

↻ しぜんではない　しぜんで　しぜんなら　しぜんです

した	시따	[下]	아래, 밑
した	시따'	[舌]	혀
じたい	지따이	[事態]	사태
じだい	지다이	[時代]	시대, 시절
しだいに	시다이니	[次第に]	차츰, 점차
★ したう	시따우	[慕う]	사모하다, 그리워하다

↻ したわない　したって　したえば　したいます

したうけ	시따우께	[下請け]	하청
★ したうち	시따우치	[舌打ち]	혀를 참
したがう	시따가우	[従う]	따르다

↻ したがわない　したがって　したがえば　したがいます

したがき	시따가끼	[下書き]	초고, 초안
したがって	시따가ㅅ떼	[従って]	따라서, 그러므로
したぎ	시따기	[下着]	속옷
したく	시따꾸	[支度]	준비, 채비
じたく	지따꾸	[自宅]	자택
したごころ	시따고꼬로	[下心]	본심, 속셈
したごしらえ	시따고시라에	[下ごしらえ]	미리 준비함, 사전 준비
したじ	시따지	[下地]	메이컵베이스
したしい	시따시이	[親しい]	친하다, 친숙하다

🔄 したしくない   したしくて   したしければ   したしいです

| したしらべ | 시따시라베 | [下調べ] | 예비조사 |
| したまわる | 시따마와루 | [下回る] | 밑돌다 |

🔄 したまわらない   したまわって   したまわれば   したまわります

したやく	시따야꾸	[下役]	하급관리
しち	시치	[七]	7, 칠
じち	지치	[自治]	자치
しちがつ	시치가츠	[七月]	7월
しちじ	시치지	[七時]	7시
しちゃく	시쨔꾸	[試着]	시착, 입어봄
シチュー	시츄-	[stew]	스튜

し**ちょう**	시쵸-	[市長]	시장
し**ちょう**	시쵸-	[視聴]	시청
じ**ちょう**	지쵸-	[次長]	차장
し**ちょうりつ**	시쵸-리츠	[視聴率]	시청률
じ**っか**	지ㄱ까	[実家]	친정, 본가
し**っかり**	시ㄱ까리		꼭, 꽉, 단단히
し**つぎょう**	시츠교-	[失業]	실업
じ**っくり**	지ㄱ꾸리		곰곰이, 차분히
し**っけい**	시ㄱ께-	[失敬]	실례
し**つげん**	시츠게ㅇ	[失言]	실언
じ**っけん**	지ㄱ께ㅇ	[実験]	실험
じ**つげん**	지츠게ㅇ	[実現]	실현
し**つこい**	시츠꼬이		끈질기다, 끈덕지다, 집요하다

🔁 し**つこくない**　し**つこくて**　し**つこければ**　し**つこいです**

し**っこう**	시ㄱ꼬-	[執行]	집행
じ**っこう**	지ㄱ꼬-	[実行]	실행
じ**っさい**	지ㅅ사이	[実際]	실제
じ**っし**	지ㅅ시	[実施]	실시
じ**っしゅう**	지ㅅ슈-	[実習]	실습
じ**ったい**	지ㅅ따이	[実体]	실체

し

★ しっと	시ㅅ또	[嫉妬]	질투
しつど	시츠도	[湿度]	습도
しっとり	시ㅅ또리		촉촉이
しつない	시츠나이	[室内]	실내
じつに	지츠니	[実に]	실로, 참으로
ジッパー	지ㅂ빠—	[zipper]	지퍼
しっぱい	시ㅂ빠이	[失敗]	실패
しっぴつ	시ㅂ삐츠	[執筆]	집필
しっぷ	시ㅂ뿌	[湿布]	파스, 찜질
しっぽ	시ㅂ뽀'	[尻尾]	꼬리
しつぼう	시츠보—	[失望]	실망
しつもん	시츠모ㅇ	[質問]	질문
じつよう	지츠요—	[実用]	실용
じつりょく	지츠료꾸	[実力]	실력
しつれい	시츠레—	[失礼]	실례
しつれん	시츠레ㅇ	[失恋]	실연
じつわ	지츠와	[実話]	실화
してい	시떼—	[指定]	지정
していせき	시떼—세끼	[指定席]	지정석
してん	시떼ㅇ	[支店]	지점

<u>じ</u>てん	지떼ㅇ	[辞典]	사전
<u>じ</u>てん	지떼ㅇ	[事典]	사전
<u>じ</u>てん	지떼ㅇ	[時点]	시점
<u>じ</u>てんしゃ	지떼ㄴ샤	[自転車]	자전거
<u>し</u>どう	시도-	[指導]	지도
<u>じ</u>どう	지도-	[自動]	자동
<u>じ</u>どう	지도-	[児童]	아동
<u>じ</u>どうしゃ	지도-샤	[自動車]	자동차
<u>じ</u>どうはんば<u>い</u>き	지도-하ㅁ바이끼	[自動販売機]	자동판매기
<u>し</u>としと	시또시또		부슬부슬
<u>し</u>ない	시나이	[市内]	시내
<u>し</u>なぎれ	시나기레	[品切れ]	품절
<u>し</u>なもの	시나모노	[品物]	물건
<u>じ</u>なん	지나ㅇ	[次男]	차남
<u>し</u>ぬ	시누	[死ぬ]	죽다
↻ し<u>な</u>ない　しん<u>で</u>　し<u>ね</u>ば　し<u>に</u>ます			
<u>し</u>ばた<u>く</u>	시바따꾸	[瞬く]	깜빡거리다
↻ し<u>ば</u>たか<u>ない</u>　し<u>ば</u>た<u>いて</u>　し<u>ば</u>た<u>けば</u>　し<u>ば</u>た<u>きます</u>			
<u>し</u>はつ	시하츠	[始発]	시발, 첫차
<u>し</u>はつ<u>れ</u>っしゃ	시하츠레ㅅ샤	[始発列車]	첫 열차

181

しばふ	시바후	[芝生]	잔디
しはらい	시하라이	[支払い]	지불
しはらう	시하라우	[支払う]	지불하다

↻ しはらわない　しはらって　しはらえば　しはらいます

しばらく	시바라꾸		잠깐, 잠시, 당분간
じびか	지비까	[耳鼻科]	이비인후과
じびき	지비끼	[字引]	사전
じひょう	지효ー	[辞表]	사표
じびょう	지뵤ー	[持病]	지병
しびれる	시비레루	[痺れる]	저리다, 마비되다

↻ しびれない　しびれて　しびれれば　しびれます

しぶい	시부이	[渋い]	떫다

↻ しぶくない　しぶくて　しぶければ　しぶいです

じぶん	지부ㄴ	[自分]	자신, 자기
しへい	시헤ー	[紙幣]	지폐
しぼう	시보ー	[脂肪]	지방
しぼう	시보ー	[死亡]	사망
しほん	시호ㅇ	[資本]	자본
しほんしゅぎ	시호ㄴ슈기	[資本主義]	자본주의
しま	시마	[島]	섬

し

しま	시마	[縞]	줄무늬
しまい	시마이	[姉妹]	자매
しまう	시마우	[終う]	끝마치다

↻ しまって　しまえば　しまいます

しまう	시마우	[仕舞う]	간수하다

↻ しまわない　しまって　しまえば　しまいます

じまく	지마꾸	[字幕]	자막
しまる	시마루	[閉まる]	닫히다

↻ しまらない　しまって　しまれば　しまります

じまん	지마ㅇ	[自慢]	자랑
しみ	시미	[染み]	얼룩
じみ	지미	[地味]	수수함, 검소함

↻ じみではない　じみで　じみなら　じみです

しみじみ	시미지미		절실히, 곰곰이
しみん	시미ㅇ	[市民]	시민
じむ	지무	[事務]	사무
じむしつ	지무시츠	[事務室]	사무실
じむしょ	지무쇼	[事務所]	사무실
しめい	시메—	[氏名]	성명
しめい	시메—	[指名]	지명

じめじめ	지메지메		축축, 눅눅
★ しめす	시메스	[示す]	나타내다
↻ しめさない　しめして　しめせば　しめします			
じめつ	지메츠	[自滅]	자멸
しめっぽい	시메ㅂ뽀이	[湿っぽい]	축축하다, 눅눅하다
↻ しめっぽくない　しめっぽくて　しめっぽければ　しめっぽいです			
しめる	시메루	[閉める]	닫다
↻ しめない　しめて　しめれば　しめます			
しめる	시메루	[締める]	죄다, 조르다
↻ しめない　しめて　しめれば　しめます			
じもとりょうり	지모또료ー리	[地元料理]	향토요리
しもん	시모ㅇ	[指紋]	지문
しや	시야	[視野]	시야
じゃ	자		그럼
じゃあ	쟈ー		그러면, 그럼
ジャーナリスト	쟈ー나리스또	[journalist]	저널리스트
シャープペン	샤ー뿌뻬ㅇ	[sharp pencil]	샤프
しゃいん	샤이ㅇ	[社員]	사원
しゃかい	샤까이	[社会]	사회
じゃがいも	쟈가이모	[じゃが芋]	감자

しゃがむ	샤가무		쪼그리고 앉다, 웅크리다

🔁 しゃがまない　しゃがんで　しゃがめば　しゃがみます

しやくしょ	시야ㄱ쇼	[市役所]	시청
じゃぐち	쟈구치	[蛇口]	수도꼭지
じゃくてん	쟈끄떼ㅇ	[弱点]	약점
しゃげき	샤게끼	[射撃]	사격
ジャケット	쟈께ㅅ또	[jacket]	재킷
しゃこ	샤꼬	[車庫]	차고
しゃこう	샤꼬ー	[社交]	사교
しゃこうてき	샤꼬ー떼끼	[社交的]	사교적

🔁 しゃこうてきではない　しゃこうてきで　しゃこうてきなら　しゃこうてきです

しゃしょう	샤쇼ー	[車掌]	차장
しゃしん	샤시ㅇ	[写真]	사진
ジャズ	쟈즈	[jazz]	재즈
ジャスミン	쟈스미ㄴ	[jasmine]	재스민
しゃせつ	샤세츠	[社説]	사설
しゃそう	샤소ー	[車窓]	차창
しゃだん	샤다ㅇ	[遮断]	차단
しゃちょう	샤쵸ー	[社長]	사장
シャツ	샤츠	[shirts]	셔츠

185

じゃっかん	쟈ㄱ까ㄴ	[若干]	약간
しゃっきん	샤ㄱ끼ㅇ	[借金]	빚
しゃっくり	샤ㄱ꾸리		딸꾹질
シャッター	샤ㅅ 따ー	[shutter]	셔터
しゃどう	샤도ー	[車道]	차도
しゃない	샤나이	[社内]	사내
しゃぶしゃぶ	샤부샤부		샤부샤부
しゃべる	샤베루	[喋る]	지껄이다, 수다를 떨다

↻ しゃべらない　しゃべって　しゃべれば　しゃべります

シャベル	샤베루	[shovel]	삽
シャボン	샤보ㅇ	[sabão]	비누
じゃま	쟈마	[邪魔]	방해

↻ じゃまではない　じゃまで　じゃまなら　じゃまです

ジャム	쟈무	[jam]	잼
しゃもじ	샤모지		주걱
しゃよう	샤요ー	[社用]	회사의 용무
しゃれ	샤레	[洒落]	익살, 멋을 부림

↻ しゃれではない　しゃれで　しゃれなら　しゃれです

| シャワー | 샤와ー | [shower] | 샤워 |
| ジャングル | 쟈ㅇ구루 | [jungle] | 정글, 밀림 |

じゃんけん	쟈ㅇ 께ㅇ		가위바위보
シャンソン	샤ㄴ 소ㅇ	[chanson]	샹송
シャンデリア	샤ㄴ 데리아	[chandelier]	샹들리에
ジャンパー	쟈ㅁ 빠ー	[jumper]	점퍼
シャンハイ	샤ㅇ 하이	[上海]	상해
ジャンプ	쟈ㅁ 뿌	[jump]	점프
シャンプー	샤ㅁ 뿌ー	[shampoo]	샴푸
シャンペン	샤ㅁ 뻬ㄴ	[champagne]	샴페인
ジャンボ	쟈ㅁ 보	[jumbo]	점보, 거대함
ジャンル	쟈ㄴ 루	[genre]	장르
しゅう	슈ㅡ	[週]	주
じゆう	지유ㅡ	[自由]	자유

🔁 じゆうではない　じゆうで　じゆうなら　じゆうです

じゅう	쥬ㅡ	[十]	10
しゅうい	슈ㅡ이	[周囲]	주위
じゅういち	쥬ㅡ이치	[十一]	11
じゅういちがつ	쥬ㅡ이치가츠	[十一月]	11월
じゅういちじ	쥬ㅡ이치지	[十一時]	11시
じゅうおく	쥬ㅡ오꾸	[十億]	10억
しゅうかい	슈ㅡ까이	[集会]	집회, 모임

し

しゅうがくりょこう	슈―가꾸료꼬―	[修学旅行]	수학여행
じゅうがつ	쥬―가츠	[十月]	10월
しゅうかん	슈―까ㅇ	[習慣]	습관
しゅうかん	슈―까ㅇ	[週刊]	주간
じゅうきょ	쥬―꾜	[住居]	주거
しゅうきょう	슈―꾜―	[宗教]	종교
じゅうぎょういん	쥬―교―이ㅇ	[従業員]	종업원
しゅうきん	슈―끼ㅇ	[集金]	수금
シュークリーム	슈―꾸리―무	[chou a lacreme]	슈크림
じゅうけつ	쥬―께츠	[充血]	충혈
しゅうごう	슈―고―	[集合]	집합
しゅうさい	슈―사이	[秀才]	수재
しゅうさく	슈―사꾸	[習作]	습작
しゅうし	슈―시	[修士]	석사
じゅうじ	쥬―지	[十時]	10시
じゅうじ	쥬―지	[従事]	종사
しゅうしゅう	슈―슈―	[収集]	수집
しゅうしゅう	슈―슈―	[収拾]	수습
じゅうしょ	쥬―쇼	[住所]	주소
じゅうしょう	쥬―쇼―	[重傷]	중상

じゅうしょう	쥬―쇼―	[重症]	중증
しゅうしょく	슈―쇼꾸	[就職]	취직
じゅうじろ	쥬―지로	[十字路]	십자로, 네거리
ジュース	쥬―스	[juice]	주스
しゅうせい	슈―세―	[習性]	습성
しゅうせい	슈―세―	[修正]	수정
しゅうせいえき	슈―세―에끼	[修正液]	수정액
じゅうたい	쥬―따이	[渋滞]	정체
じゅうだい	쥬―다이	[重大]	중대

🔄 じゅうだいではない　じゅうだいで　じゅうだいなら　じゅうだいです

じゅうだい	쥬―다이	[十代]	십대
じゅうたく	쥬―따꾸	[住宅]	주택
しゅうだん	슈―다ㄴ	[集団]	집단
しゅうちゅう	슈―쥬―	[集中]	집중
しゅうてん	슈―떼ㅇ	[終点]	종점
しゅうでん	슈―데ㅇ	[終電]	막차
じゅうてん	쥬―떼ㅇ	[重点]	중점
じゅうでん	쥬―데ㅇ	[充電]	충전
しゅうと	슈―또	[舅]	시아버지, 장인
じゅうどう	쥬―도―	[柔道]	유도

しゅうとく	슈−또꾸	[習得]	습득
しゅうとめ	슈−또메	[姑]	시어머니, 장모
じゅうなん	쥬−나ㅇ	[柔軟]	유연

↻ じゅうなんではない　じゅうなんで　じゅうなんなら　じゅうなんです

じゅうなんざい	쥬−나ㄴ자이	[柔軟剤]	섬유유연제
じゅうに	쥬−니	[十二]	12
じゅうにがつ	쥬−니가츠	[十二月]	12월
じゅうにじ	쥬−니지	[十二時]	12시
じゅうにしちょう	쥬−니시쿄−	[十二指腸]	십이지장
しゅうにゅう	슈−뉴−	[収入]	수입
じゅうはちばん	쥬−하치바ㅇ	[十八番]	장기
じゅうふく	쥬−후꾸	[重複]	중복
じゅうぶん	쥬−부ㅇ	[充分]	충분

↻ じゅうぶんではない　じゅうぶんで　じゅうぶんなら　じゅうぶんです

しゅうぶんのひ	슈−부ㄴ노히	[秋分の日]	추분
しゅうまつ	슈−마츠	[週末]	주말
じゅうみん	쥬−미ㅇ	[住民]	주민
じゅうやく	쥬−야꾸	[重役]	중역
じゅうよう	쥬−요−	[重要]	중요

↻ じゅうようではない　じゅうようで　じゅうようなら　じゅうようです

じゅうよっか	쥬−요ㄱ까	[十四日]	14일
しゅうり	슈−리	[修理]	수리
しゅうりょう	슈−료−	[終了]	종료
しゅうりょう	슈−료−	[修了]	수료
しゅがん	슈가ㅇ	[主眼]	주안
じゅきょう	쥬꾜−	[儒教]	유교
じゅぎょう	쥬교−	[授業]	수업
じゅぎょうりょう	쥬교−료−	[授業料]	수업료
じゅく	쥬꾸	[塾]	기숙사
じゅくご	쥬꾸고	[熟語]	숙어
しゅくじつ	슈꾸지츠	[祝日]	축제일
じゅくする	쥬ㄱ스루	[熟する]	익다, 무르익다
じゅくさない	じゅくして	じゅくすれば	じゅくします
しゅくだい	슈꾸다이	[宿題]	숙제
しゅくちょく	슈ㄱ쵸꾸	[宿直]	숙직
しゅくてき	슈ㄱ떼끼	[宿敵]	숙적
しゅくはく	슈꾸하꾸	[宿泊]	숙박
しゅくふく	슈꾸후꾸	[祝福]	축복
しゅくめい	슈꾸메−	[宿命]	숙명
じゅくれん	쥬꾸레ㅇ	[熟練]	숙련

しゅげい	슈게-	[手芸]	수예
じゅけん	쥬께ㅇ	[受験]	수험
しゅご	슈고	[主語]	주어
しゅご	슈고	[守護]	수호
しゅさい	슈사이	[主催]	주최
しゅざい	슈자이	[取材]	취재
しゅじゅつ	슈쥬츠	[手術]	수술
しゅしょう	슈쇼-	[首相]	수상
じゅしょう	쥬쇼-	[受賞]	수상
しゅじん	슈지ㅇ	[主人]	남편
じゅしん	쥬시ㅇ	[受信]	수신
しゅじんこう	슈지ㅇ꼬-	[主人公]	주인공
しゅせき	슈세끼	[首席]	수석
しゅだい	슈다이	[主題]	주제
しゅだん	슈다ㄴ	[手段]	수단
しゅちょう	슈쵸-	[主張]	주장
しゅつえん	슈츠에ㅇ	[出演]	출연
しゅっか	슈ㄱ까	[出荷]	출하
しゅっきん	슈ㄱ끼ㅇ	[出勤]	출근
しゅっけつ	슈ㄱ께츠	[出血]	출혈

しゅつげん	슈츠게ㅇ	[出現]	출현
じゅつご	쥬츠고	[述語]	술어
しゅっこく	슈ㄱ꼬꾸	[出国]	출국
しゅっこくてつづき	슈ㄱ꼬꾸떼츠즈끼	[出国手続き]	출국수속
しゅっさん	슈ㅅ사ㄴ	[出産]	출산
しゅっしゃ	슈ㅅ샤	[出社]	출근
しゅっしん	슈ㅅ시ㄴ	[出身]	출신
しゅっせ	슈ㅅ세	[出世]	출세
しゅっせい	슈ㅅ세ー	[出生]	출생
しゅっせき	슈ㅅ세끼	[出席]	출석
しゅっちょう	슈ㅅ쵸ー	[出張]	출장
しゅつにゅうこくカード	슈츠뉴ー꼬꾸카ー도	[出入国カード]	출입국카드
しゅっぱつ	슈ㅂ빠츠	[出発]	출발
しゅっぱつじかん	슈ㅂ빠츠지까ㅇ	[出発時間]	출발시간
しゅっぱつち	슈ㅂ빠츠치	[出発地]	출발지
しゅっぱんしゃ	슈ㅂ빠ㄴ샤	[出版社]	출판사
しゅと	슈또	[首都]	수도
しゅにん	슈니ㅇ	[主任]	주임
しゅのう	슈노ー	[首脳]	수뇌
しゅび	슈비	[守備]	수비

し

しゅふ	슈후	[主婦]	주부
しゅみ	슈미	[趣味]	취미
じゅみょう	쥬묘-	[寿命]	수명
しゅもく	슈모꾸	[種目]	종목
しゅやく	슈야꾸	[主役]	주역
じゅよ	쥬요	[授与]	수여
しゅよう	슈요-	[主要]	주요, 중요

↻ しゅようではない　しゅようで　しゅようなら　しゅようです

じゅよう	쥬요-	[需要]	수요
しゅりゅう	슈류-	[主流]	주류
★ しゅりょく	슈료꾸	[主力]	주력
しゅるい	슈루이	[種類]	종류
じゅわき	쥬와끼	[受話器]	수화기
じゅん	쥬ㅇ	[順]	순서, 차례
じゅんい	쥬ㅇ이	[順位]	순위
しゅんかん	슈ㅇ까ㅇ	[瞬間]	순간
じゅんかん	쥬ㅇ까ㅇ	[循環]	순환
じゅんけつ	쥬ㅇ께츠	[純潔]	순결
じゅんじょ	쥬ㄴ죠	[順序]	순서, 차례
じゅんじょう	쥬ㄴ죠-	[純情]	순정

じゅんすい	쥬ㄴ스이	[純粋]	순수

🔄 じゅんすいではない　じゅんすいで　じゅんすいなら　じゅんすいです

じゅんちょう	쥬ㄴ쵸ー	[順調]	순조

🔄 じゅんちょうではない　じゅんちょうで　じゅんちょうなら　じゅんちょうです

し

じゅんばん	쥬ㅁ바ㅇ	[順番]	순서, 차례
じゅんび	쥬ㅁ비	[準備]	준비
じゅんびちゅう	쥬ㅁ비쥬ー	[準備中]	준비중[폐점중]
しゅんぶんのひ	슈ㅁ부ㄴ노히	[春分の日]	춘분
しよう	시요ー	[使用]	사용
ショー	쇼ー	[show]	쇼
ショーウィンドー	쇼ー위ㄴ도ー	[show window]	쇼윈도
じょうえい	죠ー에ー	[上映]	상영
じょうえん	죠ー에ㅇ	[上演]	상연
しょうか	쇼ー까	[消火]	소화
しょうが	쇼ー가	[生姜]	생강
しょうかい	쇼ー까이	[紹介]	소개
しょうがい	쇼ー가이	[障害]	장해
しょうがい	쇼ー가이	[生涯]	생애
しょうがくせい	쇼ー가ㄱ세ー	[小学生]	초등학생
しょうかき	쇼ー까끼	[消火器]	소화기

しょうがつ	쇼―가츠	[正月]	정월
しょうがっこう	쇼―가ㄱ꼬―	[小学校]	초등학교
じょうきげん	죠―끼게ㅇ	[上機嫌]	기분이 매우 좋음

↻ じょうきげんではない　じょうきげんで　じょうきげんなら　じょうきげんです

じょうきゃく	죠―꺄꾸	[乗客]	승객
じょうきゅう	죠―뀨―	[上級]	상급
じょうきゅうせい	죠―뀨―세―	[上級生]	상급생
しょうきょ	쇼―꾜	[消去]	삭제
しょうぎょう	쇼―교―	[商業]	상업
しょうきょくてき	쇼―꾜끄떼끼	[消極的]	소극적

↻ しょうきょくてきではない　しょうきょくてきで

しょうきょくてきなら　しょうきょくてきです

しょうきん	쇼―끼ㅇ	[賞金]	상금
ジョーク	죠―꾸	[joke]	조크
じょうげ	죠―게	[上下]	상하
じょうけん	죠―께ㅇ	[条件]	조건
しょうこ	쇼―꼬	[証拠]	증거
しょうご	쇼―고	[正午]	정오
しょうじ	쇼―지	[障子]	장지
じょうし	죠―시	[上司]	상사

しょうじき	쇼ー지끼	[正直]	정직

↻ しょうじきではない しょうじきで しょうじきなら しょうじきです

じょうしき	죠ー시끼	[常識]	상식
しょうしゃ	쇼ー샤	[商社]	상사
しょうじょ	쇼ー죠	[少女]	소녀
しょうしょう	쇼ー쇼ー	[少々]	잠시만, 잠깐
しょうじょう	쇼ー죠ー	[症状]	증상
じょうしょう	죠ー쇼ー	[上昇]	상승
しょうじる	쇼ー지루	[生じる]	생기다, 발생하다

↻ しょうじない しょうじて しょうじれば しょうじます

しょうしん	쇼ー시ㅇ	[昇進]	승진
じょうず	죠ー즈	[上手]	잘함, 능숙함

↻ じょうずではない じょうずで じょうずなら じょうずです

しょうすう	쇼ー스ー	[少数]	소수
じょうせい	죠ー세ー	[情勢]	정세
しょうせつ	쇼ー세츠	[小説]	소설
しょうたい	쇼ー따이	[招待]	초대
しょうたい	쇼ー따이	[正体]	정체
じょうたい	죠ー따이	[状態]	상태
しょうだく	쇼ー다꾸	[承諾]	승낙

じょうたつ	죠―따츠	[上達]	숙달, 향상
じょうだん	죠―다ㅇ	[冗談]	농담
しょうち	쇼―치	[承知]	알고 있음, 승낙
しょうちゅう	쇼―쥬―	[焼酎]	소주
しょうてん	쇼―떼ㅇ	[商店]	상점
しょうどく	쇼―도꾸	[消毒]	소독
しょうとつ	쇼―또츠	[衝突]	충돌
ショートヘア	쇼―또헤아	[short hair]	짧은 머리
しょうにん	쇼―니ㅇ	[証人]	증인
しょうにん	쇼―니ㅇ	[承認]	승인
じょうねつ	죠―네츠	[情熱]	정열
しょうねん	쇼―네ㅇ	[少年]	소년
じょうば	죠―바	[乗馬]	승마
しょうはい	쇼―하이	[勝敗]	승패
しょうばい	쇼―바이	[商売]	장사
しょうひ	쇼―히	[消費]	소비
しょうひしゃ	쇼―히샤	[消費者]	소비자
しょうひぜい	쇼―히제―	[消費税]	소비세
しょうひん	쇼―히ㅇ	[商品]	상품
しょうひん	쇼―히ㅇ	[賞品]	상품

じょうひん	죠―히ㅇ	[上品]	고상함, 품위가 있음

↪ じょうひんではない　じょうひんで　じょうひんなら　じょうひんです

しょうぶ	쇼―부	[勝負]	승부
じょうぶ	죠―부	[丈夫]	건강함, 튼튼함

↪ じょうぶではない　じょうぶで　じょうぶなら　じょうぶです

しょうべん	쇼―베ㅇ	[小便]	소변
しょうぼう	쇼―보―	[消防]	소방
じょうほう	죠―호―	[情報]	정보
しょうぼうしょ	쇼―보―쇼	[消防署]	소방서
しょうみきげん	쇼―미끼게ㅇ	[賞味期限]	유통기한
しょうめい	쇼―메―	[証明]	증명
しょうめん	쇼―메ㅇ	[正面]	정면
しょうもう	쇼―모―	[消耗]	소모
じょうやく	죠―야꾸	[条約]	조약
しょうゆ	쇼―유	[醤油]	간장
しょうよう	쇼―요―	[商用]	상용
しょうらい	쇼―라이	[将来]	장래
しょうり	쇼―리	[勝利]	승리
じょうれん	죠―레ㅇ	[常連]	단골손님
しょきゅう	쇼뀨―	[初級]	초급

★ しょうぼうしょ

じょ きょ	죠꾜	[除去]	제거
ジョ ギング	죠기ㅇ구	[jogging]	조깅
しょ く	쇼꾸	[職]	직업, 일자리
しょ く あたり	쇼꾸아따리	[食中り]	식중독
しょ く いんしつ	쇼꾸이ㄴ시츠	[職員室]	교무실
しょ く ぎょう	쇼꾸교-	[職業]	직업
しょ く ご	쇼꾸고	[食後]	식후
しょ く じ	쇼꾸지	[食事]	식사
しょ く たく	쇼ㄱ따꾸	[食卓]	식탁
しょ く ちゅうどく	쇼꾸쮸-도꾸	[食中毒]	식중독
しょ く どう	쇼꾸도-	[食堂]	식당
★ しょ く ば	쇼꾸바	[職場]	직장
★ しょ く パン	쇼꾜빠ㅇ	[食パン]	식빵
しょ く ひん	쇼꾸히ㅇ	[食品]	식품
しょ く ぶつ	쇼꾸부츠	[植物]	식물
しょ く む	쇼꾸무	[職務]	직무, 일
しょ く もつ	쇼꾸모츠	[食物]	식품, 음식
しょ く よう	쇼꾸요-	[食用]	식용
★ しょ く よく	쇼꾸요꾸	[食欲]	식욕
しょ く りょう	쇼꾸료-	[食糧]	식량

しょくりょうひん	쇼꾸료-히ㅇ	[食料品]	식료품
しょけい	쇼께-	[処刑]	처형
しょけん	쇼께ㅇ	[所見]	소견
じょげん	죠게ㅇ	[助言]	조언
しょさい	쇼사이	[書斎]	서재
じょし	죠시	[女子]	여자
じょし	죠시	[助詞]	조사
じょしだい	죠시다이	[女子大]	여자대학
しょじひん	쇼지히ㅇ	[所持品]	소지품
じょしゅ	죠슈	[助手]	조수, 조교
じょじょに	죠죠니	[徐々に]	서서히, 천천히
じょせい	죠세-	[女性]	여성
じょせいし	죠세-시	[女性誌]	여성잡지
しょぞく	쇼조꾸	[所属]	소속
しょたい	쇼따이	[所帯]	세대, 가구
しょたい	쇼따이	[書体]	서체
しょたいめん	쇼따이메ㅇ	[初対面]	초면
しょち	쇼치	[処置]	처치, 조치
しょちゅうみまい	쇼쮸-미마이	[暑中見舞い]	서중 문안
しょっきだな	쇼ㄱ끼다나	[食器棚]	찬장

ショック	쇼ㄱ꾸	[shock]	쇼크
しょっちゅう	쇼ㅅ쮸ー		늘, 언제나
しょっぱい	쇼ㅂ빠이		짜다

↺ しょっぱくない　しょっぱくて　しょっぱければ　しょっぱいです

ショッピングセンター	쇼ㅂ삐ㅇ구세ㄴ따ー	[shopping center]	쇼핑센터
しょてん	쇼떼ㅇ	[書店]	서점
しょどう	쇼도ー	[書道]	서예
しょとく	쇼또꾸	[所得]	소득
しょぶん	쇼부ㄴ	[処分]	처분
しょほ	쇼호	[初歩]	초보
しょほう	쇼호ー	[処方]	처방
しょもつ	쇼모츠	[書物]	서적
しょや	쇼야	[初夜]	첫날밤
しょゆう	쇼유ー	[所有]	소유
じょゆう	죠유ー	[女優]	여배우
しょるい	쇼루이	[書類]	서류
しょんぼり	쇼ㅁ보리		멍하니, 쓸쓸히
しらが	시라가	[白髪]	흰머리, 백발
しらす	시라스	[知らす]	알리다

↺ しらさない　しらして　しらせば　しらします

じらす	지라스	[焦らす]	애태우다, 약올리다

↻ じらさない　じらして　じらせば　じらします

しらずしらず	시라즈시라즈	[知らず知らず]	자기도 모르게, 부지중에

しらせる	시라세루	[知らせる]	알리다

↻ しらせない　しらせて　しらせれば　しらせます

しらばくれる	시라바꾸레루		시치미 떼다

↻ しらばくれない　しらばくれて　しらばくれれば　しらばくれます

しらべる	시라베루	[調べる]	조사하다, 알아보다

↻ しらべない　しらべて　しらべれば　しらべます

しられる	시라레루	[知られる]	알려지다

↻ しられない　しられて　しられれば　しられます

しり	시리	[尻]	엉덩이
しりあい	시리아이	[知り合い]	아는 사람, 지인
シリーズ	시리ー즈	[series]	시리즈
じりき	지리끼	[自力]	자력
しりぞく	시리조꾸	[退く]	물러나다, 물러가다
しりつ	시리츠	[私立]	사립
じりつ	지리츠	[自立]	자립
しりぬぐい	시리누구이	[尻拭い]	남의 뒤치다꺼리, 뒷수습
しりもち	시리모치	[尻餅]	엉덩방아

しりょう	시료—	[資料]	자료
しりょく	시료꾸	[視力]	시력
しる	시루	[知る]	알다

🕐 しらない　しって　しれば　しります

しるし	시루시	[印]	표, 표시
じれったい	지레ㅅ때이	[焦れったい]	애타다, 안타깝다

🕐 じれったくない　じれったくて　じれったければ　じれったいです

ジレンマ	지레ㅁ마	[dilemma]	딜레마
しろ	시로	[白]	흰색, 하양
しろい	시로이	[白い]	희다, 하얗다

🕐 しろくない　しろくて　しろければ　しろいです

しろうと	시로—또	[素人]	초심자, 아마추어
じろじろ	지로지로		뚫어지게, 빤히
シロップ	시로ㅂ뿌	[syrup]	시럽
しろワイン	시로와이ㅇ	[白ワイン]	백포도주
しわ	시와	[皺]	주름
しわざ	시와자	[仕業]	짓, 소행
しんあい	시ㅇ아이	[親愛]	친애

🕐 しんあいではない　しんあいで　しんあいなら　しんあいです

しんがく	시ㅇ가꾸	[進学]	진학

じんかく	지○까푸	[人格]	인격
しんかんせん	시○까ㄴ세○	[新幹線]	신간선
しんきょく	시○꾜푸	[新曲]	신곡
シンク	시○푸	[sink]	싱크대
しんくう	시○푸–	[真空]	진공
シングル	시○구루	[single]	싱글
シングルベッド	시○구루베ㅅ도	[single bed]	싱글침대
シングルルーム	시○구루루–무	[single room]	싱글룸
しんけい	시○께–	[神経]	신경
じんけん	지○께○	[人権]	인권
しんこう	시○꼬–	[進行]	진행
しんごう	시○고–	[信号]	신호등
じんこう	지○꼬–	[人口]	인구
じんこう	지○꼬–	[人工]	인공
しんごうき	시○고–끼	[信号機]	신호기
しんごうむし	시○고–무시	[信号無視]	신호무시
しんこく	시○꼬푸	[申告]	신고
しんこく	시○꼬푸	[深刻]	심각

🔊 しんこくではない しんこくで しんこくなら しんこくです

しんこん	시○꼬○	[新婚]	신혼

しんこんりょこう	시ㅇ꼬ㄴ료꼬-	[新婚旅行]	신혼여행
しんさ	시ㄴ사	[審査]	심사
じんさい	지ㄴ사이	[人災]	인재
じんざい	지ㄴ자이	[人材]	인재
しんさつ	시ㄴ사츠	[診察]	진찰
しんし	시ㄴ시	[紳士]	신사
しんじつ	시ㄴ지츠	[真実]	진실
しんじる	시ㄴ지루	[信じる]	믿다

↻ しんじない　しんじて　しんじれば　しんじます

しんじん	시ㄴ지ㅇ	[新人]	신인
じんしんじこ	지ㄴ시ㄴ지꼬	[人身事故]	인사사고
しんせい	시ㄴ세-	[申請]	신청
じんせい	지ㄴ세-	[人生]	인생
しんせき	시ㄴ세끼	[親戚]	친척
しんせつ	시ㄴ세츠	[親切]	친절

↻ しんせつではない　しんせつで　しんせつなら　しんせつです

しんせん	시ㄴ세ㅇ	[新鮮]	신선

↻ しんせんではない　しんせんで　しんせんなら　しんせんです

しんぞう	시ㄴ조-	[心臓]	심장
しんたい	시ㄴ따이	[身体]	신체

しんだん	시ㄴ다ㅇ	[診断]	진단
しんちく	시ㄴ치꾸	[新築]	신축
しんちゅう	시ㄴ츄-	[心中]	마음 속, 심중
しんちょう	시ㄴ쵸-	[身長]	신장
しんど	시ㄴ도	[震度]	진도
しんねん	시ㄴ네ㅇ	[新年]	새해, 신년
しんぱい	시ㅁ빠이	[心配]	걱정, 근심

↻ しんぱいではない　しんぱいで　しんぱいなら　しんぱいです

しんぴん	시ㅁ삐ㅇ	[新品]	신품
しんぷ	시ㅁ뿌	[神父]	신부
シンフォニー	시ㅁ훠니-	[symphony]	심포니, 교향곡
じんぶつ	지ㅁ부츠	[人物]	인물
しんぶん	시ㅁ부ㅇ	[新聞]	신문
しんぶんしゃ	시ㅁ부ㄴ샤	[新聞社]	신문사
しんぽ	시ㅁ뽀	[進歩]	진보
しんぼう	시ㅁ보-	[辛抱]	참을성, 인내
しんぼく	시ㅁ보꾸	[親睦]	친목
シンボル	시ㅁ보루	[symbol]	심벌, 상징
しんまい	시ㅁ마이	[新米]	신참, 풋내기
しんみつ	시ㅁ미츠	[親密]	친밀

し

しんや	시ㅇ야	[深夜]	심야
しんゆう	시ㅇ유-	[親友]	친한 친구
しんよう	시ㅇ요-	[信用]	신용
しんらい	시ㄴ라이	[信頼]	신뢰
しんり	시ㄴ리	[真理]	진리
しんり	시ㄴ리	[心理]	심리
しんりゃく	시ㄴ랴꾸	[侵略]	침략
じんりょく	지ㄴ료꾸	[尽力]	진력
じんりょく	지ㄴ료꾸	[人力]	인력
しんりん	시ㄴ리ㄴ	[森林]	삼림
しんるい	시ㄴ루이	[親類]	친척
じんるい	지ㄴ루이	[人類]	인류
しんろ	시ㄴ로	[進路]	진로
しんろう	시ㄴ로-	[新郎]	신랑

す	스	[酢]	식초
す	스	[巣]	보금자리
すいえい	스이에ー	[水泳]	수영
すいおん	스이오ㅇ	[水温]	수온
すいか	스이까	[西瓜]	수박
すいがら	스이가라	[吸殻]	담배꽁초
すいじ	스이지	[炊事]	취사
すいじゅん	스이쥬ㅇ	[水準]	수준
すいじょう	스이죠ー	[水上]	수상
スイス	스이스	[Swiss]	스위스
すいせん	스이세ㅇ	[推薦]	추천
すいそく	스이소꾸	[推測]	추측
すいちゅう	스이쮸ー	[水中]	수중
すいてい	스이떼ー	[推定]	추정
すいどう	스이도ー	[水道]	수도
すいはんき	스이하ㅇ끼	[炊飯器]	전기밥솥

すいみん	스이미ㅇ	[睡眠]	수면
すいようび	스이요ー비	[水曜日]	수요일
すう	스ー	[数]	수, 숫자
すう	스우	[吸う]	들이쉬다, 피우다

↻ すわない　すって　すえば　すいます

| すうがく | 스ー가꾸 | [数学] | 수학 |
| すうこう | 스ー꼬ー | [崇高] | 숭고 |

↻ すうこうではない　すうこうで　すうこうなら　すうこうです

| すうじ | 스ー지 | [数字] | 숫자 |
| ずうずうしい | 즈ー즈ー시이 | [図々しい] | 뻔뻔하다, 교활하다 |

↻ ずうずうしくない　ずうずうしくて　ずうずうしければ　ずうずうしいです

スーツ	스ー츠	[suit]	여성 정장
スーツケース	스ー츠케ー스	[suitcase]	여행가방
スーパー	스ー빠ー	[supermarket]	슈퍼마켓
すうはい	스ー하이	[崇拝]	숭배
スープ	스ー뿌	[soup]	수프, 탕
すうりょう	스ー료ー	[数量]	수량
すえ	스에	[末]	끝, 마지막
すえっこ	스에ㄱ꼬	[末っ子]	막내
スカート	스카ー또	[skirt]	스커트, 치마

210

す

スカーフ	스까-후	[scarf]	스카프
スカウト	스카우또	[scout]	스카우트
すがすがしい	스가스가시이		상쾌하다, 산뜻하다

↻ すがすがしくない　すがすがしくて　すがすがしければ　すがすがしいです

すがた	스가따	[姿]	모습, 모양
すき	스끼	[隙]	틈, 빈틈
すき	스끼	[好き]	좋아함

↻ すきではない　すきで　すきなら　すきです

スキー	스끼-	[ski]	스키
すききらい	스끼끼라이	[好き嫌い]	식성, 선호
すきま	스끼마	[隙間]	빈틈, 짬
すきやき	스끼야끼	[すき焼き]	전골
スキャンダル	스까ㄴ다루	[scandal]	스캔들
すぎる	스기루	[過ぎる]	지나다, 지나가다

↻ すぎない　すぎて　すぎれば　すぎます

スキン	스끼ㅇ	[skin]	스킨, 피부
スキンケア	스끼ㄴ께아	[skin care]	스킨케어
スキンローション	스끼ㄴ로-쇼ㅇ	[skin lotion]	스킨로션
すく	스꾸	[空く]	비다, 고프다

↻ すかない　すいて　すけば　すきます

すぐ	스구	[直ぐ]	곧, 당장, 바로
すくいぬし	스꾸이누시	[救い主]	구세주
すくう	스꾸우	[救う]	구하다

↻ すくわない　すくって　すくえば　すくいます

スクーター	스꾸ー따ー	[scooter]	스쿠터
スクール	스꾸ー루	[school]	스쿨
すくすく	스꾸스꾸		무럭무럭, 쑥쑥
すくない	스꾸나이	[少ない]	적다

↻ すくなくない　すくなくて　すくなければ　すくないです

すくなくとも	스꾸나꾸또모	[少なくとも]	적어도
すぐに	스구니		곧, 즉시
スクリーン	스꾸리ーㄴ	[screen]	스크린
★ スケジュール	스께쥬ー루	[schedule]	스케줄, 일정
すごい	스고이	[凄い]	굉장하다, 대단하다

↻ すごくない　すごくて　すごければ　すごいです

すこし	스꼬시	[少し]	조금, 약간
すごす	스고스	[過ごす]	보내다, 지내다

↻ すごさない　すごして　すごせば　すごします

★ すし	스시	[寿司]	생선초밥
すじ	스지	[筋]	힘줄, 조리, 줄거리

すぐ	스구	[濯ぐ]	헹구다

↻ すすがない　すすいで　すすけば　すすぎます

すずしい	스즈시이	[涼しい]	시원하다, 서늘하다

↻ すずしくない　すずしくて　すずしければ　すずしいです

すすむ	스스무	[進む]	나아가다

↻ すすまない　すすんで　すすめば　すすみます

すずめ	스즈메	[雀]	すずめ
すすめる	스스메루	[進める]	나아가게 하다, 진행시키다

↻ すすめない　すすめて　すすめれば　すすめます

すすめる	스스메루	[勧める]	권하다

↻ すすめない　すすめて　すすめれば　すすめます

スター	스따ー	[star]	스타
スタート	스따ー또	[start]	스타트
スタイル	스따이루	[style]	스타일
スタジオ	스따지오	[studio]	스튜디오
すたすた	스따스따		총총히, 바삐
ずたずた	즈따즈따		갈기갈기, 토막토막
すだれ	스다레		발
スタンド	스따ㄴ도	[stand]	스탠드
スタンプ	스따ㅁ뿌	[stamp]	스탬프

す

スチュワーデス	스츄와―데스	[stewardess]	스튜어디스
ずつう	즈츠―	[頭痛]	두통
ずつうやく	즈츠―야꾸	[頭痛薬]	두통약
すっかり	스ㄱ까리		모두, 죄다, 완전히
すっきり	스ㄱ끼리		산뜻한, 상쾌한, 후련한
ずっと	즈ㅅ또		훨씬, 쭉, 내내
すっぱい	스ㅂ빠이	[酸っぱい]	시다

↻ すっぱくない　すっぱくて　すっぱければ　すっぱいです

すっぽん	스ㅂ뽀ㄴ		자라
すで	스데	[素手]	맨손
ステーキ	스떼―끼	[steak]	스테이크
ステージ	스떼―지	[stage]	스테이지, 무대
すてき	스떼끼	[素敵]	멋짐, 매우 근사함

↻ すてきではない　すてきで　すてきなら　すてきです

ステップ	스떼ㅂ뿌		스텝
すでに	스데니	[既に]	이미, 벌써
すてる	스떼루	[捨てる]	버리다

↻ すてない　すてて　すてれば　すてます

ステレオ	스떼레오	[stereo]	오디오
ストア	스또아	[store]	스토어, 가게

ストーカー	스또−까−	[stalker]	스토커
ストーブ	스또−부	[stove]	스토브, 난로
ストーリー	스또−리−	[story]	스토리, 이야기
ストッキング	스또ㄱ끼ㅇ구	[stocking]	스타킹
ストップ	스또ㅂ뿌	[stop]	스톱, 정지
ストライキ	스또라이끼	[strike]	동맹파업
ストライク	스또라이꾸	[strike]	스트라이크
ストライプ	스또라이뿌	[stripe]	줄무늬
ストレート	스또레−또	[straight]	일직선의, 단도직입적인
ストレス	스또레스	[stress]	스트레스
すな	스나	[砂]	모래
すなお	스나오	[素直]	순수함, 순진함

↺ すなおではない　すなおで　すなおなら　すなおです

スナック	스나ㄱ꾸	[snack]	스낵
すなわち	스나와치	[即ち]	즉, 곧
スニーカー	스니−까−	[sneakers]	스니커
すねる	스네루	[拗ねる]	삐치다, 토라지다

↺ すねない　すねて　すねれば　すねます

ずのう	즈노−	[頭脳]	두뇌
スノーボード	스노−보−도	[snow board]	스노우보드

★	スパイ	스빠이	[spy]	간첩
	スパゲッティ	스빠게ㅅ띠	[spaghetti]	스파게티
	すばしこい	스바시꼬이		재빠르다, 민첩하다

↻ すばしこくない　すばしこくて　すばしこければ　すばしこいです

	すはだ	스하다	[素肌]	맨몸, 맨살, 알몸
	すばやい	스바야이	[素早い]	재빠르다, 날쌔다

↻ すばやくない　すばやくて　すばやければ　すばやいです

	すばらしい	스바라시이	[素晴らしい]	멋지다, 훌륭하다

↻ すばらしくない　すばらしくて　すばらしければ　すばらしいです

	スピーチ	스삐ー치	[speech]	스피치, 연설
	スピード	스삐ー도	[speed]	스피드, 속도
	スピードいはん	스삐ー도이하ㅇ	[スピード違反]	속도위반
	スプーン	스뿌ーㄴ	[spoon]	스푼, 숟가락
	スプリング	스뿌리ㅇ구	[spring]	스프링, 용수철
	スペイン	스뻬이ㅇ	[Spain]	스페인
	スペシャル	스뻬샤루	[special]	스페셜
	すべすべ	스베스베		매끈매끈, 반질반질
	すべて	스베떼	[全て]	모두, 전부
	すべる	스베루	[滑る]	미끄러지다

↻ すべらない　すべって　すべれば　すべります

スポーツ	스뽀ー츠	[sports]	스포츠, 운동
スポーツジム	스뽀ー츠지무	[sports gym]	체육관
ズボン	즈보ㄴ	[jupon]	바지
スポンジ	스뽀ㄴ지	[sponge]	스펀지, 수세미
スマート	스마ー또	[smart]	날씬함, 말쑥함

↻ スマートではない　スマートで　スマートなら　スマートです

| すまい | 스마이 | [住まい] | 주거지 |
| すまない | 스마나이 | [済まない] | 미안하다 |

↻ すまなくない　すまなくて　すまなければ　すまないです

すみ	스미	[隅]	구석, 모퉁이, 귀퉁이
すみません	스미마세ㅇ		미안합니다, 실례합니다
すむ	스무	[住む]	살다

↻ すまない　すんで　すめば　すみます

| すむ | 스무 | [済む] | 맑아지다 |

↻ すまない　すんで　すめば　すみます

すもう	스모ー	[相撲]	일본 씨름 스모
すやすや	스야스야		새근새근, 색색
すらすら	스라스라		척척, 술술, 거침 없이
スランプ	스라ㅁ뿌	[slump]	슬럼프
すり	스리		소매치기

★ スリッパ	스리ㅂ빠	[slippers]	슬리퍼
スリル	스리루	[thrill]	스릴
する	스루	[為る]	하다

↻ しない　して　すれば　します

ずるい	즈루이		교활하다, 약삭빠르다

↻ ずるくない　ずるくて　ずるければ　ずるいです

すると	스루또		그러면, 그러자
★ すれちがう	스레치가우	[擦れ違う]	스치듯 지나가다

↻ すれちがわない　すれちがって　すれちがえば　すれちがいます

すわる	스와루	[座る]	앉다

↻ すわらない　すわって　すわれば　すわります

すんなり	스ㄴ나리		날씬한, 매끈한, 수월히

せ

せ	세	[背]	등, 키
せい	세―	[背]	키
せい	세―	[性]	성
せい	세―		～탓, ～때문
ぜい	제―	[税]	세, 세금
せいいっぱい	세―이ㅂ빠이	[精一杯]	힘껏, 고작
せいか	세―까	[成果]	성과
せいかく	세―까꾸	[性格]	성격
せいかつ	세―까츠	[生活]	생활
ぜいかん	제―까ㅇ	[税関]	세관
せいき	세―끼	[世紀]	세기
せいきゅう	세―뀨―	[請求]	청구
ぜいきん	제―끼ㅇ	[税金]	세금
せいけい	세―께―	[生計]	생계
せいけいげか	세―께―게까	[整形外科]	정형외과
せいけつ	세―께츠	[清潔]	청결

219

↻ せいけつではない　せいけつで　せいけつなら　せいけつです

せいこう	세ー꼬ー	[成功]	성공
せいざ	세ー자	[星座]	별자리
せいざ	세ー자	[正座]	정좌
せいさく	세ー사꾸	[政策]	정책
せいさく	세ー사꾸	[制作]	제작
せいさく	세ー사꾸	[製作]	제작
せいさん	세ー사ㅇ	[生産]	생산
せいさん	세ー사ㅇ	[精算]	정산
せいじ	세ー지	[政治]	정치
せいじつ	세ー지츠	[誠実]	성실

↻ せいじつではない　せいじつで　せいじつなら　せいじつです

せいしゃいん	세ー샤이ㅇ	[正社員]	정사원
せいしゅ	세ー슈	[清酒]	청주
せいじゅく	세ー쥬꾸	[成熟]	성숙

↻ せいじゅくではない　せいじゅくで　せいじゅくなら　せいじゅくです

せいしゅん	세ー슈ㅇ	[青春]	청춘
せいしょ	세ー쇼	[聖書]	성경
せいじょう	세ー죠ー	[正常]	정상

↻ せいじょうではない　せいじょうで　せいじょうなら　せいじょうです

せいしん	세ー시ㅇ	[精神]	정신
せいじん	세ー지ㅇ	[成人]	성인
せいしんか	세ー시ㅇ까	[精神科]	정신과
せいじんしき	세ー지ㄴ시끼	[成人式]	성인식
せいぜい	세ー제ー	[精々]	기껏, 고작
せいせき	세ー세끼	[成績]	성적
せいぞう	세ー조ー	[製造]	제조
せいぞん	세ー조ㄴ	[生存]	생존
★ ぜいたく	제ー따꾸	[贅沢]	사치, 낭비
せいちょう	세ー쵸ー	[成長]	성장
せいと	세ー또	[生徒]	학생, 중고생
せいど	세ー도	[制度]	제도
せいとう	세ー또ー	[正当]	정당

↻ せいとうではない　せいとうで　せいとうなら　せいとうです

せいとん	세ー또ㅇ	[整頓]	정돈
せいねんがっぴ	세ー네ㅇ가ㅂ삐	[生年月日]	생년월일
せいび	세ー비	[整備]	정비
せいびょう	세ー뵤ー	[性病]	성병
せいひん	세ー히ㅇ	[製品]	제품
せいふ	세ー후	[政府]	정부

せいふく	세-후꾸	[制服]	제복
せいぶん	세-부ㄴ	[成分]	성분
せいべつ	세-베츠	[性別]	성별
せいめい	세-메-	[生命]	생명
せいもん	세-모ㅇ	[正門]	정문
せいよう	세-요-	[西洋]	서양
せいよく	세-요꾸	[性欲]	성욕
せいり	세-리	[生理]	생리
せいり	세-리	[整理]	정리
せいりつ	세-리츠	[成立]	성립
せいりょく	세-료꾸	[勢力]	세력
せいれつ	세-레츠	[整列]	정렬
セーター	세-따-	[sweater]	스웨터
セーラーふく	세-라-후꾸	[sailor 服]	여자교복
セール	세-루	[sale]	세일
セールス	세-루스	[sales]	세일즈, 판매
せかい	세까이	[世界]	세계
せかいじゅう	세까이쥬-	[世界中]	온 세계
せかせか	세까세까		성급한 모양
せき	세끼	[席]	자리, 좌석

せき	세끼	[咳]	기침
せきにん	세끼니ㅇ	[責任]	책임
せきはん	세끼하ㅇ	[赤飯]	팥찰밥
せきゆ	세끼유	[石油]	석유
セキュリティーけんさ	세뀨리띠-케ㄴ사	[セキュリティー検査]	보안검사
せきらら	세끼라라	[赤裸々]	적나라

↻ せきららではない　せきららで　せきららなら　せきららです

| セクシー | 세ㄱ시- | [sexy] | 섹시 |

↻ セクシーではない　セクシーで　セクシーなら　セクシーです

せけん	세께ㅇ	[世間]	세상
せけんてい	세께ㄴ떼-	[世間体]	체면, 이목
せだい	세다이	[世代]	세대
せたけ	세따께	[背丈]	키, 신장
せっかく	세ㄱ까꾸	[折角]	모처럼, 애써
せっかち	세ㄱ까치		성급함

↻ せっかちではない　せっかちで　せっかちなら　せっかちです

| せっきょく | 세ㄱ꾜꾸 | [積極] | 적극 |
| せっきょくてき | 세ㄱ꾜끄떼끼 | [積極的] | 적극적 |

↻ せっきょくてきではない　せっきょくてきで

　せっきょくてきなら　せっきょくてきです

セックス	세ㄱ끄스	[sex]	섹스
せっけん	세ㄱ께ㄴ	[石鹸]	비누
せつぞく	세츠조꾸	[接続]	접속
せったい	세ㅅ따이	[接待]	접대
ぜったい	제ㅅ따이	[絶対]	절대
ぜったいに	제ㅅ따이니	[絶対に]	절대로
ぜっちょう	제ㅅ쵸―	[絶頂]	절정
せってい	세ㅅ떼―	[設定]	설정
セット	세ㅅ토	[set]	세트
せっとう	세ㅅ또―	[窃盗]	절도
せっとく	세ㅅ또꾸	[説得]	설득
セットメニュー	세ㅅ토메뉴―	[set menu]	세트메뉴
せつない	세츠나이	[切ない]	안타깝다, 애달프다

↺ せつなくない　せつなくて　せつなければ　せつないです

せつび	세츠비	[設備]	설비
せつめい	세츠메―	[説明]	설명
せつやく	세츠야꾸	[節約]	절약
★ せとぎわ	세또기와	[瀬戸際]	운명의 갈림길
せなか	세나까	[背中]	등
ぜに	제니	[銭]	엽전

ぜにん	제니ㅇ	[是認]	시인
せのび	세노비	[背伸び]	발돋움함
ぜひ	제히	[是非]	제발, 꼭, 아무쪼록
せびろ	세비로	[背広]	양복
せまい	세마이	[狭い]	좁다, 협소하다
↻ せまくない　せまくて　せまければ　せまいです			
せまる	세마루	[迫る]	좁혀지다, 다가오다
↻ せまらない　せまって　せまれば　せまります			
ゼミ	제미	[Seminar]	세미나
せめて	세메떼		적어도
ゼリー	제리−	[jelly]	젤리
セルフサービス	세루후사−비스	[self-service]	셀프서비스
ゼロ	제로	[zero]	제로, 영
セロテープ	세로떼−뿌	[cellotape]	셀로판테이프
セロリ	세로리	[celery]	셀러리
せわ	세와	[世話]	신세, 도움, 수고
せん	세ㅇ	[千]	천
せん	세ㅇ	[線]	선
ぜんいん	제ㅇ이ㅇ	[全員]	전원
せんがん	세ㅇ가ㅇ	[洗顔]	세수

せ

せんきょ	세o꾜	[選挙]	선거
せんげつ	세o게츠	[先月]	지난달
せんこう	세o꼬-	[専攻]	전공
ぜんこく	제o꼬꾸	[全国]	전국
せんざい	세ㄴ자이	[洗剤]	세제
せんじつ	세ㄴ지츠	[先日]	전날, 전번, 일전
せんしゅ	세ㄴ슈	[選手]	선수
せんしゅう	세ㄴ슈-	[先週]	지난주
せんす	세ㄴ스	[扇子]	부채
センス	세ㄴ스	[sense]	센스
せんせい	세ㄴ세-	[先生]	선생님
ぜんせい	제ㄴ세-	[全盛]	전성
ぜんぜん	제ㄴ제o	[全然]	전혀, 전연
せんせんげつ	세ㄴ세o게츠	[先々月]	지지난달
せんせんしゅう	세ㄴ세ㄴ슈-	[先々週]	지지난주
せんそう	세ㄴ소-	[戦争]	전쟁
センター	세ㄴ따-	[center]	센터, 중앙
ぜんたい	제ㄴ따이	[全体]	전체
せんたく	세ㄴ따꾸	[選択]	선택
せんたく	세ㄴ따꾸	[洗濯]	세탁, 빨래

せんたくき	세ㄴ따ㄱ끼	[洗濯機]	세탁기
せんたくばさみ	세ㄴ따꾸바사미	[洗濯ばさみ]	빨래집게
せんたくひも	세ㄴ따꾸히모	[洗濯ひも]	빨랫줄
せんたくもの	세ㄴ따꾸모노	[洗濯物]	세탁물
センチ	세ㄴ치	[centi]	센티
せんちょう	세ㄴ쵸ー	[船長]	선장
せんでん	세ㄴ데ㅇ	[宣伝]	선전
せんとう	세ㄴ또ー	[銭湯]	대중목욕탕
せんにん	세ㄴ니ㅇ	[選任]	선임
★ せんぬき	세ㄴ누끼	[栓抜き]	병따개
せんぱい	세ㅁ빠이	[先輩]	선배
ぜんぶ	제ㅁ부	[全部]	전부
せんぷうき	세ㅁ뿌ー끼	[扇風機]	선풍기
せんべい	세ㅁ베ー	[煎餅]	전병
せんむ	세ㅁ무	[専務]	전무
せんめい	세ㅁ메ー	[鮮明]	선명

↻ せんめいではない　せんめいで　せんめいなら　せんめいです

せんめんき	세ㅁ메ㅇ끼	[洗面器]	세면기
★ せんめんじょ	세ㅁ메ㄴ죠	[洗面所]	세면대
せんもん	세ㅁ모ㅇ	[専門]	전문

せ

せんもんがっこう	세ㅁ모ㅇ가ㄱ꼬-	[専門学校]	전문학원
せんよう	세ㅇ요-	[専用]	전용
せんりょう	세ㄴ료-	[占領]	점령
せんろ	세ㄴ로	[線路]	선로

そう	소一		그렇게
ぞう	조一	[象]	코끼리
ぞうか	조一까	[増加]	증가
そうがく	소一가꾸	[総額]	총액
そうかん	소一까ㅇ	[創刊]	창간
そうきん	소一끼ㅇ	[送金]	송금
ぞうきん	조一끼ㅇ	[雑巾]	걸레
そうこ	소一꼬	[倉庫]	창고
そうごう	소一고一	[総合]	종합
そうざい	소一자이	[総菜]	반찬
そうじ	소一지	[掃除]	청소
そうしき	소一시끼	[葬式]	장례식
そうじき	소一지끼	[掃除機]	청소기
そうして	소一시떼		그리고, 그리고 나서
そうしょく	소一쇼꾸	[装飾]	장식
そうしん	소一시ㅇ	[送信]	송신

そうぞう	소ー조ー	[想像]	상상
そうぞうしい	소ー조ー시이	[騒々しい]	시끄럽다, 소란하다

↻ そうぞうしくない　そうぞうしくて　そうぞうしければ　そうぞうしいです

そうたい	소ー따이	[早退]	조퇴
そうだん	소ー다ㅇ	[相談]	상담, 상의, 의논
そうち	소ー치	[装置]	장치
そうちょう	소ー쬬ー	[早朝]	이른 아침
そうてい	조ー떼ー	[贈呈]	증정
そうとう	소ー또ー	[相当]	해당, 상당히

↻ そうとうではない　そうとうで　そうとうなら　そうとうです

★ そうべつかい	소ー베츠까이	[送別会]	송별회
そうめん	소ー메ㅇ	[そう麺]	소면
そうり	소ー리	[総理]	총리
ぞうり	조ー리	[草履]	일본 짚신
そうりつ	소ー리츠	[創立]	창립
そうりょ	소ー료	[僧侶]	승려
そうりょく	소ー료꾸	[総力]	총력
ソウル	소우루		서울
ソース	소ー스	[sauce]	소스
ソーセージ	소ー세ー지	[sausage]	소시지

| そえる | 소에루 | [添える] | 곁들이다, 덧붙이다 |
| ↻ そえない　そえて　そえれば　そえます |

ぞくご	조꾸고	[俗語]	속어
そくざ	소꾸자	[即座]	당장, 즉석
そくし	소ㄱ시	[即死]	즉사
ぞくしゅつ	조ㄱ슈츠	[続出]	속출
そくしん	소ㄱ시ㄴ	[促進]	촉진
ぞくする	조ㄱ스루	[属する]	속하다
↻ ぞくさない　ぞくして　ぞくすれば　ぞくします

ぞくぞく	조꾸조꾸	[続々]	속속, 잇달아
そくたつ	소ㄱ따츠	[速達]	속달
ぞくっぽい	조꾸ㅂ뽀이	[俗っぽい]	속되다
↻ ぞくっぽくない　ぞくっぽくて　ぞくっぽければ　ぞくっぽいです

そくど	소꾸도	[速度]	속도
ぞくに	조꾸니	[俗に]	흔히, 일반적으로
そくばく	소꾸바꾸	[束縛]	속박
そくりょく	소꾸료꾸	[速力]	속력
そこ	소꼬		거기, 그곳
そこ	소꼬	[底]	바닥
そこく	소꼬꾸	[祖国]	조국

そ

そこなう	소꼬나우	[損なう]	그르치다, 파손하다
● そこなわない　そこなって　そこなえば　そこないます			
そしき	소시끼	[組織]	조직
そして	소시떼		그리고
そせん	소세ㄴ	[祖先]	조상
そそぐ	소소구	[注ぐ]	따르다, 붓다
● そそがない　そそいで　そそげば　そそぎます			
そそっかしい	소소ㄱ까시이		덜렁대다, 경솔하다
● そそっかしくない　そそっかしくて　そそっかしければ　そそっかしいです			
そそのかす	소소노까스	[唆す]	부추기다, 꼬드기다
● そそのかさない　そそのかして　そそのかせば　そそのかします			
そだつ	소다츠	[育つ]	자라다
● そだたない　そだって　そだてば　そだちます			
そだてる	소다떼루	[育てる]	기르다, 키우다
● そだてない　そだてて　そだてれば　そだてます			
そちら	소치라		그쪽, 그곳
そつぎょう	소츠교-	[卒業]	졸업
そつぎょうしき	소츠교-시끼	[卒業式]	졸업식
そっくり	소ㄱ꾸리		전부, 그대로, 꼭 닮음
そっけない	소ㄱ께나이		퉁명스럽다, 매몰차다

ぞ̶

↻ そっけなくない　そっけなくて　そっけなければ　そっけないです

そっこん	조ㄱ꼬ㅇ		홀딱
そっち	소ㅅ치		그쪽
そっちのけ	소ㅅ치노께	[そっち退け]	뒷전으로 돌림
そっちょく	소ㅅ쵸꾸	[率直]	솔직

↻ そっちょくではない　そっちょくで　そっちょくなら　そっちょくです

そっと	소ㅅ또		살짝, 조용히
ぞっと	조ㅅ또		오싹
そで	소데	[袖]	소매
そと	소또	[外]	밖, 바깥
そとづら	소또즈라	[外面]	외면, 겉모양
★ そなえる	소나에루	[備える]	대비하다, 갖추다

↻ そなえない　そなえて　そなえれば　そなえます

その	소노		그
そのうえ	소노우에	[その上]	그 위에, 게다가
そのうえに	소노우에니	[その上に]	더군다나
そのかわり	소노까와리	[その代わり]	그 대신
そのくせ	소노꾸세	[その癖]	그런데도, 그럼에도
そのひと	소노히또	[その人]	그 사람
そのまま	소노마마		그대로, 바로

そば	소바	[蕎麦]	메밀, 메밀국수
そば	소바	[側]	곁, 옆
そばかす	소바까스	[雀斑]	주근깨
そふ	소후	[祖父]	할아버지
ソファー	소화ー	[sofa]	소파
ソフトウェア	소후또웨아	[software]	소프트웨어
ソフトクリーム	소후토쿠리ー무	[soft cream]	소프트크림
ソフトドリンク	소후토도리ㅇ꾸	[soft drink]	소프트드링크
そぶり	소부리	[素振り]	거동, 기색
そぼ	소보	[祖母]	할머니, 조모
そむく	소무꾸	[背く]	등지다, 배반하다

↻ そむかない　そむいて　そむけば　そむきます

そめる	소메루	[染める]	물들이다, 염색하다

↻ そめない　そめて　そめれば　そめます

そもそも	소모소모		무릇
そよそよ	소요소요		산들산들, 살랑살랑
そら	소라	[空]	하늘
そらに	소라니	[空似]	얼굴생김새가 꼭 닮음
そらみみ	소라미미	[空耳]	잘못 들음, 헛들음
そる	소루	[剃る]	깎다

そらない　そって　それば　そります

それ	소레		그것
それ	소레		야!
それから	소레까라		그리고, 그리고 나서
それきり	소레끼리		그뿐, 그만
それこそ	소레꼬소		그야말로
それじゃあ	소레쟈ー		그러면
それぞれ	소레조레		각자, 각기
それで	소레데		그래서
それでは	소레데와		그러면, 그렇다면
それでも	소레데모		그래도
それとも	소레또모		그렇지 않으면
それなのに	소레나노니		그런데도, 그럼에도 불구하고
それなら	소레나라		그러면, 그렇다면
それなりに	소레나리니		그런대로
それに	소레니		게다가, 더욱이
それほど	소레호도	[それ程]	그만큼, 그처럼, 그토록
そろえる	소로에루	[揃える]	가지런히 하다, 맞추다

そろえない　そろえて　そろえれば　そろえます

| そろそろ | 소로소로 | | 슬슬, 이제 곧 |

そわそわ	소와소와		안절부절, 들썽들썽
そん	소ㅇ	[損]	손해
そんがい	소ㅇ가이	[損害]	손해
ソング	소ㅇ구	[song]	송, 노래
そんけい	소ㅇ께-	[尊敬]	존경
そんざい	소ㄴ자이	[存在]	존재
そんする	소ㄴ스루	[損する]	밑지다

↺ そんしない　そんして　そんすれば　そんします

そんちょう	소ㄴ쵸-	[尊重]	존중
そんな	소ㄴ나		그런
★ ぞんぶん	조ㅇㅁ부ㄴ	[存分]	마음껏, 실컷

236

た

ターミナル	타ー미나루	[terminal]	터미널
タイ	타이	[Thailand]	태국
たいいく	다이이꾸	[体育]	체육
★ たいいくかん	다이이꾸까ㅇ	[体育館]	체육관
たいいくのひ	다이이꾸노히	[体育の日]	체육의 날
だいいち	다이이치	[第一]	제일, 첫째
たいいん	다이이ㅇ	[退院]	퇴원
ダイエット	다이에ㅅ또	[diet]	다이어트
たいおん	다이오ㅇ	[体温]	체온
だいか	다이까	[代価]	대가
たいかい	다이까이	[大会]	대회
たいがい	다이가이	[大概]	대개, 대략
たいかく	다이까꾸	[体格]	체격
たいがく	다이가꾸	[退学]	퇴학
だいがく	다이가꾸	[大学]	대학교
だいがくいん	다이가꾸이ㅇ	[大学院]	대학원

だいがくせい	다이가ㄱ세-	[大学生]	대학생
だいきらい	다이끼라이	[大嫌い]	아주 싫음, 아주 질색임

↻ だいきらいではない　だいきらいで　だいきらいなら　だいきらいです

たいきん	다이끼ㅇ	[退勤]	퇴근
たいきん	다이끼ㅇ	[大金]	대금
たいきん	다이끼ㅇ	[代金]	대금
たいくつ	다이꾸츠	[退屈]	지루함, 무료함, 따분함

↻ たいくつではない　たいくつで　たいくつなら　たいくつです

だいこん	다이꼬ㅇ	[大根]	무
たいざい	다이자이	[滞在]	체재, 체류
たいさく	다이사꾸	[対策]	대책
たいじ	다이지	[退治]	퇴치
だいじ	다이지	[大事]	중요함

↻ だいじではない　だいじで　だいじなら　だいじです

たいしかん	다이시까ㅇ	[大使館]	대사관
たいしつ	다이시츠	[体質]	체질
たいしゃ	다이샤	[退社]	퇴근, 퇴사
たいじゅう	다이쥬-	[体重]	몸무게, 체중
たいじょう	다이죠-	[退場]	퇴장
だいじょうぶ	다이죠-부	[大丈夫]	괜찮음, 틀림없음

↻ だいじょうぶではない　だいじょうぶで　だいじょうぶなら　だいじょうぶです

たいしょく	다이쇼꾸	[退職]	퇴직
だいじん	다이지ㅇ	[大臣]	장관, 대신
だいすき	다이스끼	[大好き]	매우 좋아함

↻ だいすきではない　だいすきで　だいすきなら　だいすきです

| たいする | 다이스루 | [対する] | 대하다, 상대하다 |

↻ たいして　たいすれば

| たいせい | 다이세ー | [体制] | 체제 |
| たいせつ | 다이세츠 | [大切] | 중요함, 소중함 |

↻ たいせつではない　たいせつで　たいせつなら　たいせつです

| だいたい | 다이따이 | [大体] | 대개 |
| だいたん | 다이따ㅇ | [大胆] | 대담 |

↻ だいたんではない　だいたんで　だいたんなら　だいたんです

たいてい	다이떼ー	[大抵]	대강
たいど	다이도	[態度]	태도
だいとうりょう	다이또ー료ー	[大統領]	대통령
だいどころ	다이도꼬로	[台所]	부엌
たいない	다이나이	[体内]	체내
だいなし	다이나시	[台無し]	엉망이 됨, 형편없이 됨
たいねつ	다이네츠	[耐熱]	내열

た

239

たいのう	다이노—	[滞納]	체납
だいひょう	다이효—	[代表]	대표
ダイビング	다이비ㅇ구	[diving]	다이빙
だいぶ	다이부	[大分]	꽤, 상당히
たいふう	다이후—	[台風]	태풍
だいぶぶん	다이부부ㄴ	[大部分]	대부분
たいへいよう	다이헤—요—	[太平洋]	태평양
たいへん	다이헤ㅇ	[大変]	매우, 대단히
たいへん	다이헤ㅇ	[大変]	대단함, 큰일

↻ たいへんではない たいへんで たいへんなら たいへんです

だいべん	다이베ㅇ	[大便]	대변
たいほ	다이호	[逮捕]	체포
タイミング	타이미ㅇ구	[timing]	타이밍
タイムカード	타이무카—도	[time card]	타임카드
タイヤ	타이야	[tire]	타이어
★ ダイヤ	다이야	[dia]	다이아
ダイヤモンド	다이야모ㄴ도	[diamond]	다이아몬드
たいよう	다이요—	[太陽]	태양
たいりく	다이리꾸	[大陸]	대륙
たいりつ	다이리츠	[対立]	대립

240

★ たいりょう	다이료―	[大量]	대량
たいりょく	다이료꾸	[体力]	체력
たいわん	다이와ㅇ	[台湾]	대만
ダウンロード	다우ㄴ로―도	[download]	다운로드
たえる	다에루	[耐える]	견디다, 참다

↻ たえない　たえて　たえれば　たえます

たおす	다오스	[倒す]	쓰러뜨리다, 넘어뜨리다

↻ たおさない　たおして　たおせば　たおします

タオル	다오루	[towel]	타월
たおれる	다오레루	[倒れる]	넘어지다, 쓰러지다

↻ たおれない　たおれて　たおれれば　たおれます

たか	다까	[鷹]	독수리
だが	다가		그러나
たかい	다까이	[他界]	타계
たかい	다까이	[高い]	높다, 비싸다

↻ たかくない　たかくて　たかければ　たかいです

たがいに	다가이니	[互いに]	서로, 상호
★ たかさ	다까사	[高さ]	높이
だから	다까라		그러니까
★ たからもの	다까라모노	[宝物]	보물

た

241

たき	다끼	[滝]	폭포
だく	다꾸	[抱く]	안다, 품다
↻ だかない　だいて　だけば　だきます			
たくさん	다ㄱ사ㅇ		많이, 많음, 충분함
タクシー	타ㄱ시ー	[taxi]	택시
タクシーのりば	타ㄱ시ー노리바	[タクシー乗り場]	택시승강장
たくじしょ	다꾸지쇼	[託児所]	탁아소
たくはい	다꾸하이	[宅配]	택배
たくはいびん	다꾸하이비ㅇ	[宅配便]	택배편
だけど	다께도		그러나
たこく	다꼬꾸	[他国]	타국
たこやき	다꼬야끼	[たこ焼き]	다코야끼
ダサい	다사이		촌스럽다
↻ ダサくない　ダサくて　ダサければ　ダサいです			
だし	다시		양념국물
たしか	다시까	[確か]	확실함, 정확함
↻ たしかではない　たしかで　たしかなら　たしかです			
たしかめる	다시까메루	[確かめる]	확인하다
↻ たしかめない　たしかめて　たしかめれば　たしかめます			
たしょう	다쇼ー	[多少]	다소

たす	다스	[足す]	더하다
↻ たさない　たして　たせば　たします			

だす	다스	[出す]	꺼내다, 내다
↻ ださない　だして　だせば　だします			

たすかる	다스까루	[助かる]	살아나다
↻ たすからない　たすかって　たすかれば　たすかります			

たすける	다스께루	[助ける]	살리다
↻ たすけない　たすけて　たすければ　たすけます			

たずねる	다즈네루	[尋ねる]	묻다, 찾다
↻ たずねない　たずねて　たずねれば　たずねます			

たずねる	다즈네루	[訪ねる]	방문하다
↻ たずねない　たずねて　たずねれば　たずねます			

ただ	다다	[只]	공짜
ただ	다다		다만
ただいま	다다이마	[只今]	방금, 지금
ただいま	다다이마		다녀왔습니다.

たたかう	다따까우	[戦う]	싸우다
↻ たたかわない　たたかって　たたかえば　たたかいます			

たたく	다따꾸	[叩く]	두드리다, 치다
↻ たたかない　たたいて　たたけば　たたきます			

た

243

ただごと	다다고또	[只事]	예삿일
ただし	다다시	[但し]	단, 그러나
ただしい	다다시이	[正しい]	올바르다, 바르다, 맞다

↻ ただしくない　ただしくて　ただしければ　ただしいです

ただちに	다다치니	[直ちに]	즉시, 곧
たたみ	다따미	[畳]	일본식 돗자리
たたむ	다따무	[畳む]	접다, 개다

↻ たたまない　たたんで　たためば　たたみます

★ | たちあがる | 다치아가루 | [立ち上がる] | 일어서다 |
|---|---|---|---|

↻ たちあがらない　たちあがって　たちあがれば　たちあがります

たちぎき	다치기끼	[立ち聞き]	엿들음
たちぐい	다치구이	[立ち食い]	서서 먹는 것

★ | たちば | 다치바 | [立場] | 입장, 처지 |
|---|---|---|---|
| たつ | 다츠 | [立つ] | 서다 |

↻ たたない　たって　たてば　たちます

たつ	다츠	[建つ]	세워지다

↻ たたない　たって　たてば　たちます

たつ	다츠	[断つ]	자르다

↻ たたない　たって　たてば　たちます

たつ	다츠	[絶つ]	끊다

↻ た<u>たない</u>　た<u>って</u>　た<u>てば</u>　た<u>ちます</u>

| たつ | 다 츠 | [発つ] | 떠나다 |

↻ た<u>たない</u>　た<u>って</u>　た<u>てば</u>　た<u>ちます</u>

| たつ | 다 츠 | [経つ] | 시간이 지나다 |

↻ た<u>たない</u>　た<u>って</u>　た<u>てば</u>　た<u>ちます</u>

た<u>っきゅう</u>	다 ㄱ 뀨-	[卓球]	탁구
た<u>つじん</u>	다 츠지ㅇ	[達人]	달인
た<u>っせい</u>	다 ㅅ 세-	[達成]	달성
だ<u>つぜい</u>	다 츠제-	[脱税]	탈세
た<u>った</u>	다 ㅅ 따		겨우, 고작
タ<u>ッチ</u>	다 ㅅ 치	[touch]	터치
だ<u>って</u>	다 ㅅ 떼		그렇긴 하지만
た<u>つどし</u>	다 츠도시	[辰年]	용띠
た<u>っぷり</u>	다 ㅂ 뿌리		듬뿍, 잔뜩
た<u>てがき</u>	다 떼가끼	[縦書き]	세로쓰기
た<u>てこもる</u>	다 떼꼬모루	[立て籠る]	틀어박히다

↻ た<u>てこもらない</u>　た<u>てこもって</u>　た<u>てこもれば</u>　た<u>てこもります</u>

た<u>てつづけ</u>	다 떼 츠즈께	[立て続け]	잇달아
た<u>てまえ</u>	다 떼마에	[建前]	방침, 주의
★ た<u>てもの</u>	다 떼모노	[建物]	건물

たてる	다떼루	[建てる]	세우다, 짓다
↻ たてない　たてて　たてれば　たてます			
たてる	다떼루	[立てる]	세우다
↻ たてない　たてて　たてれば　たてます			
たとえ	다또에		설령, 비록
たとえば	다또에바	[例えば]	예를 들면, 이를테면
たな	다나	[棚]	선반
たなばた	다나바따	[七夕]	칠석
たにん	다니ㅇ	[他人]	타인, 남
たぬき	다누끼	[狸]	너구리
たね	다네	[種]	씨, 씨앗
たのしい	다노시이	[楽しい]	즐겁다
↻ たのしくない　たのしくて　たのしければ　たのしいです			
たのしみ	다노시미	[楽しみ]	즐거움
たのしむ	다노시무	[楽しむ]	즐기다
↻ たのしまない　たのしんで　たのしめば　たのしみます			
たのみ	다노미	[頼み]	부탁, 청
たのむ	다노무	[頼む]	부탁하다
↻ たのまない　たのんで　たのめば　たのみます			
たのもしい	다노모시이	[頼もしい]	믿음직하다, 듬직하다

↻ たのもしくない　たのもしくて　たのもしければ　たのもしいです

たばこ	다바꼬	[煙草]	담배
たび	다비	[旅]	여행
★ たびさき	다비사끼	[旅先]	여행지, 행선지
たびたび	다비따비	[度々]	여러 번, 자주
たびに	다비니	[度に]	～마다
たぶらかす	다부라까스		속이다

↻ たぶらかさない　たぶらかして　たぶらかせば　たぶらかします

ダブルルーム	다부루루ー무	[double room]	더블룸
たぶん	다부ㄴ	[多分]	아마, 아마도
たべすぎ	다베스기	[食べ過ぎ]	과식
たべほうだい	다베호ー다이	[食べ放題]	뷔페
★ たべもの	다베모노	[食べ物]	음식
たべる	다베루	[食べる]	먹다

↻ たべない　たべて　たべれば　たべます

| たぼう | 다보ー | [多忙] | 다망 |

↻ たぼうではない　たぼうで　たぼうなら　たぼうです

たまご	다마고	[卵]	달걀, 계란, 알
たまごやき	다마고야끼	[卵焼き]	계란말이
だまされる	다마사레루	[騙される]	속다

247

↻ だまされない だまされて だまされれば だまされます			
だます	다마스	[騙す]	속이다
↻ だまさない だまして だませば だまします			
たまたま	다마따마		가끔, 우연히
たまに	다마니		가끔, 가끔씩
たまねぎ	다마네기	[玉ねぎ]	양파
たまらない	다마라나이	[堪らない]	견딜 수 없다, 참을 수 없다
↻ たまらなくない たまらなくて たまらなければ たまらないです			
たまる	다마루	[溜まる]	모이다, 쌓이다
↻ たまらない たまって たまれば たまります			
だまる	다마루	[黙る]	침묵하다
↻ だまらない だまって だまれば だまります			
ダム	다무	[dam]	댐
ため	다메	[為]	～때문, ～위함
だめ	다메	[駄目]	소용없음, 불가능
↻ だめではない だめで だめなら だめです			
ためいき	다메이끼	[ため息]	한숨
ためす	다메스	[試す]	시험하다
↻ ためさない ためして ためせば ためします			
ために	다메니	[為に]	～때문에, ～위해서

たもつ	다모츠	[保つ]	유지하다, 지키다
↻ たもたない　たもって　たもてば　たもちます			
たやすい	다야스이	[容易い]	쉽다, 손쉽다
↻ たやすくない　たやすくて　たやすければ　たやすいです			
たよりない	다요리나이	[頼りない]	의지할 곳이 없다
↻ たよりなくない　たよりなくて　たよりなければ　たよりないです			
たよる	다요루	[頼る]	의지하다
↻ たよらない　たよって　たよれば　たよります			
だらけ	다라께		～투성이
だらしない	다라시나이		칠칠치 못하다, 야무지지 않다
↻ だらしなくない　だらしなくて　だらしなければ　だらしないです			
だらだら	다라다라		꾸물꾸물, 지루하게, 줄줄
たりる	다리루	[足りる]	족하다, 충분하다
↻ たりない　たりて　たりれば　たります			
だるい	다루이		나른하다
↻ だるくない　だるくて　だるければ　だるいです			
たるむ	다루무	[弛む]	느슨해지다, 해이해지다
↻ たるまない　たるんで　たるめば　たるみます			
だれ	다레	[誰]	누구
だれか	다레까	[誰か]	누군가

た

249

タレント	타레ㄴ또	[talent]	탤런트
タワー	타와-	[tower]	타워, 탑
たわし	다와시		수세미
たん	다ㄴ	[痰]	가래
たんい	다ㅇ이	[単位]	단위, 학점
だんかい	다ㅇ까이	[段階]	단계
たんき	다ㅇ끼	[短気]	성급함

🔁 たんきではない　たんきで　たんきなら　たんきです

たんきだいがく	다ㅇ끼다이가꾸	[短期大学]	전문대학
たんご	다ㅇ고	[単語]	단어, 낱말
だんご	다ㅇ고	[団子]	경단
ダンサー	다ㄴ사-	[dancer]	댄서, 무용수
だんし	다ㄴ시	[男子]	남자
だんじ	다ㄴ지	[男児]	남아
だんじき	다ㄴ지끼	[断食]	단식
だんじて	다ㄴ지떼	[断じて]	절대로
たんじゅん	다ㄴ쥬ㅇ	[単純]	단순

🔁 たんじゅんではない　たんじゅんで　たんじゅんなら　たんじゅんです

| たんしょ | 다ㄴ쇼 | [短所] | 단점 |
| だんじょ | 다ㄴ죠 | [男女] | 남녀 |

★	たんじょう	단ㄴ죠ー	[誕生]	탄생
	たんじょうび	단ㄴ죠ー비	[誕生日]	생일
	たんじょうびパーティー	단ㄴ죠ー비빠ー띠ー	[誕生日パーティー]	생일파티
	たんす	단ㄴ스		옷장, 장롱
	ダンス	단ㄴ스	[dance]	댄스, 춤
	たんせい	단ㄴ세ー	[端正]	단정, 단정함

↻ たんせいではない　たんせいで　たんせいなら　たんせいです

	だんせい	단ㄴ세ー	[男性]	남성
	だんぜん	단ㄴ제ㅇ	[断然]	단연
	たんだい	단ㄴ다이	[短大]	전문대학
	だんたい	단ㄴ따이	[団体]	단체
	だんだん	단ㄴ다ㄴ		점점, 점차, 차츰
	たんちょう	단ㄴ죠ー	[単調]	단조

↻ たんちょうではない　たんちょうで　たんちょうなら　たんちょうです

	だんな	단ㄴ나	[旦那]	남편
	たんなる	단ㄴ나루	[単なる]	단순한
	たんに	단ㄴ니	[単に]	단지, 다만
	たんにん	단ㄴ니ㅇ	[担任]	담임
	たんぱくしつ	단ㅁ빠꾸시츠	[蛋白質]	단백질
	たんぼ	단ㅁ보	[田んぼ]	논

た

251

| だんボール | 단 보ー루 | [段ボール] | 박스 |
| たんぽぽ | 단 뽀뽀 | | 민들레 |

ち	치	[地]	땅
ち	치	[血]	피
ちい	치이	[地位]	지위
ちいき	치이끼	[地域]	지역
ちいさい	치ー사이	[小さい]	작다

ちいさくない　ちいさくて　ちいさければ　ちいさいです

ちいさな	치ー사나	[小さな]	작은
チーズ	치ー즈	[cheese]	치즈
チーム	치ー무	[team]	팀, 한패
ちえ	치에	[知恵]	지혜
チェーン	체ーㄴ	[chain]	체인
チェーンてん	체ーㄴ떼ㅇ	[チェーン店]	체인점
チェック	체ㄱ쿠	[check]	체크
チェックアウト	체ㄱ쿠아우또	[check-out]	체크아웃
チェックイン	체ㄱ쿠이ㄴ	[check-in]	체크인
ちか	치까	[地下]	지하

253

ちかい	치까이	[近い]	가깝다
↻ ちかくない　ちかくて　ちかければ　ちかいです			
ちがい	치가이	[違い]	차이
ちかい	치까이	[誓い]	맹세
ちかう	치까우	[誓う]	맹세하다, 다짐하다
↻ ちかわない　ちかって　ちかえば　ちかいます			
ちがう	치가우	[違う]	다르다, 틀리다
↻ ちがわない　ちがって　ちがえば　ちがいます			
ちかく	치까꾸	[近く]	근처
ちかごろ	치까고로	[近頃]	최근
ちかしつ	치까시츠	[地下室]	지하실
ちかちか	치까치까		반짝반짝
ちかづく	치까즈꾸	[近付く]	접근하다, 다가가다
↻ ちかづかない　ちかついて　ちかづけば　ちかづきます			
ちかてつ	치까떼츠	[地下鉄]	지하철
ちかみち	치까미치	[近道]	지름길
★ ちかよる	치까요루	[近寄る]	접근하다
↻ ちかよらない　ちかよって　ちかよれば　ちかよります			
ちから	치까라	[力]	힘
ちからいっぱい	치까라이ㅂ빠이	[力一杯]	힘껏

ちからもち	치까라모치	[力持ち]	힘이 센 사람, 장사
ちかん	치까ㅇ	[痴漢]	치한
ちきゅう	치뀨–	[地球]	지구
チキン	치끼ㅇ	[chicken]	치킨
チケット	치께ㅅ또	[ticket]	티켓
ちこく	치꼬꾸	[遅刻]	지각
ちしき	치시끼	[知識]	지식
ちず	치즈	[地図]	지도
ちち'	치치'	[父]	아버지
ちっとも	치ㅅ또모		조금도
チップ	치ㅂ뿌	[tip]	팁
ちてき	치떼끼	[知的]	지적

🔁 ちてきではない　ちてきで　ちてきなら　ちてきです

ちび	치비		꼬마
ちほう	치호–	[地方]	지방, 지역
ちめい	치메–	[地名]	지명
ちめいしょう	치메–쇼–	[致命傷]	치명상
ちゃ	챠	[茶]	차
チャーハン	챠–하ㅇ		볶음밥
ちゃいろ	챠이로	[茶色]	갈색

ち

255

ちゃくせき	챠ㄱ세끼	[着席]	착석
ちゃくメロ	챠ㅠ메로	[着メロ]	착신멜로디
チャット	챠ㅅ또	[chat]	채팅
チャリンコ	챠리ㅇ꼬		자전거
ちゃわん	챠와ㅇ	[茶碗]	밥공기
チャンス	챠ㄴ스	[chance]	찬스, 기회
ちゃんと	챠ㄴ또		정확히, 분명히
チャンネル	챠ㄴ네루	[channel]	채널
チャンピオン	챠ㅁ삐오ㄴ	[champion]	챔피언
ちゅうい	쮸ㅡ이	[注意]	주의
ちゅうおう	쮸ㅡ오ㅡ	[中央]	중앙
ちゅうか	쮸ㅡ까	[中華]	중국음식
ちゅうがくせい	쮸ㅡ가ㄱ세ㅡ	[中学生]	중학생
ちゅうがっこう	쮸ㅡ가ㄱ꼬ㅡ	[中学校]	중학교
ちゅうかりょうり	쮸ㅡ까료ㅡ리	[中華料理]	중화요리
ちゅうかん	쮸ㅡ까ㅇ	[中間]	중간
ちゅうかんテスト	쮸ㅡ까ㄴ테스또	[中間テスト]	중간시험
ちゅうきゅう	쮸ㅡ뀨ㅡ	[中級]	중급
ちゅうげん	쮸ㅡ게ㅇ	[中元]	백중날, 음력 7월 보름, 선물
ちゅうこ	쮸ㅡ꼬	[中古]	중고

ちゅうこく	チュ－꼬꾸	[忠告]	충고
ちゅうごく	チュ－고꾸	[中国]	중국
ちゅうごくご	チュ－고꾸고	[中国語]	중국어
ちゅうごくじん	チュ－고꾸지ㅇ	[中国人]	중국인
ちゅうごくちほう	チュ고꾸치호－	[中国地方]	츄고쿠지역
ちゅうし	チュ－시	[中止]	중지
ちゅうじつ	チュ－지츠	[忠実]	충실

↻ ちゅうじつではない　ちゅうじつで　ちゅうじつなら　ちゅうじつです

ちゅうしゃ	チュ－샤	[注射]	주사
ちゅうしゃ	チュ－샤	[駐車]	주차
ちゅうしゃじょう	チュ－샤죠－	[駐車場]	주차장
ちゅうじゅん	チュ－쥬ㅇ	[中旬]	중순
ちゅうしょく	チュ－쇼꾸	[昼食]	점심, 점심식사
ちゅうしん	チュ－시ㅇ	[中心]	중심
ちゅうすう	チュ－스－	[中枢]	중추
ちゅうせい	チュ－세－	[中性]	중성
ちゅうとう	チュ－또－	[中東]	중동
ちゅうどく	チュ－도꾸	[中毒]	중독
ちゅうとはんぱ	チュ－또하ㅁ빠	[中途半端]	흐지부지함, 엉거주춤함
ちゅうなんべい	チュ－나ㅁ베－	[中南米]	중남미

ち

257

ちゅうねん	쥬ㅡ네ㅇ	[中年]	중년
ちゅうハイ	쥬ㅡ하이	[酎ハイ]	칵테일소주
ちゅうぶちほう	쥬ㅡ부치호ㅡ	[中部地方]	중부지방
ちゅうもく	쥬ㅡ모꾸	[注目]	주목
ちゅうもん	쥬ㅡ모ㅇ	[注文]	주문
ちゅうゆ	쥬ㅡ유	[注油]	주유
チューリップ	쥬ㅡ리ㅂ뿌	[tulip]	튤립
ちょうかん	쵸ㅡ까ㅇ	[朝刊]	조간
ちょうきょりつうわ	쵸ㅡ꾜리츠ㅡ와	[長距離通話]	장거리통화
チョーク	쵸ㅡ꾸	[chalk]	분필, 백묵
ちょうさ	쵸ㅡ사	[調査]	조사
ちょうし	쵸ㅡ시	[調子]	가락, 장단, 태도
ちょうしゅう	쵸ㅡ슈ㅡ	[徴収]	징수
ちょうしょ	쵸ㅡ쇼	[長所]	장점
ちょうじょ	쵸ㅡ죠	[長女]	장녀
ちょうじょう	쵸ㅡ죠ㅡ	[頂上]	정상
ちょうしょく	쵸ㅡ쇼꾸	[朝食]	아침식사
ちょうせい	쵸ㅡ세ㅡ	[調整]	조정
ちょうせん	쵸ㅡ세ㅇ	[挑戦]	도전
ちょうだい	쵸ㅡ다이	[頂戴]	받음, ~해 주세요

ちょうど	쵸ー도		꼭, 딱
★ ちょうなん	쵸ー나ㅇ	[長男]	장남
★ ちょうほうけい	쵸ー호ー께ー	[長方形]	직사각형
ちょうみりょう	쵸ー미료ー	[調味料]	조미료
ちょきん	쵸끼ㅇ	[貯金]	저금
ちょくせつ	쵸ㄱ세ㅊ	[直接]	직접
チョコレート	쵸꼬레ー또	[chocolate]	초콜릿
ちょさく	쵸사꾸	[著作]	저작
ちょしゃ	쵸샤	[著者]	저자
ちょしょ	쵸쇼	[著書]	저서
ちょちく	쵸치꾸	[貯蓄]	저축
ちょっかん	쵸ㄱ까ㅇ	[直感]	직감
ちょっと	쵸ㅅ또		조금, 잠깐, 여보세요
ちょっぴり	쵸ㅂ삐리		조금, 약간
ちょんぎる	쵸ㅇ기루	[ちょん切る]	싹둑 자르다
↻ ちょんぎらない ちょんぎって ちょんぎれば ちょんぎります			
★ ちりとり	치리또리	[ちり取り]	쓰레받기
ちる	치루	[散る]	지다, 흩어지다
↻ ちらない ちって ちれば ちります			
ちんぎん	치ㅇ기ㅇ	[賃金]	임금

ち

259

| ちんたい | 치ㄴ 따이 | [賃貸] | 임대 |
| ちんつうざい | 치ㄴ 츠-자이 | [鎮痛剤] | 진통제 |

ツアー	츠아ー	[tour]	투어, 관광 여행
ついたち	츠이따치	[一日]	1일, 초하루
ついでに	츠이데니		〜하는 김에
ついに	츠이니	[遂に]	드디어, 마침내
ツイン	츠이ㄴ	[twin]	트윈룸
つういん	츠ー이ㅇ	[通院]	통원
つうか	츠ー까	[通過]	통과
つうがく	츠ー가꾸	[通学]	통학
つうきん	츠ー끼ㅇ	[通勤]	통근
つうきんれっしゃ	츠ー끼ㄴ레ㅅ샤	[通勤列車]	통근열차
つうこうどめ	츠ー꼬ー도메	[通行止め]	통행금지
つうじる	츠ー지루	[通じる]	통하다

↻ つうじない　つうじて　つうじれば　つうじます

つうしん	츠ー시ㅇ	[通信]	통신
つうしんはんばい	츠ー시ㅇ하ㅁ바이	[通信販売]	통신판매
つうち	츠ー치	[通知]	통지

261

つうちょう	츠―쵸―	[通帳]	통장
つうやく	츠―야꾸	[通訳]	통역
つうろ	츠―로	[通路]	통로
つうわちゅう	츠―와쮸―	[通話中]	통화중
つかい	츠까이	[使い]	심부름
つかいかた	츠까이까따	[使い方]	사용법
つかう	츠까우	[使う]	사용하다

↻ つかわない　つかって　つかえば　つかいます

| つかまえる | 츠까마에루 | [捕まえる] | 잡다, 붙잡다 |

↻ つかまえない　つかまえて　つかまえれば　つかまえます

| つかむ | 츠까무 | [掴む] | 잡다, 쥐다 |

↻ つかまない　つかんで　つかめば　つかみます

| つかれる | 츠까레루 | [疲れる] | 피곤하다, 피로하다 |

↻ つかれない　つかれて　つかれれば　つかれます

つき	츠끼	[月]	달
つぎ	츠기	[次]	다음
つきあい	츠끼아이	[付き合い]	교제, 인간관계
つきあう	츠끼아우	[付き合う]	사귀다, 교제하다

↻ つきあわない　つきあって　つきあえば　つきあいます

| つきあたり | 츠끼아따리 | [突き当り] | 막다른 곳 |

★ つきかげ　　츠끼까게　　[月影]　　달빛

つきそい　　츠끼소이　　[付添い]　　시중 드는 사람

つぎつぎ　　츠기츠기　　[次々]　　차례차례, 연달아

つく　　츠꾸　　[着く]　　도착하다

↻ つかない　ついて　つけば　つきます

★ つく　　츠꾸　　[付く]　　붙다, 따르다

↻ つかない　ついて　つけば　つきます

つく　　츠꾸　　[突く]　　찌르다

↻ つかない　ついて　つけば　つきます

つく　　츠꾸　　[就く]　　자리에 오르다

↻ つかない　ついて　つけば　つきます

つくえ　　츠꾸에　　[机]　　책상

★ つくづく　　츠꾸즈꾸　　곰곰이, 절실히

つくる　　츠꾸루　　[作る]　　만들다

↻ つくらない　つくって　つくれば　つくります

つげぐち　　츠게구치　　[告げ口]　　고자질

つけもの　　츠께모노　　[漬物]　　절임

つける　　츠께루　　[付ける]　　붙이다, 바르다

↻ つけない　つけて　つければ　つけます

つける　　츠께루　　[点ける]　　켜다

263

↺ つけない　つけて　つければ　つけます			
つごう	츠고-	[都合]	형편, 사정
つたえる	츠따에루	[伝える]	전하다
↺ つたえない　つたえて　つたえれば　つたえます			
つたわる	츠따와루	[伝わる]	전해지다
↺ つたわらない　つたわって　つたわれば　つたわります			
つち	츠치	[土]	땅, 흙
つづく	츠즈꾸	[続く]	계속되다, 지속되다
↺ つづかない　つづいて　つづけば　つづきます			
つづける	츠즈께루	[続ける]	계속하다
↺ つづけない　つづけて　つづければ　つづけます			
つつむ	츠츠무	[包む]	싸다, 포장하다
↺ つつまない　つつんで　つつめば　つつみます			
つど	츠도	[都度]	그 때마다, 매번
つとめさき	츠또메사끼	[勤め先]	근무처
つとめる	츠또메루	[勤める]	근무하다
↺ つとめない　つとめて　つとめれば　つとめます			
つとめる	츠또메루	[努める]	노력하다, 힘쓰다
↺ つとめない　つとめて　つとめれば　つとめます			
ツナ	츠나	[tuna]	참치, 다랑어

つなぐ	츠나구	[繋ぐ]	잇다, 매다, 연결하다
↻ つながない　つないで　つなげば　つなぎます			
つなひき	츠나히끼	[綱引き]	줄다리기
つなみ	츠나미	[津波]	해일
つなわたり	츠나와따리	[綱渡り]	줄타기
つね	츠네	[常]	항상, 늘
つねに	츠네니	[常に]	항상, 늘
つねる	츠네루	[抓る]	꼬집다
↻ つねらない　つねって　つねれば　つねります			
つば	츠바	[唾]	침
つばき	츠바끼		동백나무
つぶやく	츠부야꾸	[呟く]	중얼거리다
↻ つぶやかない　つぶやいて　つぶやけば　つぶやきます			
つぶれる	츠부레루	[潰れる]	찌부러지다, 뭉개지다
↻ つぶれない　つぶれて　つぶれれば　つぶれます			
つべこべ	츠베꼬베		이러쿵저러쿵
つぼ	츠보	[壷]	항아리
つま	츠마	[妻]	아내, 처
つまずく	츠마즈꾸	[躓く]	발이 걸려 넘어지다
↻ つまずかない　つまずいて　つまずけば　つまずきます			

つ

つまみ	츠마미		마른 안주
つまみぐい	츠마미구이	[撮み食い]	
つまむ	츠마무	[抓む]	손가락으로 집다
↻ つままない　つまんで　つまめば　つまみます			
つまらない	츠마라나이		재미없다, 시시하다
↻ つまらなくない　つまらなくて　つまらなければ　つまらないです			
つまり	츠마리		즉, 결국
つみ	츠미	[罪]	죄
つみきん	츠미끼ㅇ	[積金]	적립금
つみたて	츠미따떼	[積立て]	적립
つむ	츠무	[積む]	쌓다
↻ つまない　つんで　つめば　つみます			
つむじまがり	츠무지마가리	[旋毛曲り]	고집불통, 심술꾸러기
つめ	츠메	[爪]	손톱
つめきり	츠메끼리	[爪切り]	손톱깎이
つめたい	츠메따이	[冷たい]	차갑다, 차다
↻ つめたくない　つめたくて　つめたければ　つめたいです			
つめる	츠메루	[詰める]	채우다, 채워넣다
↻ つめない　つめて　つめれば　つめます			
つもり	츠모리		~작정, ~생각, ~셈

266

つもる	츠모루	[積もる]	쌓이다
↻ つもらない　つもって　つもれば　つもります			
★ つやつや	츠야츠야		반질반질, 반들반들
つゆ	츠유	[露]	이슬
つゆ	츠유	[梅雨]	장마
つよい	츠요이	[強い]	세다, 강하다
↻ つよくない　つよくて　つよければ　つよいです			
つよび	츠요비	[強火]	강한 불
つよみ	츠요미	[強み]	강점
つらい	츠라이	[辛い]	괴롭다, 고통스럽다
↻ つらくない　つらくて　つらければ　つらいです			
つらら	츠라라		고드름
つり	츠리	[釣り]	낚시
つりかわ	츠리까와	[吊革]	손잡이
つる	츠루	[鶴]	학, 두루미
つる	츠루	[蔓]	덩굴
つる	츠루	[釣る]	낚다
↻ つらない　つって　つれば　つります			
つるつる	츠루츠루		반들반들, 매끈매끈
つれない	츠레나이		매정하다, 냉정하다

つれなくない	つれなくて	つれなければ	つれないです

つれる	츠레루	[連れる]	데리고 가다, 동행하다

つれない	つれて	つれれば	つれます

つわり	츠와리		입덧

て	데	[手]	손
てあし	데아시	[手足]	팔다리, 수족
てあて	데아떼	[手当て]	수당, 처치
ティーシャツ	티ー샤츠	[T-shirts]	티셔츠
ていか	데ー까	[定価]	정가
ていき	데ー끼	[定期]	정기
ていきいれ	데ー끼이레	[定期入れ]	정액권지갑
ていきけん	데ー끼께ㄴ	[定期券]	정기권
ていきょう	데ー꾜ー	[提供]	제공
ていきよきん	데ー끼요끼ㅇ	[定期預金]	정기예금
ていけつあつ	데ー께츠아츠	[低血圧]	저혈압
ていこう	데ー꼬ー	[抵抗]	저항
ていしゃ	데ー샤	[停車]	정차
ていしゅ	데ー슈	[亭主]	주인, 남편
ていしゅつ	데ー슈츠	[提出]	제출
ていしょく	데ー쇼꾸	[定食]	정식

ていすい	데ー스이	[泥酔]	만취
ディスカウント	디스까우ㄴ또	[discount]	디스카운트, 할인
ディスコ	디스코	[disco]	디스코
ていぞく	데ー조꾸	[低俗]	저속

↻ ていぞくではない　ていぞくで　ていぞくなら　ていぞくです

ティッシュ	티ㅅ슈	[tissue]	티슈
ティッシュペーパー	티ㅅ슈빼ー빠ー	[tissue paper]	티슈, 화장지
ていど	데ー도	[程度]	정도
ていねい	데ー네ー	[丁寧]	정중함, 예의 바름

↻ ていねいではない　ていねいで　ていねいなら　ていねいです

ていねん	데ー네ㅇ	[定年]	정년
でいり	데이리	[出入り]	출입
ていりゅうじょ	데ー류ー죠	[停留所]	정류장
データ	데ー타	[data]	데이터
デート	데ー또	[date]	데이트
テープ	테ー뿌	[tape]	테이프
テーブル	테ー부루	[table]	테이블
テーマ	테ー마	[Thema]	테마, 주제
ておくれ	데오꾸레	[手遅れ]	때를 놓침
てがかり	데가까리	[出がかり]	단서, 실마리

でかける	데까께루	[出かける]	외출하다
↻ でかけない　でかけて　でかければ　でかけます			
てかげん	데까게ㅇ	[手加減]	손대중, 손어림
てがみ	데가미	[手紙]	편지
てき	데끼	[敵]	적
テキーラ	테끼ー라	[tequila]	테킬라
できごと	데끼고또	[出来事]	사건
てきとう	데끼또ー	[適当]	적당, 적절, 마땅함
↻ てきとうではない　てきとうで　てきとうなら　てきとうです			
できもの	데끼모노		종기, 부스럼
できる	데끼루		할 수 있다
↻ できない　できて　できれば　できます			
できる	데끼루	[出来る]	생기다
↻ できない　できて　できれば　できます			
てぎれ	데기레	[手切れ]	인연을 끊음
てぎれきん	데기레끼ㅇ	[手切れ金]	위자료
でぐち	데구치	[出口]	출구
テクニック	테꾸니ㄱ꾸	[technic]	테크닉
でこぼこ	데꼬보꼬	[凸凹]	울퉁불퉁
↻ でこぼこではない　でこぼこで　でこぼこなら　でこぼこです			

て

271

てごわい	데고와이	[手強い]	힘겹다, 벅차다
↻ てごわくない	てごわくて	てごわければ	てごわいです
デザート	데자―또	[dessert]	후식, 디저트
デザイナー	데자이나―	[designer]	디자이너
デザイン	데자이ㅇ	[design]	디자인
でし	데시	[弟子]	제자
デジカメ	데지까메	[digital camera]	디카
デジタルカメラ	데지따루까메라	[digital camera]	디지털카메라
てじな	데지나	[手品]	마술, 요술
でしゃばる	데샤바루		참견하다, 주제넘게 나서다
↻ でしゃばらない	でしゃばって	でしゃばれば	でしゃばります
てすうりょう	데스―료―	[手数料]	수수료
ですから	데스까라		그래서, 그러므로
テスト	테스또	[test]	테스트, 시험
てすり	데스리	[手摺]	난간
でたらめ	데따라메		엉터리, 아무렇게나 함
↻ でたらめではない	でたらめで	でたらめなら	でたらめです
てちょう	데쬬―	[手帳]	수첩
でっかい	데ㄱ까이		크다
↻ でっかくない	でっかくて	でっかければ	でっかいです

272

てつがく	데츠가꾸	[哲学]	철학
てっきり	데ㄱ끼리		틀림없이, 꼭
てづくり	데즈꾸리	[手作り]	수제, 손수 만듦
てつだい	데츠다이	[手伝い]	심부름
てつだう	데츠다우	[手伝う]	돕다

↻ てつだわない　てつだって　てつだえば　てつだいます

| でっちあげる | 데ㅅ치아게루 | [でっち上げる] | 날조하다 |

↻ でっちあげない　でっちあげて　でっちあげれば　でっちあげます

てつづき	데츠즈끼	[手続き]	수속
ててい	데ㅅ떼-	[徹底]	철저
てっとりばやい	데ㅅ또리바야이	[手っ取り早い]	민첩하다

↻ てっとりばやくない　てっとりばやくて　てっとりばやければ

てっとりばやいです

| てつや | 데츠야 | [徹夜] | 철야 |
| てなずける | 데나즈께루 | [手懐ける] | 길들이다 |

↻ てなずけない　てなずけて　てなずければ　てなずけます

| てなれる | 데나레루 | [手慣れる] | 손에 익다 |

↻ てなれない　てなれて　てなれれば　てなれます

| テニス | 테니스 | [tennis] | 테니스, 정구 |
| てにもつ | 데니모츠 | [手荷物] | 수화물 |

て

では	데와		그러면
デパート	데빠ー또	[department store]	백화점
てはい	데하이	[手配]	준비, 수배
てぶくろ	데부꾸로	[手袋]	장갑
てぶら	데부라	[手ぶら]	맨손, 빈손
てぶり	데부리	[手振り]	손짓
デフレ	데후레	[deflation]	디플레이션
デフレーション	데후레ー쇼ㄴ	[deflation]	디플레이션
てほん	데호ㅇ	[手本]	모범, 본보기
てまえ	데마에	[手前]	바로 앞
でまえ	데마에	[出前]	주문 요리, 주문 배달
てまねき	데마네끼	[手招き]	손짓하여 부름
でむかえ	데무까에	[出迎え]	마중
でも	데모		그렇지만, 하지만
でもどり	데모도리	[出戻り]	소박 맞음, 소박데기
てらしあわせる	데라시아와세루	[照らし合わせる]	대조하다

↻ てらしあわせない　てらしあわせて　てらしあわせれば　てらしあわせます

テラス	테라스	[terrace]	테라스, 베란다
デリケート	데리께ー또	[delicate]	섬세함, 미묘함
でる	데루	[出る]	나가다, 나오다

↻ でない　でて　でれば　でます

| てれくさい | 데레꾸사이 | [照れ臭い] | 겸연쩍다, 쑥스럽다 |

↻ てれくさくない　てれくさくて　てれくさければ　てれくさいです

テレビ	테레비	[television]	텔레비전
テレホンカード	테레호ㅇ까ー도	[telephone card]	전화카드
てん	데ㅇ	[点]	점
てんいん	데ㅇ이ㅇ	[店員]	점원
てんおうせい	데ㅇ오ー세ー	[天王星]	천왕성
てんかい	데ㅇ까이	[展開]	전개
てんき	데ㅇ끼	[天気]	날씨
でんき	데ㅇ끼	[電気]	전기
でんき	데ㅇ끼	[伝記]	전기
てんきよほう	데ㅇ끼요호ー	[天気予報]	일기예보
てんきん	데ㅇ끼ㅇ	[転勤]	전근
てんごく	데ㅇ고꾸	[天国]	천국
でんし	데ㄴ시	[電子]	전자
てんじかい	데ㄴ지까이	[展示会]	전시회
でんしメール	데ㄴ시메ー루	[電子メール]	전자메일
でんしゃ	데ㄴ샤	[電車]	전차, 전철
てんじょう	데ㄴ죠ー	[天井]	천정

て

でんしレンジ	덴ㄴ시레ㄴ지	[電子レンジ]	전자레인지
でんせつ	덴ㄴ세츠	[伝説]	전설
でんせん	덴ㄴ세ㅇ	[電線]	전선
でんせん	덴ㄴ세ㅇ	[伝染]	전염
でんたく	덴ㄴ따꾸	[電卓]	전자계산기
でんち	덴ㄴ치	[電池]	전지
てんちょう	덴ㄴ쵸-	[店長]	점장
でんとう	덴ㄴ또-	[伝統]	전통
てんとうむし	덴ㄴ또-무시	[てんとう虫]	무당벌레
てんどん	덴ㄴ도ㅇ	[天丼]	새우덮밥
てんねん	덴ㄴ네ㅇ	[天然]	천연
てんのう	덴ㄴ노-	[天皇]	천황, 일왕
てんのうたんじょうび	덴ㄴ노-따ㄴ죠-비	[天皇誕生日]	일왕생일
てんぷファイル	덴ㅁ뿌화이루	[添付ファイル]	첨부파일
てんぷら	덴ㅁ뿌라	[天ぷら]	튀김
てんらんかい	덴ㄴ라ㅇ까이	[展覧会]	전시회
でんりゅう	덴ㄴ류-	[電流]	전류
でんりょく	덴ㄴ료꾸	[電力]	전력
でんわ	데ㅇ와	[電話]	전화
でんわばんごう	데ㅇ와바ㅇ고-	[電話番号]	전화번호

276

でんわボックス 데ㅇ와보ㄱ끄스 ［電話box］ 전화박스

て

と

と	도	[戸]	문
ドア	도아	[door]	문
といあわせ	도이아와세	[問い合わせ]	문의, 조회
ドイツ	도이츠	[Deutsch]	독일
といつめる	도이츠메루	[問い詰める]	캐묻다, 따지다

↻ といつめない　といつめて　といつめれば　といつめます

トイレ	토이레	[toilet]	화장실
トイレットペーパー	토이레ㅅ또빼ㅡ빠ㅡ	[toilet paper]	화장지
とう	도우	[問う]	묻다, 질문하다

↻ とわない　とえば　といます

どう	도ㅡ		어떻게
どうい	도ㅡ이	[同意]	동의
どういたしまして	도ㅡ이따시마시떼		천만에요
どういつ	도ㅡ이츠	[同一]	동일
どういん	도ㅡ이ㅇ	[動員]	동원
どうか	도ㅡ까		부디, 아무쪼록, 어떻게든

どうが	도─가	[動画]	동영상
とうがらし	도─가라시	[唐辛子]	고추
どうがん	도─가ㅇ	[童顔]	동안
どうき	도─끼	[動機]	동기
どうきゅうせい	도─뀨─세─	[同級生]	동급생
とうきょう	도─꾜─	[東京]	도쿄
どうぐ	도─구	[道具]	도구
とうけい	도─께─	[統計]	통계
とうげい	도─게─	[陶芸]	도예
どうさ	도─사	[動作]	동작
とうさん	도─사ㄴ	[倒産]	도산
とうじ	도─지	[当時]	당시
どうし	도─시	[動詞]	동사
どうじ	도─지	[同時]	동시
とうじつ	도─지츠	[当日]	당일
どうして	도─시떼		왜, 어째서
どうしても	도─시떼모		아무리 하여도, 꼭
どうじょう	도─죠─	[同情]	동정
どうじょう	도─죠─	[道場]	도장
とうじょうけん	도─죠─께ㅇ	[搭乗券]	탑승권

279

とうじょうじんぶつ	도―죠―지ㅁ부츠	[登場人物]	등장인물
とうせ	도―세		어차피, 하여간
とうせいあい	도―세―아이	[同性愛]	동성애
とうぜん	도―제ㅇ	[当然]	당연

↻ とうぜんではない　とうぜんで　とうぜんなら　とうぜんです

どうぞ	도―조		아무쪼록, 부디
どうそうかい	도―소―까이	[同窓会]	동창회
とうちゃく	도―쨔꾸	[到着]	도착
とうとう	도―또―		드디어, 마침내
どうとく	도―또꾸	[道徳]	도덕
とうとぶ	도―또부	[尊ぶ]	공경하다, 존중하다

↻ とうとはない　とうとんで　とうとべば　とうとびます

とうなん	도―나ㅇ	[東南]	동남
とうなんアジア	도―나ㅇ아지아	[東南アジア]	동남아시아
どうにか	도―니까		그럭저럭, 겨우겨우
どうにゅう	도―뉴―	[導入]	도입
とうひょう	도―효―	[投票]	투표
とうふ	도―후	[豆腐]	두부
どうぶつ	도―부츠	[動物]	동물
どうぶつえん	도―부츠에ㅇ	[動物園]	동물원

| とうぶん | 도―부ㅇ | [当分] | 당분간 |
| とうめい | 도―메― | [透明] | 투명 |

　🔄 とうめいではない　とうめいで　とうめいなら　とうめいです

どうめい	도―메―	[同盟]	동맹
どうも	도―모		대단히, 아무래도
とうもろこし	도―모로꼬시		옥수수
どうやら	도―야라		그럭저럭, 간신히
とうよう	도―요―	[東洋]	동양
トゥルル	드루루		따르릉
どうろ	도―로	[道路]	도로
とうろく	도―로꾸	[登録]	등록
どうわ	도―와	[童話]	동화
とお	도―	[十]	열 개, 열 살
とおい	도―이	[遠い]	멀다

　🔄 とおくない　とおくて　とおければ　とおいです

とおか	도―까	[十日]	10일
とおく	도―꾸	[遠く]	먼 곳
トークばんぐみ	토―꾸바ㅇ구미	[トーク番組]	토크쇼
とおす	도―스	[通す]	통하게 하다

　🔄 とおさない　とおして　とおせば　とおします

と

トースト	토ー스또	[toast]	토스트
ドーナツ	도ー나츠	[doughnut]	도넛
とおまわり	도ー마와리	[遠回り]	우회, 멀리 돌아감
とおり	도ー리	[通り]	길, 도로
とおり	도ー리		～대로
とおる	도ー루	[通る]	다니다, 통과하다
↻ とおらない　とおって　とおれば　とおります			
とかい	도까이	[都会]	도회, 도시
とかす	도까스	[溶かす]	녹이다
↻ とかさない　とかして　とかせば　とかします			
ドカン	도까ㅇ		쾅
とき	도끼	[時]	때
ときおり	도끼오리	[時折]	때때로, 이따금
ときたま	도끼따마	[時たま]	가끔, 때로
ときどき	도끼도끼	[時々]	때때로, 가끔
どきどき	도끼도끼		두근두근
ときには	도끼니와		때로는
ドキュメンタリー	도뀨메ㄴ따리	[documentary]	다큐멘터리
とく	도꾸	[得]	득, 이득
とく	도꾸	[解く]	풀다

282

↻ と<u>か</u>ない　と<u>い</u>て　と<u>け</u>ば　と<u>き</u>ます			
<u>ど</u>く	도꾸	[毒]	독
<u>と</u>くい	도꾸이	[得意]	득의, 만족, 잘함
↻ と<u>く</u>いではない　と<u>く</u>いで　と<u>く</u>いなら　と<u>く</u>いです			
<u>ど</u>くさい	도ㄱ사이	[独裁]	독재
<u>ど</u>くしゃ	도ㄱ샤	[読者]	독자
<u>ど</u>くしょ	도ㄱ쇼	[読書]	독서
<u>ど</u>くしん	도ㄱ시ㅇ	[独身]	독신
<u>ど</u>くせん	도ㄱ세ㅇ	[独占]	독점
<u>ド</u>クター	도ㄱ따ー	[doctor]	의사, 박사
<u>と</u>くちょう	도ㄱ쵸ー	[特徴]	특징
<u>ど</u>くとく	도ㄱ또꾸	[独特]	독특
↻ ど<u>く</u>とくではない　ど<u>く</u>とくで　ど<u>く</u>とくなら　ど<u>く</u>とくです			
<u>と</u>くに	도꾸니	[特に]	특히
<u>と</u>くべつ	도꾸베츠	[特別]	특별
↻ と<u>く</u>べつではない　と<u>く</u>べつで　と<u>く</u>べつなら　と<u>く</u>べつです			
<u>と</u>くべつりょうり	도꾸베츠료ー리	[特別料理]	특별요리
<u>ど</u>くりつ	도꾸리츠	[独立]	독립
<u>と</u>げ	도게	[刺]	가시
<u>と</u>けい	도께ー	[時計]	시계

どこ	도꼬		어디
どこか	도꼬까		어딘가, 어딘지
とこや	도꼬야	[床屋]	이발소
★ ところ	도꼬로	[所]	곳, 데
ところで	도꼬로데		그런데, 그것은 그렇고
ところどころ	도꼬로도꼬로	[所々]	여기저기, 군데군데
とざん	도자ㅇ	[登山]	등산, 등반
とし	도시'	[年]	해, 나이
とし	도시	[都市]	도시
としうえ	도시우에	[年上]	연상
としご	도시고	[年子]	연년생
としごろ	도시고로	[年頃]	적령, 혼기
とした	도시시따	[年下]	연하
どしゃぶり	도샤부리	[土砂降り]	장대비
としょ	도쇼	[図書]	도서
としょかん	도쇼까ㅇ	[図書館]	도서관
としょしつ	도쇼시츠	[図書室]	도서실
★ としより	도시요리	[年寄り]	노인, 늙은이
とじる	도지루	[閉じる]	닫다, 닫히다

🕐 とじない　とじて　とじれば　とじます

とたん	도따o	[途端]	찰나, 바로 그 순간
どたんば	도따ㅁ바	[土壇場]	마지막 고비, 막판
とち	도치	[土地]	토지
とちゅう	도츄-	[途中]	도중, 중도
どちら	도치라		어느 쪽, 어느 것
どちらさま	도치라사마	[どちら様]	어느 분
とっきゅう	도ㄱ뀨-	[特急]	특급
とっきゅう	도ㄱ뀨-	[特級]	특급
とっきゅうれっしゃ	도ㄱ뀨-레ㅅ샤	[特急列車]	특급열차
とっきょ	도ㄱ꾜	[特許]	특허
とつぐ	도츠구	[嫁ぐ]	시집을 가다, 출가하다

↻ とつがない　とついで　とつげば　とつぎます

とっさ	도ㅅ사	[咄嗟]	순식간, 눈 깜짝할 사이
どっさり	도ㅅ사리		듬뿍, 많이
とつぜん	도츠제o	[突然]	돌연, 갑자기
どっち	도ㅅ치		어느 쪽, 어디
どっちみち	도ㅅ치미치		어떻든, 어차피
どっぷり	도ㅂ뿌리		완전히, 듬뿍, 푹
とても	도떼모		매우, 아주, 대단히
とどく	도도꾸	[届く]	닿다, 도착하다

と

↻ とどかない　とどいて　とどけば　とどきます

| とどけで | 도도께데 | [届出] | 신고 |
| とどける | 도도께루 | [届ける] | 닿게 하다, 신고하다 |

↻ とどけない　とどけて　とどければ　とどけます

| ★ ととのえる | 도또노에루 | [整える] | 가지런히 하다, 정돈하다 |

↻ ととのえない　ととのえて　ととのえれば　ととのえます

どなた	도나따		어느 분
となり	도나리	[隣]	옆, 이웃
どなる	도나루	[怒鳴る]	고함치다, 소리치다

↻ どならない　どなって　どなれば　どなります

とにかく	도니까꾸		어쨌든, 여하튼
どの	도노		어느
★ どのくらい	도노꾸라이		얼마나, 어느 정도
とびら	도비라	[扉]	문, 문짝
どぶ	도부	[溝]	도랑, 시궁창
とぶ	도부	[飛ぶ]	날다, 뛰다

↻ とばない　とんで　とべば　とびます

| とほ | 도호 | [徒歩] | 도보 |
| とぼける | 도보께루 | [恍ける] | 시치미 떼다 |

↻ とぼけない　とぼけて　とぼければ　とぼけます

とぼしい	도보시이	[乏しい]	부족하다, 모자라다
↻ とぼしくない　とぼしくて　とぼしければ　とぼしいです			
とぼとぼ	도보또보		터벅터벅
トマト	토마또	[tomato]	토마토
とまる	도마루	[泊まる]	묵다
↻ とまらない　とまって　とまれば　とまります			
とまる	도마루	[止まる]	서다, 멎다
↻ とまらない　とまって　とまれば　とまります			
とまれ	도마레	[止まれ]	정지
とみ	도미	[富]	부, 재산
とめる	도메루	[止める]	세우다, 멈추다, 말리다
↻ とめない　とめて　とめれば　とめます			
とも	도모	[友]	벗, 친구
ともかく	도모까꾸		어쨌든, 여하튼
★ ともかせぎ	도모까세기	[共稼ぎ]	맞벌이
ともすれば	도모스레바		걸핏하면
★ ともだおれ	도모다오레	[共倒れ]	함께 쓰러짐, 양쪽이 모두 망함
ともだち	도모다치	[友達]	친구, 동무
ともなう	도모나우	[伴う]	함께 하다, 수반하다
↻ ともなわない　ともなって　ともなえば　ともないます			

と

287

★	<u>と</u>もに	<u>도</u>모니	[共に]	함께, 더불어
	<u>ど</u>もる	<u>도</u>모루	[吃る]	말을 더듬다
	↻ <u>ど</u>もらない　<u>ど</u>もって　<u>ど</u>もれば　<u>ど</u>もります			
	<u>ど</u>ようび	<u>도</u>요ー비	[土曜日]	토요일
	<u>ド</u>ライクリーニング	<u>도</u>라이쿠라ー니ㅇ구	[dry cleaning]	드라이클리닝
	<u>ド</u>ライバー	<u>도</u>라이바ー	[driver]	드라이버
	<u>ド</u>ライブ	<u>도</u>라이부	[drive]	드라이브
	<u>ド</u>ライヤー	<u>도</u>라이야ー	[drier]	드라이어
★	<u>と</u>らえる	<u>도</u>라에루	[捕らえる]	잡다, 붙들다, 붙잡다
	↻ <u>と</u>らえない　<u>と</u>らえて　<u>と</u>らえれば　<u>と</u>らえます			
	<u>ト</u>ラック	<u>토</u>라ㄱ꾸	[truck]	트럭
	<u>ド</u>ラッグストア	<u>도</u>라ㄱ구스토아	[drugstore]	약국
	<u>と</u>らどし	<u>도</u>라도시	[虎年]	호랑이띠
	<u>ト</u>ラブル	<u>토</u>라부루	[trouble]	트러블
	<u>ト</u>ラベラーズチェック	<u>토</u>라베라ー즈체ㄱ꾸	[traveler's check]	여행자수표
	<u>ド</u>ラマ	<u>도</u>라마	[drama]	드라마
	<u>ト</u>ランク	<u>토</u>라ㅇ꾸	[trunk]	트렁크
	<u>ト</u>ランプ	<u>토</u>라ㅁ뿌	[trump]	트럼프, 카드놀이
	<u>ト</u>ランペット	<u>토</u>라ㅁ뻬ㅅ또	[trumpet]	트럼펫
	<u>と</u>り	<u>도</u>리	[鳥]	새

★ | とりあえず | 도리아에즈 | [取り敢えず] | 우선, 먼저
★ | とりあつかう | 도리아츠까우 | [取り扱う] | 다루다, 취급하다

↻ とりあつかわない　とりあつかって　とりあつかえば　とりあつかいます

| トリートメント | 토리―또메ㄴ또 | [treatment] | 트리트먼트
| とりえ | 도리에 | [取り柄] | 장점, 쓸모
| とりかえる | 도리까에루 | [取り替える] | 바꾸다, 교환하다

↻ とりかえない　とりかえて　とりかえれば　とりかえます

| とりけし | 도리께시 | [取消し] | 취소, 해약
| とりけす | 도리께스 | [取り消す] | 취소하다

↻ とりけさない　とりけして　とりけせば　とりけします

| とりこ | 도리꼬 | [虜] | 포로
| とりだす | 도리다스 | [取り出す] | 꺼내다, 내놓다

↻ とりださない　とりだして　とりだせば　とりだします

★ | とりつける | 도리츠께루 | [取り付ける] | 장치하다

↻ とりつけない　とりつけて　とりつければ　とりつけます

| とりどし | 도리도시 | [鳥年] | 닭띠
| とりにく | 도리니꾸 | [鶏肉] | 닭고기
★ | とりのぞく | 도리노조꾸 | [取り除く] | 없애다, 제거하다

↻ とりのぞかない　とりのぞいて　とりのぞけば　とりのぞきます

| とりはからい | 도리하까라이 | [取計らい] | 조치, 조처, 배려

と

289

とりはだ	도리하다	[鳥肌]	소름
とりひき	도리히끼	[取引]	거래
とりひきさき	도리히끼사끼	[取引先]	거래처
とりまく	도리마꾸	[取り巻く]	둘러싸다, 에워싸다

🕐 とりまかない　とりまいて　とりまけば　とりまきます

どりょく	도료꾸	[努力]	노력
とりわけ	도리와께		특히, 유난히
ドリンクざい	도리ㅇ꾸자이	[ドリンク剤]	드링크제
とる	도루	[取る]	잡다, 취하다

🕐 とらない　とって　とれば　とります

とる	도루	[撮る]	(사진을) 찍다

🕐 とらない　とって　とれば　とります

ドル	도루	[dollar]	달러
トルコ	토루꼬	[Turco]	터키
ドルだか	도루다까	[ドル高]	달러 강세
ドルやす	도루야스	[ドル安]	달러 약세
どれ	도레		어느 것, 어느 쪽
トレーニング	토레ー니ㅇ구	[training]	연습, 훈련
ドレス	도레스	[dress]	드레스
ドレッサー	도레ㅅ사ー	[dresser]	화장대

290

ドレッシング	도레ㅅ시ㅇ구 [dressing]	드레싱
どろぼう	도로보- [泥棒]	도둑
とんカツ	도ㅇ까츠 [豚カツ]	포크커틀릿
どんぞこ	도ㄴ조꼬 [どん底]	밑바닥
とんでもない	도ㄴ데모나이	가당찮다, 터무니 없다

↻ とんでもなくない　とんでもなくて　とんでもなければ　とんでもないです

とんとん	도ㄴ또ㅇ	똑똑, 툭툭
どんどん	도ㄴ도ㅇ	둥둥, 탕탕
どんな	도ㄴ나	어떤, 어떠한
トンネル	토ㄴ네루 [tunnel]	터널
どんぶり	도ㅁ부리 [丼]	덮밥
とんぼ	도ㅁ보	잠자리
どんよく	도ㅇ요꾸 [貪欲]	탐욕

↻ どんよくではない　どんよくで　どんよくなら　どんよくです

と

な

な	나	[名]	이름, 명칭
なあ	나ー		여보게
ない	나이	[無い]	없다

↻ なくない　なくて　なければ　ないです

ないしょ	나이쇼	[内緒]	비밀
ないじょ	나이죠	[内助]	내조
ないせん	나이세ㅇ	[内線]	내선
ないせん	나이세ㅇ	[内戦]	내전
ないてい	나이떼ー	[内定]	내정
ナイトクラブ	나이또쿠라부	[night club]	나이트클럽
ナイフ	나이후	[knife]	칼
ないぶ	나이부	[内部]	내부
★ ないめん	나이메ㅇ	[内面]	내면
ないよう	나이요ー	[内容]	내용
なお	나오		역시, 더욱
なおさら	나오사라	[尚更]	더욱더, 더더욱, 더한층

なおす	나오스	[直す]	고치다, 바로잡다
↻ なおさない	なおして	なおせば	なおします
なおす	나오스	[治す]	치료하다
↻ なおさない	なおして	なおせば	なおします
なおる	나오루	[直る]	고쳐지다
↻ なおらない	なおって	なおれば	なおります
なおる	나오루	[治る]	치료되다
↻ なおらない	なおって	なおれば	なおります
なか	나까	[中]	안
なか	나까	[仲]	(인간관계)사이
ながい	나가이	[長い]	길다
↻ ながくない	ながくて	ながければ	ながいです
ながいあいだ	나가이아이다	[長い間]	
ながいき	나가이끼	[長生き]	장수
ながす	나가스	[流す]	흘리다
↻ ながさない	ながして	ながせば	ながします
★ ながそで	나가소데	[長袖]	긴소매
なかなおり	나까나오리	[仲直り]	화해
なかなか	나까나까		상당히, 좀처럼
なかま	나까마	[仲間]	동료, 친구

な

なかみ	나까미	[中身]	알맹이, 내용
ながめる	나가메루	[眺める]	바라보다

🔄 ながめない　ながめて　ながめれば　ながめます

なかよし	나까요시	[仲良し]	단짝친구, 사이가 좋음
ながれる	나가레루	[流れる]	흐르다

🔄 ながれない　ながれて　ながれれば　ながれます

なきごと	나끼고또	[泣き言]	우는 소리, 넋두리
なきむし	나끼무시	[泣き虫]	울보
なく	나꾸	[泣く]	울다

🔄 なかない　ないて　なけば　なきます

なく	나꾸	[鳴く]	울다 (새, 짐승 등이)

🔄 なかない　ないて　なけば　なきます

なぐさめる	나구사메루	[慰める]	위로하다

🔄 なぐさめない　なぐさめて　なぐさめれば　なぐさめます

なくす	나꾸스	[亡くす]	여의다

🔄 なくさない　なくして　なくせば　なくします

なくす	나꾸스	[無くす]	없애다

🔄 なくさない　なくして　なくせば　なくします

なくなる	나꾸나루	[亡くなる]	죽다, 돌아가다

🔄 なくならない　なくなって　なくなれば　なくなります

なくなる	나꾸나루	[無くなる]	없어지다
↻ なくならない　なくなって　なくなれば　なくなります			

なぐる	나구루	[殴る]	세게 치다, 때리다
↻ なぐらない　なぐって　なぐれば　なぐります			

なげく	나게꾸	[嘆く]	한탄하다, 슬퍼하다
↻ なげかない　なげいて　なげけば　なげきます			

なげる	나게루	[投げる]	던지다
↻ なげない　なげて　なげれば　なげます			

なごや	나고야	[名古屋]	나고야

なごやか	나고야까	[和やか]	온화함, 화기애애함
↻ なごやかではない　なごやかで　なごやかなら　なごやかです			

なごりおしい	나고리오시이	[名残惜しい]	섭섭하다, 서운하다, 아쉽다
↻ なごりおしくない　なごりおしくて　なごりおしければ　なごりおしいです			

なさけない	나사께나이	[情けない]	몰인정하다, 한심스럽다
↻ なさけなくない　なさけなくて　なさけなければ　なさけないです			

なさる	나사루		하시다
↻ なさらない　なさって　なされば　なさいます			

★ なし	나시	[梨]	배

なじみ	나지미	[馴染み]	잘 아는 사람, 낯익은 사이

なす	나스	[茄子]	가지

な

295

なぜ	나제	[何故]	왜, 어째서
なぜならば	나제나라바		왜냐하면
なだめる	나다메루	[宥める]	달래다

↻ なだめない　なだめて　なだめれば　なだめます

なつ	나츠	[夏]	여름
なつかしい	나츠까시이	[懐かしい]	그립다

↻ なつかしくない　なつかしくて　なつかしければ　なつかしいです

なっとう	나ㅅ또ー	[納豆]	일본 청국장
なっとく	나ㅅ또꾸	[納得]	납득
なつばて	나츠바떼	[夏ばて]	여름을 탐, 더위를 먹음
なつやすみ	나츠야스미	[夏休み]	여름방학
なでる	나데루	[撫でる]	쓰다듬다, 어루만지다

↻ なでない　なでて　なでれば　なでます

なな	나나	[七]	7, 칠
ななつ	나나츠	[七つ]	일곱 개, 일곱 살
ななめ	나나메	[斜め]	기울어짐, 비스듬함, 경사
なに	나니	[何]	무엇
なにか	나니까	[何か]	무언가
なにしろ	나니시로	[何しろ]	어쨌든, 아무튼
なにどし	나니도시	[何年]	무슨 띠

なにとぞ	나니또조	[何卒]	부디, 제발
★ なにも	나니모	[何も]	아무것도, 조금도
なにもかも	나니모까모	[何もかも]	모조리
なによりも	나니요리모	[何よりも]	무엇보다도
なのか	나노까	[七日]	7일
なのる	나노루	[名乗る]	이름을 대다, 칭하다

↻ なのらない　なのって　なのれば　なのります

なふだ	나후다	[名札]	이름표, 명찰
なべ	나베	[鍋]	냄비
なま	나마	[生]	날 것, 생것
なまいき	나마이끼	[生意気]	건방짐

↻ なまいきではない　なまいきで　なまいきなら　なまいきです

なまえ	나마에	[名前]	이름
★ なまけもの	나마께모노	[怠け者]	게으름쟁이
なまける	나마께루	[怠ける]	게으름 피우다, 태만하다

↻ なまけない　なまけて　なまければ　なまけます

なまじっか	나마지ㄱ까		어설픔, 어중간함

↻ なまじっかではない　なまじっかで　なまじっかなら　なまじっかです

なまなましい	나마나마시이	[生々しい]	생생하다

↻ なまなましくない　なまなましくて　なまなましければ　なまなましいです

な

なまぬるい	나마누루이	[生温い]	미지근하다

↻ なまぬるくない　なまぬるくて　なまぬるければ　なまぬるいです

★ なまはんか	나마항ㅇ까	[生半可]	어설픔, 어중간함

↻ なまはんかではない　なまはんかで　なまはんかなら　なまはんかです

なまビール	나마비ー루	[生ビール]	생맥주
なまへんじ	나마헤ㄴ지	[生返事]	건성으로 하는 대답
なまほうそう	나마호ー소ー	[生放送]	생방송
なまり	나마리	[訛り]	사투리, 강한 억양
なみ	나미	[波]	파도
なみだ	나미다	[涙]	눈물
なみだぐましい	나미다구마시이	[涙ぐましい]	눈물겹다

↻ なみだぐましくない　なみだぐましくて

なみだぐましければ　なみだぐましいです

なみだぐむ	나미다구무	[涙ぐむ]	눈물짓다

↻ なみだぐまない　なみだぐんで　なみだぐめば　なみだぐみます

なみはずれ	나미하즈레	[並外れ]	보통을 벗어남, 특별함
なめらか	나메라까	[滑らか]	매끈매끈함, 순조로움

↻ なめらかではない　なめらかで　なめらかなら　なめらかです

なやむ	나야무	[悩む]	고민하다, 괴로워하다

↻ なやまない　なやんで　なやめば　なやみます

なら	나라	[奈良]	나라
なら**う**	나라우	[習う]	배우다, 익히다
↻ ならわない　ならって　ならえば　ならいます			
なら**びに**	나라비니	[並びに]	및, 또한
なら**ぶ**	나라부	[並ぶ]	나란히 하다, 줄서다, 늘어서다
↻ ならばない　ならんで　ならべば　ならびます			
なら**べる**	나라베루	[並べる]	나란히 세우다
↻ ならべない　ならべて　ならべれば　ならべます			
なり**きん**	나리끼ㅇ	[成金]	벼락부자, 졸부
なり**ゆき**	나리유끼	[成り行き]	경과, 경위
な**る**	나루	[成る]	되다
↻ ならない　なって　なれば　なります			
な**る**	나루	[鳴る]	울다
↻ ならない　なって　なれば　なります			
なる**べく**	나루베꾸		되도록, 될 수 있는 대로
なる**ほど**	나루호도		과연, 참으로
ナ**レーション**	나레-쇼ㄴ	[narration]	내레이션
ナ**レーター**	나레-따-	[narrator]	내레이터
なれ**なれしい**	나레나레시이	[馴れ馴れしい]	허물없다
↻ なれなれしくない　なれなれしくて　なれなれしければ　なれなれしいです			

な

299

なれる	나레루	[慣れる]	익숙해지다, 길들다
↻ なれない　なれて　なれれば　なれます			
なわとび	나와또비	[縄跳び]	줄넘기
★ なわばり	나와바리	[縄張り]	세력권
なん	나ㄴ	[何]	무엇
なんがつ	나ㅇ가츠	[何月]	몇 월
なんきょく	나ㅇ꾜꾸	[南極]	남극
なんさい	나ㄴ사이	[何歳]	몇 살
なんじ	나ㄴ지	[何時]	몇 시
ナンセンス	나ㄴ세ㄴ스	[nonsense]	난센스
なんだか	나ㄴ다까	[何だか]	어쩐지, 왠지
なんて	나ㄴ떼		어쩌면, 이토록
なんでも	나ㄴ데모	[何でも]	무엇이든지, 뭐든지
なんとか	나ㄴ또까	[何とか]	어떻게든, 어떻게든
なんとなく	나ㄴ또나꾸	[何となく]	어쩐지
なんにち	나ㄴ니치	[何日]	며칠
ナンバー	나ㅁ바ー	[number]	넘버
なんようび	나ㅇ요ー비	[何曜日]	무슨 요일

に

| に | 니 | [二] | 2, 이 |
| にあう | 니아우 | [似合う] | 어울리다, 잘 맞다 |

↻ にあわない　にあって　にあえば　にあいます

におい	니오이	[匂い]	냄새, 향기
におい	니오이	[臭い]	냄새, 악취
におう	니오우	[匂う]	냄새가 나다

↻ におわない　におって　におえば　においます

| にがい | 니가이 | [苦い] | 쓰다 |

↻ にがくない　にがくて　にがければ　にがいです

| にかいだて | 니까이다떼 | [二階建て] | 이층집 |
| にがす | 니가스 | [逃がす] | 놓치다, 놓아주다 |

↻ にがさない　にがして　にがせば　にがします

| にがつ | 니가츠 | [二月] | 2월 |
| にがて | 니가떼 | [苦手] | 서투름, 질색 |

↻ にがてではない　にがてで　にがてなら　にがてです

| にがみ | 니가미 | [苦味] | 쓴 맛 |

にがわらい	니가와라이	[苦笑い]	쓴웃음
にきび	니끼비	[面皰]	여드름
にぎやか	니기야까	[賑やか]	북적거림, 번화함
↻ にぎやかではない　にぎやかで　にぎやかなら　にぎやかです			
にぎる	니기루	[握る]	쥐다
↻ にぎらない　にぎって　にぎれば　にぎります			
にく	니꾸	[肉]	살
にくい	니꾸이	[憎い]	밉다, 밉살스럽다
↻ にくくない　にくくて　にくければ　にくいです			
にくたい	니ㄱ따이	[肉体]	육체
にくむ	니꾸무	[憎む]	미워하다, 증오하다
↻ にくまない　にくんで　にくめば　にくみます			
にくや	니꾸야	[肉屋]	정육점
にくらしい	니꾸라시이	[憎らしい]	얄밉다, 밉살스럽다
↻ にくらしくない　にくらしくて　にくらしければ　にくらしいです			
にげる	니게루	[逃げる]	도망가다, 달아나다
↻ にげない　にげて　にげれば　にげます			
にこにこ	니꼬니꼬		싱글싱글, 싱글벙글
にし	니시	[西]	서, 서쪽
にじ	니지	[二時]	2시

にじ	니지	[虹]	무지개
にじかい	니지까이	[二次会]	2차회
にだんベッド	니다ㄴ베ㅅ도	[二段ベッド]	2층침대
にちようび	니치요ー비	[日曜日]	일요일
にちようひん	니치요ー히ㅇ	[日用品]	일용품
にっき	니ㄱ끼	[日記]	일기
にづくり	니즈꾸리	[荷造り]	짐을 꾸림, 포장
にっこり	니ㄱ꼬리		생긋, 방긋
にひゃく	니햐꾸	[二百]	200
にぶい	니부이	[鈍い]	무디다, 둔하다

🔁 にぶくない　にぶくて　にぶければ　にぶいです

にぼし	니보시		멸치
にほん	니호ㅇ	[日本]	일본
にほんご	니호ㅇ고	[日本語]	일본어
にほんしゅ	니호ㄴ슈	[日本酒]	일본술, 청주
にほんじん	니호ㄴ지ㅇ	[日本人]	일본인
にもつ	니모츠	[荷物]	짐
ニュアンス	뉴아ㅇ스	[nuance]	뉘앙스
にゅういん	뉴ㅜ이ㅇ	[入院]	입원
にゅうえき	뉴ㅜ에끼	[乳液]	로션

に

にゅうがく	뉴ー가꾸	[入学]	입학
にゅうがくしき	뉴ー가ㄱ시끼	[入学式]	입학식
にゅうきん	뉴ー끼ㅇ	[入金]	입금
にゅうこく	뉴ー꼬꾸	[入国]	입국
にゅうこくしんさ	뉴ー꼬꾸시ㄴ사	[入国審査]	입국심사
にゅうし	뉴ー시	[入試]	입시
ニュージーランド	뉴ー지ー라ㄴ도	[New Zealand]	뉴질랜드
にゅうしゃ	뉴ー샤	[入社]	입사
にゅうじょう	뉴ー죠ー	[入場]	입장
ニュース	뉴ース	[news]	뉴스
ニューヨーク	뉴ー요ー꾸	[New York]	뉴욕
にゅうよく	뉴ー요꾸	[入浴]	입욕
にょろにょろ	뇨로뇨로		꿈틀꿈틀
にらむ	니라무	[睨む]	노려보다, 쏘아보다

↻ にらまない　にらんで　にらめば　にらみます

| にる | 니루 | [煮る] | 삶다, 익히다, 끓이다 |

↻ にない　にて　にれば　にます

| にる | 니루 | [似る] | 닮다 |

↻ にない　にて　にれば　にます

| にわ | 니와 | [庭] | 마당, 뜰 |

★	にわかあめ	니와까아메	[俄か雨]	소나기
	にわとり	니와또리	[鶏]	닭
	にんき	니○끼	[人気]	인기
	にんぎょう	니○교-	[人形]	인형
	にんげん	니○게○	[人間]	인간
	にんじょう	니ㄴ쪼-	[人情]	인정
	にんしん	니ㄴ시○	[妊娠]	임신
	にんじん	니ㄴ지○	[人参]	당근
	にんたい	니ㄴ따이	[忍耐]	인내
	にんてい	니ㄴ떼-	[認定]	인정
	にんにく	니ㄴ니꾸	[大蒜]	마늘
	にんぷ	니ㅁ뿌	[妊婦]	임신부, 임부

に

ぬ

| ぬいぐるみ | 누이구루미 | [縫いぐるみ] | 봉제 인형 |
| ぬう | 누우 | [縫う] | 꿰매다, 깁다 |

↺ ぬわない　ぬって　ぬえば　ぬいます

| ヌード | 누ー도 | [nude] | 누드 |
| ぬく | 누꾸 | [抜く] | 뽑다, 빼다 |

↺ ぬかない　ぬいて　ぬけば　ぬきます

| ぬぐ | 누구 | [脱ぐ] | 벗다 |

↺ ぬかない　ぬいで　ぬげば　ぬぎます

★ ぬくもり	누꾸모리	[温もり]	온기
ぬけあな	누께아나	[抜け穴]	도망칠 구멍
ぬけぬけ	누께누께		뻔뻔스럽게, 태연히
ぬし	누시	[主]	주인
ぬすみぎき	누스미기끼	[盗み聞き]	몰래 엿들음
ぬすみぐい	누스미구이	[盗み食い]	몰래 먹음
ぬすむ	누스무	[盗む]	훔치다

↺ ぬすまない　ぬすんで　ぬすめば　ぬすみます

| ぬの | 누노 | [布] | 천, 무명 |
| ぬらす | 누라스 | [濡らす] | 적시다 |

↻ ぬらさない　ぬらして　ぬらせば　ぬらします

| ぬる | 누루 | [塗る] | 바르다, 칠하다 |

↻ ぬらない　ぬって　ぬれば　ぬります

| ぬるい | 누루이 | [温い] | 미지근하다 |

↻ ぬるくない　ぬるくて　ぬるければ　ぬるいです

| ぬれる | 누레루 | [濡れる] | 젖다 |

↻ ぬれない　ぬれて　ぬれれば　ぬれます

ぬ

ね

ね	네	[根]	뿌리
ねあげ	네아게	[値上げ]	인상
ねえ	네ー		저기요
ねえさん	네ー사ㅇ	[姉さん]	누나, 언니
ネイティブ	네이띠브	[native]	모국의, 자국의
ネーム	네ー무	[name]	네임, 이름
ねがい	네가이	[願い]	소원
ねがう	네가우	[願う]	바라다, 기원하다

↻ ねがわない　ねがって　ねがえば　ねがいます

ねがお	네가오	[寝顔]	잠자는 얼굴
ねかす	네까스	[寝かす]	재우다, 쓰러뜨리다

↻ ねかさない　ねかして　ねかせば　ねかします

ねぎ	네기	[葱]	파
ねぎる	네기루	[値切る]	값을 깎다

↻ ねぎらない　ねぎって　ねぎれば　ねぎります

ネクタイ	네ㄱ따이	[necktie]	넥타이

ねぐるしい	네구루시이	[寝苦しい]	잠들기 어렵다, 푹 잘 수 없다

↻ ねぐるしくない　ねぐるしくて　ねぐるしければ　ねぐるしいです

ねこ	네꼬	[猫]	고양이
ねごと	네고또	[寝言]	잠꼬대
ねさげ	네사게	[値下げ]	인하
ねずみ	네즈미	[鼠]	쥐
ねずみどし	네즈미도시	[鼠年]	쥐띠
ねだる	네다루		조르다, 떼쓰다

↻ ねだらない　ねだって　ねだれば　ねだります

ねだん	네다ㅇ	[値段]	값, 가격
ねつ	네츠	[熱]	열
ねつあい	네츠아이	[熱愛]	열애
ネックレス	네ㄱ꾸레스	[necklace]	목걸이
ねっしん	네ㅅ시ㅇ	[熱心]	열심

↻ ねっしんではない　ねっしんで　ねっしんなら　ねっしんです

ねっちゅう	네ㅅ츄ー	[熱中]	열중
ネットワーク	네ㅅ또와ー꾸	[network]	네트워크
ねどこ	네도꼬	[寝床]	잠자리
ねばりっこい	네바리ㄱ꼬이	[粘りっこい]	끈끈하다

↻ ねばりっこくない　ねばりっこくて　ねばりっこければ　ねばりっこいです

ねばりづよい	네바리즈요이	[粘り強い]	꾸준하다

↻ ねばりづよくない　ねばりづよくて　ねばりづよければ　ねばりづよいです

ねばる	네바루	[粘る]	달라붙다, 끈덕지게 버티다

↻ ねばらない　ねばって　ねばれば　ねばります

ねびき	네비끼	[値引き]	할인
ねぶそく	네부소꾸	[寝不足]	수면부족
ねぼう	네보-	[寝坊]	늦잠을 잠, 잠꾸러기
ねまき	네마끼	[寝巻き]	잠옷
ねむい	네무이	[眠い]	졸리다

↻ ねむくない　ねむくて　ねむければ　ねむいです

ねむたい	네무따이	[眠たい]	졸리다

↻ ねむたくない　ねむたくて　ねむたければ　ねむたいです

ねむり	네무리	[眠り]	잠
ねむる	네무루	[眠る]	자다, 잠들다

↻ ねむらない　ねむって　ねむれば　ねむります

ねらう	네라우	[狙う]	겨누다, 노리다

↻ ねらわない　ねらって　ねらえば　ねらいます

ねる	네루	[寝る]	자다

↻ ねない　ねて　ねれば　ねます

ねん	네ㅇ	[年]	년

★	ねんいり	네ㅇ이리	[念入り]	정성들임, 공들임
	ねんがじょう	네ㅇ가죠-	[年賀状]	연하장
	ねんきん	네ㅇ끼ㅇ	[年金]	연금
	ねんだい	네ㄴ다이	[年代]	연대
	ねんのため	네ㄴ노따메	[念のため]	만약을 위해
	ねんぽう	네ㅁ뽀-	[年俸]	연봉
	ねんまつ	네ㅁ마츠	[年末]	연말
	ねんりょう	네ㄴ료-	[燃料]	연료
	ねんれい	네ㄴ레-	[年齢]	연령

ね

の

の	노		것
ノイローゼ	노이로-제	[Neurose]	노이로제
のう	노-	[脳]	뇌
のうぎょう	노-교-	[農業]	농업, 농사
のうこうそく	노-꼬-소꾸	[脳硬塞]	뇌경색
のうさつ	노-사츠	[悩殺]	뇌쇄
のうぜい	노-제-	[納税]	납세
のうそっちゅう	노-소ㅅ츄-	[脳卒中]	뇌졸중
のうみん	노-미ㅇ	[農民]	농민
のうり	노-리	[脳裏]	뇌리
のうりつ	노-리츠	[能率]	능률
のうりょく	노-료꾸	[能力]	능력
ノート	노-또	[note]	노트, 공책
ノートがたパソコン	노-또가따빠소꼬ㅇ	[ノート型パソコン]	노트북
ノートブック	노-또부ㄱ꾸	[notebook]	노트북
ノーハウ	노-하우	[know-how]	노하우

| ノーベルしょう | 노ー베루쇼ー | [ノーベル賞] | 노벨상 |
| のがす | 노가스 | [逃す] | 놓치다 |

🔄 のがさない　のがして　のがせば　のがします

| のこす | 노꼬스 | [残す] | 남기다 |

🔄 のこさない　のこして　のこせば　のこします

のこらず	노꼬라즈	[残らず]	남김없이, 모조리
のこり	노꼬리	[残り]	나머지
のこる	노꼬루	[残る]	남다

🔄 のこらない　のこって　のこれば　のこります

| のせる | 노세루 | [乗せる] | 태우다 |

🔄 のせない　のせて　のせれば　のせます

| のぞむ | 노조무 | [望む] | 바라다, 원하다 |

🔄 のぞまない　のぞんで　のぞめば　のぞみます

のち	노치	[後]	뒤, 후
ノック	노ㄱ꾸	[knock]	노크
のど	노도	[喉]	목, 목구멍
のばす	노바스	[伸ばす]	길게 하다, 펴다

🔄 のばさない　のばして　のばせば　のばします

| のばす | 노바스 | [延ばす] | 연장하다, 미루다 |

🔄 のばさない　のばして　のばせば　のばします

の

313

のびる	노비루	[伸びる]	펴지다, 자라다
↻ のびない　のびて　のびれば　のびます			

のびる	노비루	[延びる]	연장되다, 길어지다
↻ のびない　のびて　のびれば　のびます			

のべる	노베루	[述べる]	말하다, 진술하다
↻ のべない　のべて　のべれば　のべます			

のぼる	노보루	[上る]	오르다, 올라가다
↻ のぼらない　のぼって　のぼれば　のぼります			

のぼる	노보루	[登る]	오르다
↻ のぼらない　のぼって　のぼれば　のぼります			

のぼる	노보루	[昇る]	떠오르다
↻ のぼらない　のぼって　のぼれば　のぼります			

のみかい	노미까이	[飲み会]	술자리모임
のみぐすり	노미구스리	[飲み薬]	내복약
のみこむ	노미꼬무	[飲み込む]	삼키다
↻ のみこまない　のみこんで　のみこめば　のみこみます			

のみすぎ	노미스기	[飲み過ぎ]	과음
のみともだち	노미또모다치	[飲み友達]	술친구
のみもの	노미모노	[飲み物]	음료수, 마실 것
のみや	노미야	[飲み屋]	술집

のむ	노무	[飲む]	마시다

🔁 のまない　のんで　のめば　のみます

のり	노리	[海苔]	김
のり	노리	[糊]	풀
のりかえ	노리까에	[乗り換え]	환승
★ のりかえる	노리까에루	[乗り換える]	갈아타다

🔁 のりかえない　のりかえて　のりかえれば　のりかえます

のりき	노리끼	[乗り気]	마음이 내킴

🔁 のりきではない　のりきで　のりきなら　のりきです

のりきる	노리끼루	[乗り切る]	헤쳐나가다, 극복하다

🔁 のりきらない　のりきって　のりきれば　のりきります

★ のりこえる	노리꼬에루	[乗り越える]	극복하다, 타고 넘다

🔁 のりこえない　のりこえて　のりこえれば　のりこえます

のりまき	노리마끼	[のり巻き]	김밥
のりもの	노리모노	[乗り物]	
のる	노루	[乗る]	타다

🔁 のらない　のって　のれば　のります

のる	노루	[載る]	놓이다

🔁 のらない　のって　のれば　のります

ノルウェー	노루웨―	[Norway]	노르웨이

315

のれん	노레ㅇ	[暖簾]	포렴, 상점 입구에 치는 발
のろい	노로이	[呪い]	저주
のろのろ	노로노로		느릿느릿
のろま	노로마	[鈍間]	굼벵이, 아둔함
↻ のろまではない　のろまで　のろまなら　のろまです			
のんき	노ㅇ끼	[呑気]	느긋함, 태평함
↻ のんきではない　のんきで　のんきなら　のんきです			
のんびり	노ㅁ비리		느긋함, 한가로움, 유유히
ノンフィクション	노ㄴ휘ㄱ쇼ㅇ	[nonfiction]	논픽션

は

は	하	[葉]	잎
は	하	[歯]	이, 치아
ばあい	바아이	[場合]	경우
はあく	하아꾸	[把握]	파악
バーゲンセール	바―게ㄴ세―루	[bargain sale]	바겐세일
パーセント	파―세ㄴ또	[percent]	퍼센트
パーティー	파―띠―	[party]	파티
パート	파―또	[part]	파트, 부분
ハードカバー	하―도까바―	[hardcover]	양장
ハードディスク	하―도디스꾸	[hard disk]	하드디스크
パートナー	파―토나	[partner]	파트너
ハーブ	하―부	[herb]	허브
ハーブティー	하―부띠―	[herb tea]	허브티
バーベキュー	바―베뀨―	[barbecue]	바비큐
パーマ	파―마	[permanent]	파마
はい	하이	[肺]	폐

はい	하이	[灰]	재
はい	하이		예, 네
はいいろ	하이이로	[灰色]	회색
はいえん	하이에ㅇ	[肺炎]	
バイオリン	바이오리ㅇ	[violin]	바이올린
はいき	하이끼	[廃棄]	폐기
ばいきゃく	바이꺄꾸	[売却]	매각
はいぎょう	하이교ー	[廃業]	폐업
ハイキング	하이끼ㅇ구	[hiking]	하이킹
バイキング	바이끼ㅇ구	[Viking]	뷔페, 바이킹
バイク	배이꾸	[bike]	오토바이
はいけい	하이께ー	[背景]	배경
はいざら	하이자라	[灰皿]	재떨이
はいし	하이시	[廃止]	폐지
はいしゃ	하이샤	[歯医者]	치과의사
ばいしゅう	바이슈ー	[買収]	매수
ばいしゅん	바이슈ㄴ	[売春]	매춘
はいたつ	하이따츠	[配達]	배달
はいち	하이치	[配置]	배치
ばいてん	바이떼ㅇ	[売店]	매점

318

はいとう	하이또―	[配当]	배당
パイナップル	파이나ㅂ뿌루	[pineapple]	파인애플
ばいばい	바이바이	[売買]	매매
ハイヒール	하이히―루	[high-heeled shoes]	하이힐
はいふ	하이후	[配布]	배포
パイプ	파이뿌	[pipe]	파이프
バイブル	바이부루	[bible]	바이블, 성경
バイヤー	바이야―	[buyer]	바이어
はいゆう	하이유―	[俳優]	배우
はいりょ	하이료	[配慮]	배려
はいる	하이루	[入る]	들어가다

↺ はいらない　はいって　はいれば　はいります

パイロット	파이로ㅅ또	[pilot]	파일럿, 조종사
はえる	하에루	[生える]	나다, 자라다

↺ はえない　はえて　はえれば　はえます

ばか	바까	[馬鹿]	바보, 천치, 어처구니 없음

↺ ばかではない　ばかで　ばかなら　ばかです

はかい	하까이	[破壊]	파괴
はがき	하가끼	[葉書]	엽서
はかせ	하까세	[博士]	박사

は

はかどる	하까도루	[捗る]	진척되다

↻ はかどらない　はかとって　はかどれば　はかどります

ばかばかしい	바까바까시이		어리석다, 어처구니없다

↻ ばかばかしくない　ばかばかしくて　ばかばかしければ　ばかばかしいです

はかまいり	하까마이리	[墓参り]	성묘
ばからしい	바까라시이	[馬鹿らしい]	어리석다, 바보스럽다

↻ ばからしくない　ばからしくて　ばからしければ　ばからしいです

はかる	하까루	[計る]	재다, 헤아리다

↻ はからない　はかって　はかれば　はかります

はきけ	하끼께	[吐き気]	구역질
はぎしり	하기시리	[歯軋り]	이를 갊
はきもの	하끼모노	[履物]	신, 신발
はきょく	하꾜꾸	[破局]	파국
はく	하꾸	[履く]	신다

↻ はかない　はいて　はけば　はきます

はく	하꾸	[掃く]	쓸다

↻ はかない　はいて　はけば　はきます

はく	하꾸	[吐く]	토하다

↻ はかない　はいて　はけば　はきます

はぐき	하구끼	[歯茎]	잇몸

はくさい	하ㄱ사이	[白菜]	배추
はくしゅ	하ㄱ슈	[拍手]	박수
はくじん	하꾸지ㅇ	[白人]	백인
ばくぜん	바꾸제ㅇ	[漠然]	막연함

↻ ばくぜんではない　ばくぜんで　ばくぜんなら　ばくぜんです

ばくぜんと	바꾸제ㄴ 또	[漠然と]	막연히
ばくだい	바꾸다이	[莫大]	막대, 막대함

↻ ばくだいではない　ばくだいで　ばくだいなら　ばくだいです

ばくだん	바꾸다ㄴ	[爆弾]	폭탄
ばくはつ	바꾸하츠	[爆発]	폭발
はくぶつかん	하꾸부츠까ㅇ	[博物館]	박물관
はくらんかい	하꾸래ㅇ까이	[博覧会]	박람회
はくりょく	하꾸료꾸	[迫力]	박력
ばくろ	바꾸로	[暴露]	폭로
はげ	하게	[禿げ]	머리털이 빠짐, 대머리
はげしい	하게시이	[激しい]	심하다, 격하다

↻ はげしくない　はげしくて　はげしければ　はげしいです

バケツ	바께츠	[bucket]	양동이
はけん	하께ㅇ	[派遣]	파견
はけんしゃいん	하께ㄴ샤이ㅇ	[派遣社員]	파견사원

はこ	하꼬	[箱]	상자
はこぶ	하꼬부	[運ぶ]	옮기다, 나르다

↻ はこばない　はこんで　はこべば　はこびます

バザー	바자ー	[bazaar]	바자회
はさみ	하사미	[挟み]	가위
はし	하시	[箸]	젓가락
はし	하시	[橋]	다리
はし	하시	[端]	끝
はじ	하지	[恥]	부끄러움, 수치, 창피
はしご	하시고	[梯子]	사닥다리
はじまる	하지마루	[始まる]	시작되다

↻ はじまらない　はじまって　はじまれば　はじまります

はじめ	하지메	[始め]	처음, 시작
はじめて	하지메떼	[初めて]	처음으로, 비로소
はじめる	하지메루	[始める]	시작하다

↻ はじめない　はじめて　はじめれば　はじめます

はしゃぐ	하샤구		들떠서 떠들어대다, 졸랑대다

↻ はしゃがない　はしゃいで　はしゃげば　はしゃぎます

パジャマ	파쟈마	[pajamas]	파자마
ばしょ	바쇼	[場所]	장소

322

はしる	하시루	[走る]	달리다
↻ はしらない　はしって　はしれば　はしります			

はず	하즈		～터, ～리

バス	바스	[bus]	버스

パス	파스	[pass]	패스

はずかしい	하즈까시이	[恥ずかしい]	부끄럽다, 창피하다
↻ はずかしくない　はずかしくて　はずかしければ　はずかしいです			

バスケットボール	바스께ㅅ또보―루	[basketball]	농구

はずす	하즈스	[外す]	떼다, 풀다
↻ はずさない　はずして　はずせば　はずします			

バスてい	바스떼―	[バス停]	버스정류장

パスポート	파스뽀―또	[passport]	패스포트

バスルーム	바스루―무	[bathroom]	욕실

はずれる	하즈레루	[外れる]	빠지다, 빗나가다
↻ はずれない　はずれて　はずれれば　はずれます			

パスワード	파스와―도	[password]	패스워드, 비밀번호

はせい	하세―	[派生]	파생

パソコン	파소꼬ㅇ	[personal computer]	개인용 컴퓨터

はだ	하다	[肌]	피부, 살결, 살갗

バター	바따―	[butter]	버터

は

はだか	하다까	[裸]	발가숭이, 알몸
はたけ	하따께	[畑]	밭
はたけちがい	하따께치가이	[畑違い]	전문분야가 다름
はだざわり	하다자와리	[肌触り]	촉감
はだし	하다시	[裸足]	맨발
はたち	하따치	[二十歳]	20살, 스무 살
はたらきて	하따라끼떼	[働き手]	일꾼, 집안의 일 하는 사람
はたらく	하따라꾸	[働く]	일하다

↻ はたらかない　はたらいて　はたらけば　はたらきます

はち	하치	[八]	8, 여덟
ばちがい	바치가이	[場違い]	장소에 어울리지 않음

↻ ばちがいではない　ばちがいで　ばちがいなら　ばちがいです

はちがつ	하치가츠	[八月]	8월
はちじ	하치지	[八時]	8시
パチンコ	파치ㅇ꼬		파칭코
はつおん	하츠오ㅇ	[発音]	발음
はつか	하츠까	[二十日]	20일
はっかく	하ㄱ까꾸	[発覚]	발각
はっきり	하ㄱ끼리		분명히
ばっきん	바ㄱ끼ㅇ	[罰金]	벌금

バッグ	바ㄱ구	[bag]	백, 가방
パック	파ㄱ꾸	[pack]	팩
バックミラー	바ㄱ꾸미라ー	[back mirror]	백미러, 후시경
はっけん	하ㄱ께ㅇ	[発見]	발견
はつこい	하츠꼬이	[初恋]	첫사랑
はっこう	하ㅅ꼬ー	[発行]	발행
はっしゃ	하ㅅ샤	[発車]	발차
はったつ	하ㅅ따츠	[発達]	발달
ばったり	바ㅅ따리		픽, 털썩
ぱっちり	파ㅅ치리		반짝반짝, 또렷또렷
ばってき	바ㅅ떼끼	[抜擢]	발탁
バッテリー	바ㅅ떼리ー	[battery]	배터리
はってん	하ㅅ떼ㅇ	[発展]	발전
はってんとじょうこく	하ㅅ떼ㄴ또죠ー꾸	[発展途上国]	개발도상국
はつばい	하츠바이	[発売]	발매
ハッピーマンデー	하ㅂ삐ー마ㄴ데ー	[happy Monday]	해피먼데이
はっぴょう	하ㅂ뾰ー	[発表]	발표
はつみみ	하츠미미	[初耳]	금시초문
はつめい	하츠메ー	[発明]	발명
はつもうで	하츠모ー데	[初詣]	새해 첫 참배

は

はで	하데	[派手]	화려함
↻ はでではない　はでで　はでなら　はでです			
はと	하또	[鳩]	비둘기
パトカー	파또까ー	[patrol car]	경찰차
パトロール	파또로ー루	[patrol]	순찰, 순회
はな	하나	[花]	꽃
はな	하나	[鼻]	코
はなうた	하나우따	[鼻歌]	콧노래
はながら	하나가라	[花柄]	꽃무늬
はなくそ	하나꾸소	[鼻糞]	코딱지
はなし	하나시	[話]	이야기
はなしあい	하나시아이	[話し合い]	교섭
はなしちゅう	하나시쮸ー	[話し中]	통화중
はなす	하나스	[話す]	이야기하다
↻ はなさない　はなして　はなせば　はなします			
はなす	하나스	[放す]	놓다, 놓아 주다
↻ はなさない　はなして　はなせば　はなします			
はなす	하나스	[離す]	떼다, 거리를 두다
↻ はなさない　はなして　はなせば　はなします			
★ はなたば	하나따바	[花束]	꽃다발

はなぢ	하나지	[花血]	코피
バナナ	바나나	[banana]	바나나
はなび	하나비	[花火]	불꽃, 폭죽
はなみ	하나미	[花見]	꽃구경
はなみず	하나미즈	[鼻水]	콧물
はなむこ	하나무꼬	[花婿]	신랑
はなや	하나야	[花屋]	꽃집
はなやか	하나야까	[華やか]	화려함, 화사함

↻ はなやかではない　はなやかで　はなやかなら　はなやかです

はなよめ	하나요메	[花嫁]	신부, 새색시
はなればなれ	하나레바나레	[離れ離れ]	따로따로 떨어짐
はなれる	하나레루	[離れる]	떨어지다, 떠나다

↻ はなれない　はなれて　はなれれば　はなれます

| はにかむ | 하니까무 | | 수줍어하다 |

↻ はにかまない　はにかんで　はにかめば　はにかみます

はね	하네	[羽]	날개
はは	하하	[母]	어머니
はば	하바	[幅]	폭, 넓이
パパ	파빠	[papa]	아빠
はばたく	하바따꾸	[羽ばたく]	날개를 치다, 홰치다

は

327

↻ はばたかない	はばたいて	はばたけば	はばたきます

はははのひ	하하노히	[母の日]	어머니날
はびこる	하비꼬루	[蔓延る]	만연하다, 널리 퍼지다

| ↻ はびこらない | はびこって | はびこれば | はびこります |

はぶく	하부꾸	[省く]	없애다, 줄이다, 생략하다

| ↻ はぶかない | はぶいて | はぶけば | はぶきます |

はブラシ	하부라시	[歯ブラシ]	칫솔
はみがき	하미가끼	[歯磨き]	양치
★ はみがきこ	하미가끼꼬	[歯磨き粉]	치약
★ ばめん	바메ㅇ	[場面]	장면
はやい	하야이	[速い]	빠르다

| ↻ はやくない | はやくて | はやければ | はやいです |

はやい	하야이	[早い]	이르다

| ↻ はやくない | はやくて | はやければ | はやいです |

はやおき	하야오끼	[早起き]	일찍 일어남
はやく	하야꾸	[早く]	어서, 빨리, 일찍
はやし	하야시	[林]	수풀, 숲
はやね	하야네	[早寝]	일찍 잠
はやびき	하야비끼	[早引き]	빨리 찾을 수 있음
はやる	하야루	[流行る]	유행하다

ↄ はやらない　はやって　はやれば　はやります

はら	해라	[腹]	배
はら	배라	[薔薇]	장미
はらいもどし	해라이모도시	[払戻し]	환불
はらう	해라우	[払う]	지불하다, 치르다

ↄ はらわない　はらって　はらえば　はらいます

| バラエティー | 배라에띠ー | [variety] | 버라이어티 |
| はらぐろい | 해라구로이 | [腹黒い] | 음흉하다, 음험하다 |

ↄ はらぐろくない　はらぐろくて　はらぐろければ　はらぐろいです

| はらごしらえ | 해라고시라에 | [腹拵え] | 미리 배를 채워둠 |
| ばらす | 배라스 | | 들추어내다, 폭로하다 |

ↄ ばらさない　ばらして　ばらせば　ばらします

パラダイス	파라다이스	[paradise]	낙원
はらはら	해라하라		아슬아슬, 팔랑팔랑
バランス	바라ㄴ스	[balance]	밸런스, 균형
はり	해리	[針]	바늘
はり	해리	[鍼]	침
パリ	파리	[Paris]	파리
はる	해루	[春]	봄
はる	해루	[張る]	뻗다, 팽팽해지다

は

↻ はらない　はって　はれば　はります

はる	하루	[貼る]	붙이다

↻ はらない　はって　はれば　はります

バルコニー	바루꼬니ー	[balcony]	발코니
はるやすみ	하루야스미	[春休み]	봄방학
はれ	하레	[晴れ]	맑음, 갬
バレー	바레ー	[ballet]	발레, 무용극
バレーボール	바레ー보ー루	[volleyball]	배구
はれる	하레루	[晴れる]	개다, 맑다

↻ はれない　はれて　はれれば　はれます

はれる	하레루	[腫れる]	붓다

↻ はれない　はれて　はれれば　はれます

ばれる	바레루		발각되다, 들키다, 탄로 나다

↻ ばれない　ばれて　ばれれば　ばれます

バレンタインデー	바레ㄴ따이ㄴ데ー	[Valentine's Day]	발렌타인데이
パワー	파와ー	[power]	파워
ハワイ	하와이	[Hawaii]	하와이
はん	하ㅇ	[半]	반
ばん	바ㄴ	[晩]	밤
ばん	바ㄴ	[番]	~번

パン	파ㅇ	[pão]	빵
はんい	하ㅇ이	[範囲]	범위
ハンガー	하ㅇ가ー	[hanger]	옷걸이
はんかがい	하ㅇ까가이	[繁華街]	번화가
はんがく	하ㅇ가꾸	[半額]	반액
★ ハンカチ	하ㅇ까치	[handkerchief]	손수건
ばんぐみ	바ㅇ구미	[番組]	프로그램
ハングル	하ㄴ구루		한글
はんこ	하ㅇ꼬	[判子]	도장
はんこう	하ㅇ꼬ー	[犯行]	범행
ばんごう	바ㅇ고ー	[番号]	번호
はんこうき	하ㅇ꼬ー끼	[反抗期]	반항기
ばんごはん	바ㅇ고하ㅇ	[晩御飯]	저녁밥, 저녁식사
はんざい	하ㄴ자이	[犯罪]	범죄
ばんざい	바ㄴ재이	[万歳]	만세
ハンサム	하ㄴ사무	[handsome]	핸섬

↻ ハンサムではない　ハンサムで　ハンサムなら　ハンサムです

はんじょう	하ㄴ죠ー	[繁盛]	번성
はんせい	하ㄴ세ー	[反省]	반성
ばんそうこう	바ㄴ소ー꼬ー	[絆創膏]	반창고

は

はんそく	하ㄴ소꾸	[反則]	반칙
★ はんそで	하ㄴ소데	[半袖]	반소매
パンダ	파ㄴ다	[panda]	판다
はんたい	하ㄴ따이	[反対]	반대

🔊 はんたいではない　はんたいで　はんたいなら　はんたいです

はんだん	하ㄴ다ㅇ	[判断]	판단
パンチ	파ㄴ치	[punch]	펀치
パンツ	파ㄴ츠	[pants]	팬티
パンツ	파ㄴ츠	[pants]	바지
ハンディキャップ	하ㄴ디꺄ㅂ뿌	[handicap]	핸디캡
はんとう	하ㄴ또ー	[半島]	반도
はんとし	하ㄴ또시	[半年]	반년
ハンドバック	하ㄴ도바ㄱ꾸	[handbag]	핸드백
ハンドル	하ㄴ도루	[handle]	핸들
はんにち	하ㄴ니치	[半日]	한나절, 반일
はんにん	하ㄴ니ㅇ	[犯人]	범인
はんねん	하ㄴ네ㅇ	[半年]	반년
はんのう	하ㄴ노ー	[反応]	반응
ハンバーガー	하ㅁ바ー가ー	[hamburger]	햄버거
ハンバーグ	하ㅁ바ー구	[hamburg steak]	함박스테이크

はんばい	한ㅁ바이	[販売]	판매
はんぷく	한ㅁ뿌꾸	[反復]	반복
パンフレット	파ㅁ후레ㅅ또	[pamphlet]	팜플릿
はんぶん	한ㅁ뷰ㄴ	[半分]	반, 절반
★ はんめん	한ㅁ메ㅇ	[反面]	반면
パンや	파ㅇ야	[パン屋]	빵집

は

ひ

ひ	히	[日]	해
ひ	히	[火]	불
ピアス	피아스	[pierce]	귀걸이
ひあたり	히아따리	[日当り]	채광
ピアノ	피아노	[piano]	피아노
ピーク	피ー꾸	[peak]	피크, 최고조
ピーマン	피ー마ㅇ	[piment]	피망
ビール	비ー루	[beer]	맥주
ひえる	히에루	[冷える]	식다, 차가워지다

↻ ひえない　ひえて　ひえれば　ひえます

ひがい	히가이	[被害]	피해
ひがいしゃ	히가이샤	[被害者]	피해자
ひがえり	히가에리	[日帰り]	당일치기
ひがえりりょこう	히가에리료꼬ー	[日帰り旅行]	당일치기여행
ひかく	히까꾸	[比較]	비교
ひかげ	히까게	[日陰]	그늘, 응달

334

ひがさ	히가사	[日傘]	양산
ひがし	히가시	[東]	동, 동쪽
ひかる	히까루	[光る]	빛나다

↻ ひからない　ひかって　ひかれば　ひかります

ひがわりりょうり	히가와리료-리	[日変わり料理]	오늘의 요리
ひきうけ	히끼우께	[引き受け]	인수, 보증
ひきうける	히끼우께루	[引き受ける]	떠맡다, 보증하다

↻ ひきうけない　ひきうけて　ひきうければ　ひきうけます

ひきだし	히끼다시	[引き出し]	서랍, 인출
ひきでもの	히끼데모노	[引き出物]	결혼식 답례품
ひきにく	히끼니꾸	[挽き肉]	다진 고기
ひきにげ	히끼니게	[轢き逃げ]	뺑소니
ひきょう	히꾜-	[卑怯]	비겁

↻ ひきょうではない　ひきょうで　ひきょうなら　ひきょうです

| ひきわけ | 히끼와께 | [引き分け] | 비김, 무승부 |
| ひく | 히꾸 | [引く] | 당기다, 끌다 |

↻ ひかない　ひいて　ひけば　ひきます

| ひく | 히꾸 | [弾く] | 켜다 |

↻ ひかない　ひいて　ひけば　ひきます

| ひくい | 히꾸이 | [低い] | 낮다 |

ひくくない　ひくくて　ひくければ　ひくいです

ひくとも	비꾸또모		꿈쩍도
ピクニック	피꾸니ㄱ꾸	[picnic]	피크닉, 소풍
ひげ	히게	[髭]	수염
★ ひげそり	히게소리	[髭剃り]	면도, 남성용 면도기
ひこうき	히꼬ー끼	[飛行機]	비행기
ひざ	히자	[膝]	무릎
ビザ	비자	[visa]	비자
ピザ	피자	[pizza]	피자
★ ひさしぶり	히사시부리	[久しぶり]	오래간만, 오랜만임
ひじ	히지'	[肘]	팔꿈치
ビジネス	비지네스	[business]	비즈니스
びじゅつ	비쥬츠	[美術]	미술
びじゅつかん	비쥬츠까ㅇ	[美術館]	미술관
ひしょ	히쇼	[秘書]	비서
ひしょ	히쇼'	[避暑]	피서
びじょ	비죠	[美女]	미녀
ひじょう	히죠ー	[非常]	비상
ひじょうぐち	히죠ー구치	[非常口]	비상구
ひじょうしき	히죠ー시끼	[非常識]	비상식적

🔄 ひじょうしきではない　ひじょうしきで　ひじょうしきなら　ひじょうしきです

びしょぬれ	비쇼누레	[びしょ濡れ]	흠뻑 젖음
ビジョン	비죠ㄴ	[vision]	비전
びじん	비지ㅇ	[美人]	미인
ヒステリー	히스떼리ー	[Hysterie]	히스테리
ひそひそ	히소히소		소곤소곤
ビタミン	비따미ㅇ	[vitamin]	비타민
ひだり	히다리	[左]	왼쪽
ぴたり	피따리		갑자기 뚝
ひだりて	히다리떼	[左手]	왼손
★ ひっきりなし	히ㄱ끼리나시	[引っ切り無し]	쉴 새 없음, 끊임 없음

🔄 ひっきりなしではない　ひっきりなしで　ひっきりなしなら　ひっきりなしです

びっくり	비ㄱ꾸리		깜짝 놀람
ひづけ	히즈께	[日付]	날짜
ひっこし	히ㄱ꼬시	[引っ越し]	이사
ひっこす	히ㄱ꼬스	[引っ越す]	이사하다

🔄 ひっこさない　ひっこして　ひっこせば　ひっこします

| ひっし | 히ㅅ시 | [必死] | 필사 |

🔄 ひっしではない　ひっしで　ひっしなら　ひっしです

| ひつじ | 히츠지 | [羊] | 양 |

ひ

ひつじどし	히츠지도시	[羊年]	양띠
ひっしゃ	히ㅅ샤	[筆者]	필자
ひっしゅうかもく	히ㅅ슈ー까모꾸	[必修科目]	필수과목
ひっそり	히ㅅ소리		조용히, 쥐 죽은 듯이
ひったくり	히ㅅ따꾸리	[引ったくり]	날치기
ひったくる	히ㅅ따꾸루	[引ったくる]	낚아채다, 강탈하다

↻ ひったくらない　ひったくって　ひったくれば　ひったくります

ぴったり	삐ㅅ따리		꼭, 꽉
ピッチャー	피ㅅ쨔ー	[pitcher]	투수
ヒット	히ㅅ또	[hit]	히트
ひつよう	히츠요ー	[必要]	필요

↻ ひつようではない　ひつようで　ひつようなら　ひつようです

ひてい	히떼ー	[否定]	부정
ビデオ	비데오	[video]	비디오
ひと	히또	[人]	사람
ひどい	히도이		심하다, 가혹하다, 너무하다

↻ ひどくない　ひどくて　ひどければ　ひどいです

ひとがら	히또가라	[人柄]	인품, 됨됨이
ひとこと	히또꼬또	[一言]	한마디 말
ひとごみ	히또고미	[人込み]	혼잡, 북새통

338

ひとさしゆび	히또사시유비	[人指し指]	둘째손가락
ひとじち	히또지치	[人質]	인질
★ ひとだかり	히또다까리	[人だかり]	많은 사람들이 모임, 모인 군중
ひとつ	히또츠	[一つ]	한 개, 한 살
ひとづて	히또즈떼	[人伝]	인편
ひとづま	히또즈마	[人妻]	유부녀
ひとで	히또데	[人手]	사람의 솜씨, 일손
ひとなみ	히또나미	[人並み]	보통사람 정도
ひとばん	히또바ㅇ	[一晩]	하룻밤
ひとばんじゅう	히또바ㄴ쥬-	[一晩中]	밤새도록
ひとびと	히또비또	[人々]	사람들
★ ひとみしり	히또미시리	[人見知り]	낯가림
ひとめぼれ	히또메보레	[一目惚れ]	첫눈에 반함
ひとり	히또리	[一人]	혼자, 한 사람
ひとりぐらし	히또리구라시	[独り暮らし]	독신생활
★ ひとりごと	히또리고또	[独り言]	혼잣말, 독백
★ ひとりじめ	히또리지메	[独り占め]	독점, 독차지
ひとりたび	히또리따비	[一人旅]	배낭여행
ひとりっこ	히또리ㄱ꼬	[一人っ子]	외동아들, 외동딸
ひとりで	히또리데	[一人で]	혼자서, 홀로

ひ

339

ひとりでに	히또리데니	[独りでに]	저절로, 자연히
ひとりぼっち	히또리보ㅅ치	[一人ぼっち]	외톨이
★ ひとりもの	히또리모노	[独り者]	독신자
ひなん	히나ㅇ	[非難]	비난
ひにく	히니꾸	[皮肉]	빈정거림, 비꼼
ひにち	히니치	[日にち]	날짜
ひにん	히니ㅇ	[避妊]	피임
びねつ	비네츠	[微熱]	미열
ひねる	히네루	[捻る]	비틀다, 돌리다

↻ ひねらない　ひねって　ひねれば　ひねります

ひので	히노데	[日の出]	일출, 해돋이
ひのまる	히노마루	[日の丸]	일장기, 일본 국기
ひはん	히하ㅇ	[批判]	비판
ひび	히비	[日々]	나날
ひびく	히비꾸	[響く]	울리다, 울려 퍼지다

↻ ひびかない　ひびいて　ひびけば　ひびきます

ひふ	히후	[皮膚]	피부
ひま	히마	[暇]	틈, 짬, 한가함

↻ ひまではない　ひまで　ひまなら　ひまです

★ ひまつぶし	히마츠부시	[暇潰し]	심심풀이

340

ひまわり	히마와리	[向日葵]	해바라기
ひまん	히마ㅇ	[肥満]	비만
ひみつ	히미츠	[秘密]	비밀
びみょう	비묘-	[微妙]	미묘

↻ びみょうではない　びみょうで　びみょうなら　びみょうです

ひやあせ	히야아세	[冷や汗]	식은 땀
★ ひやかし	히야까시	[冷やかし]	놀림
ひゃく	햐꾸	[百]	100, 백
ひやけどめ	히야께도메	[日焼け止め]	썬크림
ひやす	히야스	[冷やす]	차게 하다, 식히다

↻ ひやさない　ひやして　ひやせば　ひやします

ひゆ	히유	[比喩]	비유
ヒューマニズム	휴-마니즈무	[humanism]	휴머니즘
ひよう	히요-	[費用]	비용
びょう	뵤-	[秒]	초
びよういん	비요-이ㅇ	[美容院]	미용실, 미장원
びょういん	뵤-이ㅇ	[病院]	병원
びようえき	비요-에끼	[美容液]	에센스
ひょうか	효-까	[評価]	평가
びょうき	뵤-끼	[病気]	병, 질병

ひ

341

↻ びょうきではない　びょうきで　びょうきなら　びょうきです

ひょうげん	효—게ㅇ	[表現]	표현
ひょうし	효—시	[表紙]	표지
びようし	비요—시	[美容師]	미용사
びようしつ	비요—시츠	[美容室]	미용실
ひょうじゅん	효—쥬ㄴ	[標準]	표준
ひょうじゅんご	효—쥬ㅇ고	[標準語]	표준어
ひょうじょう	효—죠—	[表情]	표정
びょうどう	뵤—도—	[平等]	평등

↻ びょうどうではない　びょうどうで　びょうどうなら　びょうどうです

びょうにん	뵤—니ㅇ	[病人]	환자, 병자
ひょうばん	효—바ㅇ	[評判]	평판
ひょうめん	효—메ㅇ	[表面]	표면
ひょっとすると	효ㅅ또스루또		어쩌면, 혹시
★ ひらがな	히라가나	[平仮名]	히라가나
ひらく	히라꾸	[開く]	열다, 열리다

↻ ひらかない　ひらいて　ひらけば　ひらきます

ひらしゃいん	히라샤이ㅇ	[平社員]	평사원
ビリヤード	비리야—도	[billiards]	당구
ひる	히루	[昼]	낮, 점심

ビル	비루	[building]	빌딩
ひるごはん	히루고항	[昼御飯]	점심밥
ビルディング	비루딩구	[building]	빌딩
ひるね	히루네	[昼寝]	낮잠
ひるま	히루마	[昼間]	점심, 주간, 낮 동안
ひるやすみ	히루야스미	[昼休み]	점심시간
ひろい	히로이	[広い]	넓다

↻ ひろくない　ひろくて　ひろければ　ひろいです

| ひろう | 히로우 | [拾う] | 줍다 |

↻ ひろわない　ひろって　ひろえば　ひろいます

| ひろうえん | 히로-엥 | [披露宴] | 피로연 |
| ひろがる | 히로가루 | [広がる] | 넓어지다, 퍼지다 |

↻ ひろがらない　ひろがって　ひろがれば　ひろがります

| ひろげる | 히로게루 | [広げる] | 넓히다, 펼치다 |

↻ ひろげない　ひろげて　ひろげれば　ひろげます

ひろさ	히로사	[広さ]	넓이
ひろしま	히로시마	[広島]	히로시마
ひろば	히로바	[広場]	광장
ひん	힝	[品]	품위, 성품
びん	빙	[瓶]	병

ひ

343

ピンク	피o꾸	[pink]	핑크색
ひんけつ	히o께츠	[貧血]	빈혈
ひんこん	히o꼬o	[貧困]	빈곤

↩ ひんこんではない　ひんこんで　ひんこんなら　ひんこんです

| ひんしつ | 히ㄴ시츠 | [品質] | 품질 |
| ひんじゃく | 히ㄴ쟈꾸 | [貧弱] | 빈약 |

↩ ひんじゃくではない　ひんじゃくで　ひんじゃくなら　ひんじゃくです

ヒンズーきょう	히ㄴ즈ー꾜ー	[ヒンズー教]	힌두교
ひんぱんに	히ㅁ빠ㄴ니	[頻繁に]	빈번히
びんぼう	비ㅁ보ー	[貧乏]	빈곤, 가난

↩ びんぼうではない　びんぼうで　びんぼうなら　びんぼうです

ファーストクラス	화-스토꾸라스	[first class]	퍼스트클래스
ぶあいそう	부아이소-	[無愛想]	무뚝뚝함

↻ ぶあいそうではない　ぶあいそうで　ぶあいそうなら　ぶあいそうです

ファイル	화이루	[file]	파일, 서류철
ファストフード	화스토후-도	[fast food]	패스트푸드
ファックス	화ㄱ끄스	[fax]	팩시밀리
ファッション	화ㅅ쇼ㅇ	[fashion]	패션
ふあん	후아ㅇ	[不安]	불안

↻ ふあんではない　ふあんで　ふあんなら　ふあんです

ファン	화ㅇ	[fan]	팬, 열혈 애호가
ファンデーション	화ㄴ데-쇼ㅇ	[foundation]	파운데이션
フィリピン	휘리삐ㄴ	[Philippines]	필리핀
フィルム	휘루무	[film]	필름
ふうぎり	후-기리	[封切]	개봉
ふうけい	후-께-	[風景]	풍경
ブーケ	부-께	[bouquet]	부케

345

ふうせん	후―세ㄴ	[風船]	풍선
ふうぞく	후―조꾸	[風俗]	풍속
ふうとう	후―또―	[封筒]	봉투, 봉지
ブーツ	부―츠	[boots]	부츠
フードプロセッサー	후―도푸로세ㅅ사―	[food processor]	푸드 프로세서, 믹서기
ふうふ	후―후	[夫婦]	부부
ブーム	부―무	[boom]	붐
プール	푸―루	[pool]	풀장
ふうん	후우ㄴ	[不運]	불운
↻ ふうんではない ふうんで ふうんなら ふうんです			
ふえる	후에루	[増える]	늘다, 늘어나다
↻ ふえない ふえて ふえれば ふえます			
フォーク	훠―꾸	[fork]	포크
フォルダ	훠루다	[folder]	폴더
ふか	부까	[部下]	부하
ふかい	후까이	[不快]	불쾌
↻ ふかいではない ふかいで ふかいなら ふかいです			
ふかい	후까이	[深い]	깊다
↻ ふかくない ふかくて ふかければ ふかいです			
ふかさ	후까사	[深さ]	깊이

ふかのう	후까노ー	[不可能]	불가능

↻ ふかのうではない　ふかのうで　ふかのうなら　ふかのうです

ふかふか	후까후까		말랑말랑, 폭신폭신
ふきげん	후끼게ㅇ	[不機嫌]	기분이 언짢음

↻ ふきげんではない　ふきげんで　ふきげんなら　ふきげんです

ぶきみ	부끼미	[不気味]	기분이 나쁨

↻ ぶきみではない　ぶきみで　ぶきみなら　ぶきみです

ふきゅう	후뀨ー	[普及]	보급
ふきょう	후꾜ー	[不況]	불황
ふく	후꾸	[服]	옷
ふく	후꾸	[吹く]	불다

↻ ふかない　ふいて　ふけば　ふきます

ふく	후꾸	[拭く]	닦다, 훔치다

↻ ふかない　ふいて　ふけば　ふきます

ふぐ	후구	[河豚]	복어
ふくおか	후꾸오까	[福岡]	후쿠오카
ふくがく	후꾸가꾸	[復学]	복학
ふくざつ	후꾸자츠	[複雑]	복잡

↻ ふくざつではない　ふくざつで　ふくざつなら　ふくざつです

ふくし	후ㄱ시	[福祉]	복지

ふくしゅう	후ㄱ슈-	[復習]	복습
ふくしゅう	후ㄱ슈-	[復讐]	복수
ふくそう	후ㄱ소-	[服装]	복장
ふくつう	후ㄱ츠-	[腹痛]	복통
ふくむ	후꾸무	[含む]	포함하다

↻ ふくまない　ふくんで　ふくめば　ふくみます

| ふくらむ | 후꾸라무 | [膨らむ] | 부풀어 오르다 |

↻ ふくらまない　ふくらんで　ふくらめば　ふくらみます

ふくろ	후꾸로	[袋]	자루, 주머니
ふけ	후께	[髪垢]	비듬
ふけい	후께-	[父兄]	학부형
ふけいき	후께-끼	[不景気]	불경기, 불황

↻ ふけいきではない　ふけいきで　ふけいきなら　ふけいきです

| ふけつ | 후께츠 | [不潔] | 불결 |

↻ ふけつではない　ふけつで　ふけつなら　ふけつです

| ふこう | 후꼬- | [不幸] | 불행 |

↻ ふこうではない　ふこうで　ふこうなら　ふこうです

ふごう	후고-	[富豪]	부호, 갑부
ブザー	부자-	[buzzer]	버저, 경보기
ふさい	후사이	[負債]	부채

ふさい	후사이	[夫妻]	부부
ふざい	후자이	[不在]	부재
ふさいく	부사이꾸	[不細工]	솜씨가 서툼, 못생김

↻ ふさいくではない　ふさいくで　ふさいくなら　ふさいくです

| ふさぐ | 후사구 | [塞ぐ] | 막다, 닫다 |

↻ ふさがない　ふさいで　ふさげば　ふさぎます

| ふざける | 후자께루 | | 까불다, 장난치다 |

↻ ふざけない　ふざけて　ふざければ　ふざけます

| ふさわしい | 후사와시이 | [相応しい] | 걸맞다, 어울리다 |

↻ ふさわしくない　ふさわしくて　ふさわしければ　ふさわしいです

プサン	푸사ㄴ	[釜山]	부산
ぶし	부시	[武士]	무사
ぶじ	부지	[無事]	무사

↻ ぶじではない　ぶじで　ぶじなら　ぶじです

| ふしあわせ | 후시아와세 | [不仕合せ] | 불행 |

↻ ふしあわせではない　ふしあわせで　ふしあわせなら　ふしあわせです

| ふしぎ | 후시기 | [不思議] | 불가사의, 이상함 |

↻ ふしぎではない　ふしぎで　ふしぎなら　ふしぎです

| ふじさん | 후지사ㄴ | [富士山] | 후지산 |
| ふしぜん | 후시제ㅇ | [不自然] | 부자연스러움 |

ふ

349

↻ ふじぜんではない　ふじぜんで　ふじぜんなら　ふじぜんです

| ふじゆう | 후지유- | [不自由] | 부자유 |

↻ ふじゆうではない　ふじゆうで　ふじゆうなら　ふじゆうです

| ふじゅん | 후쥬ㅇ | [不純] | 불순 |

↻ ふじゅんではない　ふじゅんで　ふじゅんなら　ふじゅんです

| ふしょう | 후쇼- | [負傷] | 부상 |
| ぶしょう | 부쇼- | [不精] | 게으름, 귀찮음 |

↻ ぶしょうではない　ぶしょうで　ぶしょうなら　ぶしょうです

ぶじょく	부죠꾸	[侮辱]	모욕
ふしん	후시ㄴ	[不信]	불신
ふじん	후지ㅇ	[婦人]	부인
ふじん	후지ㅇ	[夫人]	부인
ふしんせつ	후시ㄴ세츠	[不親切]	불친절

↻ ふしんせつではない　ふしんせつで　ふしんせつなら　ふしんせつです

ふじんふく	후지ㅁ후꾸	[婦人服]	여성복, 숙녀복
★ ふすま	후스마	[襖]	맹장지
ふせい	후세-	[不正]	부정

↻ ふせいではない　ふせいで　ふせいなら　ふせいです

| ふせぐ | 후세구 | [防ぐ] | 막다, 방지하다 |

↻ ふせがない　ふせいで　ふせげば　ふせぎます

ふそく	후소꾸	[不足]	부족
ふそくではない ふそくで ふそくなら ふそくです			
ぶた	부따	[豚]	돼지
ふたご	후따고	[双子]	쌍둥이
ふたござ	후따고자	[双子座]	쌍둥이자리
ふたたび	후따따비	[再び]	재차, 다시, 또다시
ふたつ	후따츠	[二つ]	두 개, 두 살
ぶたにく	부따니꾸	[豚肉]	돼지고기
ふたり	후따리	[二人]	두 명, 두 사람
ふたん	후따o	[負担]	부담
ふだん	후다o	[普段]	평소, 평상시
ぶちょう	부쵸-	[部長]	부장
ふつう	후츠-	[普通]	대체로, 일반적으로
ふつう	후츠-	[普通]	보통, 예사로움
ふつうではない ふつうで ふつうなら ふつうです			
ふつう	후츠-	[不通]	불통
ふつうはだ	후츠-하다	[普通肌]	중성피부
ふつうれっしゃ	후츠-레ㅅ샤	[普通列車]	보통열차
ふつか	후츠까	[二日]	2일
ぶっか	부ㄱ까	[物価]	물가

ふ

| ふつかよい | 후츠까요이 | [二日酔い] | 숙취 |
| ぶつかる | 부츠까루 | | 부딪치다 |

↻ ぶつからない　ぶつかって　ぶつかれば　ぶつかります

| ぶっきょう | 부ㄱ꾜ー | [仏教] | 불교 |
| ぶっきらぼう | 부ㄱ끼라보ー | | 무뚝뚝함, 퉁명스러움 |

↻ ぶっきらぼうではない　ぶっきらぼうで　ぶっきらぼうなら　ぶっきらぼうです

| ふっくら | 후ㄱ꾸라 | | 포동포동 |
| ぶつける | 부츠께루 | [ぶつける] | 부딪치다, 던지다 |

↻ ぶつけない　ぶつけて　ぶつければ　ぶつけます

| ぶっしつ | 부ㅅ시츠 | [物質] | 물질 |
| ぶっそう | 부ㅅ소ー | [物騒] | 뒤숭숭함, 어수선함 |

↻ ぶっそうではない　ぶっそうで　ぶっそうなら　ぶっそうです

ぶつだん	부츠다ㅇ	[仏壇]	불단
ぶっとおし	부ㅅ또ー시	[打っ通し]	처음부터 끝까지, 줄곧
ぶつり	부츠리	[物理]	물리
ふとい	후또이	[太い]	굵다

↻ ふとくない　ふとくて　ふとければ　ふといです

ぶどう	부도ー	[葡萄]	포도
ふどうさんや	후도ー사ㅇ야	[不動産屋]	부동산중개소
ふところ	후또꼬로	[懐]	품, 호주머니

★	ふとさ	후또사	[太さ]	굵기
	ふともも	후또모모	[太股]	넓적다리
	ふとる	후또루	[太る]	살찌다

↻ ふとらない　ふとって　ふとれば　ふとります

	ふとん	후또ㅇ	[布団]	이부자리, 이불요
	ふなびん	후나비ㅇ	[船便]	배편
	ふなれ	후나레	[不馴れ]	서투름, 익숙하지 않음

↻ ふなれではない　ふなれで　ふなれなら　ふなれです

	ふにん	후니ㅇ	[赴任]	부임
	ふにん	후니ㅇ	[不妊]	불임
	ふね	후네	[船]	배
	ぶぶん	부부ㄴ	[部分]	부분
	ふへい	후헤-	[不平]	불평
	ふべん	후베ㅇ	[不便]	불편

↻ ふべんではない　ふべんで　ふべんなら　ふべんです

	ふぼ	후보	[父母]	부모
	ふほう	후호-	[不法]	불법
	ふまじめ	후마지메	[不真面目]	불성실

↻ ふまじめではない　ふまじめで　ふまじめなら　ふまじめです

	ふまん	후마ㅇ	[不満]	불만

ふ

↻ ふまんではない　ふまんで　ふまんなら　ふまんです

| ふみん | 후미ㅇ | [不眠] | 불면 |
| ふむ | 후무 | [踏む] | 밟다 |

↻ ふまない　ふんで　ふめば　ふみます

| ふめい | 후메- | [不明] | 불명 |

↻ ふめいではない　ふめいで　ふめいなら　ふめいです

| ふやす | 후야스 | [増やす] | 늘리다 |

↻ ふやさない　ふやして　ふやせば　ふやします

| ふゆ | 후유 | [冬] | 겨울 |
| ふゆかい | 후유까이 | [不愉快] | 불쾌, 불유쾌 |

↻ ふゆかいではない　ふゆかいで　ふゆかいなら　ふゆかいです

| ふゆやすみ | 후유야스미 | [冬休み] | 겨울방학 |
| ふよう | 후요- | [不要] | 쓰지 않음, 쓸모없음 |

↻ ふようではない　ふようで　ふようなら　ふようです

プライド	푸라이도	[pride]	프라이드, 자존심
フライドチキン	후라이도치끼ㅇ	[fried chicken]	프라이드치킨
プライバシー	푸래이바시-	[privacy]	프라이버시, 사생활
フライパン	후라이파ㄴ	[frypan]	프라이팬
ブラウス	부라우스	[blouse]	블라우스
ブラシ	부라시	[brush]	브러시, 솔

ブラジャー	부라쟈ー	[brassiere]	브래지어
ブラジル	부라지루	[Brazil]	브라질
ブラック	부라ㄱ꾸	[black]	블랙, 검정
フラッシュ	후라ㅅ슈	[flash]	플래시
ふられる	후라레루	[振られる]	퇴짜 맞다, 차이다

↻ ふられない　ふられて　ふられれば　ふられます

プラン	푸라ㅇ	[plan]	플랜, 계획
ぶらんこ	부라ㅇ꼬		그네
フランス	후라ㄴ스	[France]	프랑스
ブランド	부라ㄴ도	[brand]	브랜드, 상표
ふり	후리`		〜체, 〜척
フリーマーケット	후리ー마ー케ㅅ또	[fleamarket]	벼룩시장
ふりかえきゅうじつ	후리까에뀨ー지츠	[振替え休日]	대체휴일
★ ふりかえる	후리까에루	[振り返る]	뒤돌아보다, 돌아보다

↻ ふりかえらない　ふりかえって　ふりかえれば　ふりかえります

★ ふりがな	후리가나	[振り仮名]	후리가나
ふりこみ	후리꼬미	[振込み]	이체, 납입
ふりこむ	후리꼬무	[振り込む]	불입하다

↻ ふりこまない　ふりこんで　ふりこめば　ふりこみます

ふりむく	후리무꾸	[振り向く]	뒤돌아보다

ぶ

355

↻ ふりむかない　ふりむいて　ふりむけば　ふりむきます

ふりょう	후료-	[不良]	불량
ふりょうひん	후료-히ㅇ	[不良品]	불량품
ふりん	후리ㅇ	[不倫]	불륜
プリン	푸리ㅇ	[pudding]	푸딩
プリンター	푸리ㄴ따-	[printer]	프린터
プリント	푸리ㄴ또	[print]	프린트
ふる	후루	[降る]	내리다

↻ ふらない　ふって　ふれば　ふります

| ふる | 후루 | [振る] | 흔들다, 휘두르다 |

↻ ふらない　ふって　ふれば　ふります

| ふるい | 후루이 | [古い] | 오래되다, 낡다 |

↻ ふるくない　ふるくて　ふるければ　ふるいです

| ブルー | 부루- | [blue] | 블루, 청색 |
| ふるえる | 후루에루 | [震える] | 흔들리다,
떨리다, 떨다 |

↻ ふるえない　ふるえて　ふるえれば　ふるえます

ふるさと	후루사또	[故郷]	고향
ふるほん	후루호ㅇ	[古本]	고서
ふるまい	후루마이	[振舞]	행동, 거동
ブレーキ	부레-끼	[brake]	브레이크

ブレスレット	부레스레ㅅ또	[bracelet]	팔찌
プレゼンテーション	푸레제ㄴ떼-쇼ㅇ	[presentation]	프레젠테이션
プレゼント	푸레제ㄴ또	[present]	선물
ふれる	후레루	[触れる]	닿다, 만지다

🔊 ふれない　ふれて　ふれれば　ふれます

ふろ	후로	[風呂]	목욕, 목욕물
プロ	푸로	[professional]	프로
ブローチ	부로-치	[brooch]	브로치
ブログ	부로구	[blog]	블로그
プログラム	푸로구라무	[program]	프로그램
プロジェクト	푸로제끄또	[project]	프로젝트
プロデューサー	프로듀-사-	[producer]	프로듀서
プロフィール	푸로휘-루	[profile]	프로필
プロポーズ	푸로뽀-즈	[propose]	프로포즈
フロント	후로ㄴ또	[front]	프런트
ふん	후ㄴ	[分]	분
ふんいき	후ㅇ이끼	[雰囲気]	분위기
ぶんか	부ㅇ까	[文化]	문화
ぶんがく	부ㅇ가꾸	[文学]	문학
ぶんかつ	부ㅇ까츠	[分割]	분할

ふ

ぶんかつばらい	붕○까츠바라이	[分割払い]	할부
ぶんかのひ	붕○까노히	[文化の日]	문화의 날
ぶんこ	붕○꼬	[文庫]	문고
ぶんこぼん	붕○꼬보○	[文庫本]	문고본
★ ぶんざい	분ㄴ자이	[分際]	분수, 주제
ふんしつ	훈ㄴ시츠	[紛失]	분실
ふんしつとどけ	훈ㄴ시츠또도께	[紛失届]	분실신고
ぶんしょう	분ㄴ쇼-	[文章]	문장
ふんすい	훈ㄴ스이	[噴水]	분수
ぶんすう	분ㄴ스-	[分数]	분수
ふんそう	훈ㄴ소-	[紛争]	분쟁
ふんだくる	훈ㄴ다꾸루		강제로 빼앗다
↻ ふんだくらない　ふんだくって　ふんだくれば　ふんだくります
ぶんぱい	붕ㅁ빠이	[分配]	분배
ぶんべつ	붕ㅁ베츠	[分別]	분별
ぶんべん	붕ㅁ베○	[分娩]	분만
ぶんぽう	붕ㅁ뽀-	[文法]	문법
ぶんぼうぐ	붕ㅁ보-구	[文房具]	문구
ぶんめい	붕ㅁ메-	[文明]	문명
ぶんや	붕○야	[分野]	분야

ふんわり	후ㅇ와리	푹신푹신, 사뿐히

ふ

ヘアスタイル	헤아스따이루	[hair style]	헤어스타일
★ ヘアピン	헤아삐ㅇ	[hairpin]	머리핀
ヘアブラシ	헤아부라시	[hairbrush]	헤어브러시
ヘアマニキュア	헤아마니큐아	[hair manicure]	헤어코팅
へいき	헤ー끼	[平気]	태연함, 끄떡없음

↻ へいきではない　へいきで　へいきなら　へいきです

へいきん	헤ー끼ㅇ	[平均]	평균
へいじつ	헤ー지츠	[平日]	평일
へいてん	헤ー떼ㅇ	[閉店]	폐점
へいねん	헤ー네ㅇ	[平年]	평년
へいふく	헤ー후꾸	[平伏]	엎드려 절함
へいぼん	헤ー보ㅇ	[平凡]	평범

↻ へいぼんではない　へいぼんで　へいぼんなら　へいぼんです

へいわ	헤ー와	[平和]	평화

↻ へいわではない　へいわで　へいわなら　へいわです

ベーコン	베ー꼬ㅇ	[bacon]	베이컨

ページ	페―지	[page]	페이지
★ ベージュ	베―쥬	[beige]	베이지색
ペキン	페끼ㅇ	[北京]	북경
ヘクタール	헤꼬따―루	[hectare]	헥타르
へこたれる	헤꼬따레루		녹초가 되다

☞ へこたれない　へこたれて　へこたれれば　へこたれます

ぺこぺこ	페꼬뻬꼬		몹시 배고픈 모양
へこむ	헤꼬무	[凹む]	움푹 들어가다
ベスト	베스또	[vest]	조끼
ベストセラー	베스토세라―	[best seller]	베스트셀러
へそ	헤소		배꼽
★ へそくり	헤소꾸리	[臍繰り]	비상금, 몰래 모아둔 돈
へた	헤따	[下手]	솜씨가 서툼

☞ へたではない　へたで　へたなら　へたです

べつ	베츠	[別]	다름, 예외
べっきょ	베ㄱ꾜	[別居]	별거
べっそう	베ㅅ소―	[別荘]	별장
ベッド	베ㅅ도	[bed]	침대
ペット	페ㅅ또	[pet]	애완동물
★ ヘッドホン	헤ㅅ도호ㄴ	[headphone]	헤드폰

べつに	베츠니	[別に]	별로, 특별히
べつべつ	베츠베츠	[別々]	따로따로

↻ べつべつではない　べつべつで　べつべつなら　べつべつです

ベテラン	베떼라ㅇ		베테랑
ベトナム	베또나무	[Vietnam]	베트남
べとべと	베또베또		끈적끈적, 더덕더덕
へび	헤비	[蛇]	뱀
ベビー	베비-		베이비, 아기
へびどし	헤비도시	[蛇年]	뱀띠
へや	헤야	[部屋]	방, 집
へやだい	헤야다이	[部屋代]	방세, 집세
へらす	헤라스	[減らす]	줄이다

↻ へらさない　へらして　へらせば　へらします

ぺらぺら	페라뻬라		유창히

↻ ぺらぺらではない　ぺらぺらで　ぺらぺらなら　ぺらぺらです

ベランダ	베라ㄴ다	[veranda]	베란다
ヘリコプター	헤리꼬뿌따-	[helicopter]	헬리콥터
へる	헤루	[減る]	줄다

↻ へらない　へって　へれば　へります

へる	헤루	[経る]	지나다, 거치다

⏱ へない　へて　へれば　へます			
ベルト	베루또	[belt]	벨트
ヘルメット	헤루메ㅅ또	[helmet]	헬멧
へん	헤ㅇ	[変]	이상함, 수상함
⏱ へんではない　へんで　へんなら　へんです			
ペン	페ㅇ	[pen]	펜
へんか	헤ㅇ까	[変化]	변화
べんきょう	베ㅇ꾜-	[勉強]	공부
へんけん	헤ㅇ께ㅇ	[偏見]	편견
べんごし	베ㅇ고시	[弁護士]	변호사
へんじ	헤ㄴ지	[返事]	대답, 응답
へんしゅう	헤ㄴ슈-	[編集]	편집
べんじょ	베ㄴ죠	[便所]	변소
へんじょう	헤ㄴ죠-	[返上]	반환, 반려
へんしょく	헤ㄴ쇼꾸	[変色]	변색
へんじん	헤ㄴ지ㅇ	[変人]	괴짜, 기인
へんたい	헤ㄴ따이	[変態]	변태
ペンダント	페ㄴ다ㄴ또	[pendant]	펜던트
ベンチ	베ㄴ치	[bench]	벤치
べんとう	베ㄴ또-	[弁当]	도시락

363

へんとうせん	헤ㄴ또-세ㅇ	[扁桃腺]	편도선
べんぴ	베ㅁ삐	[便秘]	변비
べんぴやく	베ㅁ삐야꾸	[便秘薬]	변비약
へんぴん	헤ㅁ삐ㅇ	[返品]	반품
べんり	베ㄴ리	[便利]	편리

↻ べんりではない　べんりで　べんりなら　べんりです

ほいくえん	호이꾸에ㅇ	[保育園]	보육원
ボイラー	보이라―	[boiler]	보일러
ポイント	포이ㄴ또	[point]	포인트
ほう	호―	[法]	법
ほう	호―		～편, ～쪽
ぼう	보―	[棒]	봉, 막대기
ぼうう	보―우	[暴雨]	폭풍우, 폭우
ほうえい	호―에―	[放映]	방영
ぼうえき	보―에끼	[貿易]	무역
ほうか	호―까	[放火]	방화
ほうかい	호―까이	[崩壊]	붕괴
ほうかご	호―까고	[放課後]	방과후
ぼうかん	보―까ㅇ	[防寒]	방한
ほうき	호―끼	[放棄]	포기
ほうげん	호―게ㅇ	[方言]	방언, 사투리
ほうこう	호―꼬―	[方向]	방향

ほ

ほうこく	호-꼬꾸	[報告]	보고
ぼうし	보-시	[防止]	방지
ぼうし	보-시	[帽子]	모자
ほうしゃせん	호-샤세ㅇ	[放射線]	방사선
ほうしん	호-시ㅇ	[方針]	방침
ほうせき	호-세끼	[宝石]	보석
ほうそう	호-소-	[放送]	방송
ほうそうきょく	호-소-꼬꾸	[放送局]	방송국
ぼうそうぞく	보-소-조꾸	[暴走族]	폭주족
ほうそく	호-소꾸	[法則]	법칙
ほうたい	호-따이	[包帯]	붕대
ほうち	호-치	[放置]	방치
ほうちょう	호-쵸-	[包丁]	식칼, 부엌칼
ほうどう	호-도-	[報道]	보도
ぼうねんかい	보-네ㅇ까이	[忘年会]	망년회
ほうふ	호-후	[抱負]	포부
ほうふ	호-후	[豊富]	풍부

↺ ほうふではない　ほうふで　ほうふなら　ほうふです

| ほうほう | 호-호- | [方法] | 방법 |
| ほうめん | 호-메ㅇ | [方面] | 방면 |

ほうもん	호ㅡ모ㅇ	[訪問]	방문
ほうりつ	호ㅡ리츠	[法律]	법률
ぼうりょく	보ㅡ료꾸	[暴力]	폭력
ぼうりょくだん	보ㅡ료꾸다ㅇ	[暴力団]	폭력단
ほうる	호ㅡ루		방치하다

↻ ほうらない　ほうって　ほうれば　ほうります

ボウル	보ㅡ루	[bowl]	볼, 주발
ほうれんそう	호ㅡ레ㄴ소ㅡ	[ほうれん草]	시금치
ほお	호ㅡ	[頬]	볼, 뺨
ボーイフレンド	보ㅡ이후레ㄴ도	[boyfriend]	남자친구
ポーズ	포ㅡ즈	[pose]	포즈
ボート	보ㅡ또	[boat]	보트
ボーナス	보ㅡ나스	[bonus]	보너스
ホームページ	호ㅡ무뻬ㅡ지	[homepage]	홈페이지
ポーランド	포ㅡ라ㄴ도	[Poland]	폴란드
ボーリング	보ㅡ리ㅇ구	[bowling]	볼링
ホール	호ㅡ루	[hall]	홀, 넓은 방
ボール	보ㅡ루	[ball]	볼, 공
ボールペン	보ㅡ루뻬ㅇ	[ball pen]	볼펜
ほか	호까	[外]	딴 곳, 바깥

ほ

ほか	호까	[他]	이 외, 그 밖
ぼく	보꾸	[僕]	나
ボクシング	보ㄱ시ㅇ구	[boxing]	복싱
ほくろ	호꾸로	[黒子]	점
ポケット	포께ㅅ또	[pocket]	주머니
ほけん	호께ㅇ	[保険]	보험
ほけんしつ	호께ㄴ시츠	[保険室]	양호실
ほご	호고	[保護]	보호
ほこう	호꼬-	[補講]	보강
ぼこう	보꼬-	[母校]	모교
ぼこく	보꼬꾸	[母国]	모국
ぼこくご	보꼬꾸고	[母国語]	모국어
ほこり	호꼬리	[埃]	먼지
ほこり	호꼬리	[誇り]	자랑, 자부심
ほし	호시	[星]	별
ほしい	호시이	[欲しい]	원하다, 갖고 싶다, 탐나다

↻ ほしくない　ほしくて　ほしければ　ほしいです

ポジション	포지쇼ㅇ	[position]	포지션, 자리
ぼしゅう	보슈-	[募集]	모집
ほじょ	호죠	[補助]	보조

368

ほしょう	호쇼-	[補償]	보상
ほしょう	호쇼-	[保証]	보증
ほしょうきん	호쇼-끼ㅇ	[保証金]	보증금
ほす	호스	[干す]	말리다, 널다

↻ ほさない　ほして　ほせば　ほします

ボス	보스	[boss]	보스, 우두머리
ポスター	포스따	[poster]	포스터
ポスト	포스또	[post]	우체통
ほそい	호소이	[細い]	가늘다, 좁다

↻ ほそくない　ほそくて　ほそければ　ほそいです

ほ

ほぞん	호조ㅇ	[保存]	보존
★ ボタン	보따ㅇ	[botão]	버튼
ほっかいどう	호ㄱ까이도-	[北海道]	홋카이도
ほっきょく	호ㄱ꾜꾸	[北極]	북극
ほっしゅう	보ㅅ슈-	[没収]	몰수
ほっそり	호ㅅ소리		마르고 홀쭉한
ホッチキス	호ㅅ치끼스	[stapler]	스테이플러
ぽっちゃり	포ㅅ쨔리		통통
★ ほっと	호ㅅ또		후유, 안심
ポット	포ㅅ또	[pot]	포트, 단지, 병

ホットケーキ	호ㅅ또케ー끼	[hotcake]	핫케이크
ホットドッグ	호ㅅ또도ㄱ구	[hot dog]	핫도그
ポップ	포ㅂ뿌	[pop]	팝
ポップコーン	포ㅂ뿌꼬ーㅇ	[popcorn]	팝콘
ほっぺた	호ㅂ뻬따	[頬っぺた]	빰, 볼따구니
ボディーソープ	보디ー소ー뿌	[body shampoo]	바디샴푸
ポテト	포떼또	[potato]	포테이토, 감자
ポテトチップ	포떼또치ㅂ뿌	[potato chip]	포테이토칩
ホテル	호떼루	[hotel]	호텔
ほどう	호도ー	[歩道]	인도
ほどうきょう	호도ー꾜ー	[歩道橋]	육교
ほどほど	호도호도	[程々]	적당히, 알맞게
ほとんど	호또ㄴ도	[殆んど]	거의, 대부분
ほね'	호네'	[骨]	뼈
ほねおる	호네오루	[骨折る]	수고하다, 애쓰다

↻ ほねおらない　ほねおって　ほねおれば　ほねおります

ほぼ	호보		대략, 약
ほめる	호메루	[誉める]	칭찬하다

↻ ほめない　ほめて　ほめれば　ほめます

ほら	호라		자, 이봐

370

ほる	호루	[掘る]	파다
↻ ほらない　ほって　ほれば　ほります			
ほれる	호레루	[惚れる]	반하다
↻ ほれない　ほれて　ほれれば　ほれます			
★ ホワイト	호와이또	[white]	화이트, 흰색
ほん	호ㅇ	[本]	책
ほんかく	호ㅇ까꾸	[本格]	본격
ほんき	호ㅇ끼	[本気]	진심, 진실
ほんじつ	호ㄴ지츠	[本日]	오늘, 금일
ほんしゃ	호ㄴ샤	[本社]	본사
ほんしゅう	호ㄴ슈-	[本州]	혼슈
ほんしん	호ㄴ시ㅇ	[本心]	본심
ほんだな	호ㄴ다나	[本棚]	책장, 서가
ほんとう	호ㄴ또-	[本当]	정말, 사실
ほんとうに	호ㄴ또-니	[本当に]	정말로
ほんにん	호ㄴ니ㅇ	[本人]	본인
ほんね	호ㄴ네	[本音]	속마음, 본심
ほんの	호ㄴ노		그저, 겨우, 불과
ほんもの	호ㅁ모노	[本物]	진짜, 천연
ほんや	호ㅇ야	[本屋]	책방, 서점

ほ

ほんやく	호ㅇ야꾸	[翻訳]	번역
ほんやり	보ㅇ야리		아련히, 어렴풋이
ほんらい	호ㄴ라이	[本来]	본래, 원래

ま

ま	마	[間]	사이, 간격
まあ	마―		어머, 정말, 자
★ マーガリン	마―가리ㅇ	[margarine]	마가린
マーク	마―꾸	[mark]	마크, 표
マーケット	마―께ㅅ또	[market]	마켓, 시장
マージャン	마―쟈ㅇ	[麻雀]	마작
まいあさ	마이아사	[毎朝]	매일 아침
マイカー	마이까―	[my car]	마이카
マイク	마이꾸	[mike]	마이크
まいげつ	마이게츠	[毎月]	매월, 매달
まいご	마이고	[迷子]	미아
まいしゅう	마이슈―	[毎週]	매주
まいつき	마이츠끼	[毎月]	매월, 매달
まいど	마이도	[毎度]	매번
まいとし	마이또시	[毎年]	매년
マイナス	마이나스	[minus]	마이너스

ま

まいにち	마이니치	[毎日]	매일
まいねん	마이네ㅇ	[毎年]	매년
★ まいばん	마이바ㅇ	[毎晩]	매일 밤
まいる	마이루	[参る]	있다, 가다, 오다 (겸양어)

↻ まいらない　まいって　まいれば　まいります

マウス	마우스	[mouse]	마우스
まえ	마에	[前]	앞, 전
まえうり	마에우리	[前売り]	예매
まえがみ	마에가미	[前髪]	앞머리
まえきん	마에끼ㄴ	[前金]	선금
まえば	마에바	[前歯]	앞니
まえばらい	마에바라이	[前払い]	선불
まえもって	마에모ㅅ떼	[前以て]	사전에, 미리
★ まがいもの	마가이모노	[擬い物]	모조품, 가짜
マガジン	마가지ㅇ	[magazine]	매거진, 잡지
まかせる	마까세루	[任せる]	맡기다

↻ まかせない　まかせて　まかせれば　まかせます

まがりかど	마가리까도	[曲がり角]	길모퉁이
まがる	마가루	[曲がる]	구부러지다, 굽다

↻ まがらない　まがって　まがれば　まがります

まぎわ	마기와	[間際]	임박한 때, 직전
まくら	마꾸라	[枕]	베개
まぐろ	마구로	[鮪]	참다랑어, 참치
まける	마께루	[負ける]	지다, 패하다

↻ まけない　まけて　まければ　まけます

| まける | 마께루 | | 깎다 |

↻ まけない　まけて　まければ　まけます

| まげる | 마게루 | [曲げる] | 구부리다 |

↻ まげない　まげて　まげれば　まげます

まけんき	마께ㅇ끼	[負けん気]	오기
まご	마고	[孫]	손자
まことに	마꼬또니	[誠に]	참으로, 정말
まさか	마사까		설마
まして	마시떼		하물며
まじめ	마지메	[真面目]	성실함, 진지함

↻ まじめではない　まじめで　まじめなら　まじめです

| まず | 마즈 | [先ず] | 우선, 먼저 |
| まずい | 마즈이 | [不味い] | 서투르다, 맛없다 |

↻ まずくない　まずくて　まずければ　まずいです

| マスカラ | 마스까라 | [mascara] | 마스카라 |

ま

375

マスク	마스꾸	[mask]	마스크
マスコミ	마스꼬미	[mass communication]	매스컴
まずしい	마즈시이	[貧しい]	가난하다, 빈약하다
↻ まずしくない　まずしくて　まずしければ　まずしいです			
ますます	마스마스		점점 더, 더욱더
まぜる	마제루	[交ぜる]	섞다
↻ まぜない　まぜて　まぜれば　まぜます			
まぜる	마제루	[混ぜる]	섞다, 뒤섞다
↻ まぜない　まぜて　まぜれば　まぜます			
★ また	마따	[又]	다시, 또
まだ	마다	[未だ]	아직, 여태
★ または	마따와		혹은, 또는
まち	마치	[町]	마을, 도회
まちあわせ	마치아와세	[待ち合わせ]	만날 약속
まちがう	마치가우	[間違う]	잘못되다, 틀리다
↻ まちがわない　まちがって　まちがえば　まちがいます			
まちがえる	마치가에루	[間違える]	틀리다
↻ まちがえない　まちがえて　まちがえれば　まちがえます			
まつ	마츠	[待つ]	기다리다
↻ またない　まって　まてば　まちます			

まっか	마ㄱ까	[真っ赤]	새빨감
↻ まっかではない　まっかで　まっかなら　まっかです			
まっくら	마ㄱ꾸라	[真っ暗]	아주 캄캄함
↻ まっくらではない　まっくらで　まっくらなら　まっくらです			
まっくろ	마ㄱ꾸로	[真っ黒]	새카맘
↻ まっくろではない　まっくろで　まっくろなら　まっくろです			
まつげ	마츠게	[睫]	속눈썹
マッサージ	마ㅅ사ー지	[massage]	안마, 마사지
まっしろ	마ㅅ시로	[真っ白]	새하얌
↻ まっしろではない　まっしろで　まっしろなら　まっしろです			
まっすぐ	마ㅅ스구	[真っ直ぐ]	곧장, 곧음, 똑바로
↻ まっすぐではない　まっすぐで　まっすぐなら　まっすぐです			
まったく	마ㅅ따꾸		전혀, 완전히
マッチ	마ㅅ치	[match]	성냥
まっちゃ	마ㅅ쨔	[抹茶]	말차, 가루차
まつり	마츠리	[祭り]	축제
まど	마도	[窓]	창문, 창
まどがわ	마도가와	[窓側]	창가 쪽
まどぎわ	마도기와	[窓際]	창가
まどぐち	마도구치	[窓口]	창구

ま

377

まとはずれ	마또하즈레	[的外れ]	빗나감

↺ まとはずれではない　まとはずれで　まとはずれなら　まとはずれです

まとめる	마또메루		정리하다, 매듭짓다

↺ まとめない　まとめて　まとめれば　まとめます

まとも	마또모	[真面]	정면, 성실함

↺ まともではない　まともで　まともなら　まともです

マナー	마나ー	[manner]	매너
マナーモード	마나ー모ー도	[manner mode]	진동
まないた	마나이따	[まな板]	도마
まなつ	마나츠	[真夏]	한여름
まなぶ	마나부	[学ぶ]	배우다

↺ まなばない　まなんで　まなべば　まなびます

マニア	마니아	[mania]	매니아
マニキュア	마니뀨아	[manicure]	매니큐어
まぬけ	마누께	[間抜け]	얼간이, 멍청함

↺ まぬけではない　まぬけで　まぬけなら　まぬけです

まね	마네	[真似]	흉내
マネー	마네ー	[money]	머니, 돈
マネージャー	마네ー쟈ー	[manager]	매니저
まねく	마네꾸	[招く]	부르다, 초대하다

378

↻ まねかない　まねいて　まねけば　まねきます			
まひ	마히	[麻痺]	마비
まひる	마히루	[真昼]	대낮
まぶしい	마부시이	[眩しい]	눈부시다
↻ まぶしくない　まぶしくて　まぶしければ　まぶしいです			
まぶた	마부따	[瞼]	눈꺼풀
まふゆ	마후유	[真冬]	한겨울
マフラー	마후라-	[muffler]	머플러
まま	마마		～채, ～대로
ママ	마마	[mama]	엄마
ままごと	마마고또		엄마놀이
ままはは	마마하하	[継母]	계모
まめ	마메	[豆]	콩, 대두
まめ	마메	[忠実]	성실함, 착실함
↻ まめではない　まめで　まめなら　まめです			
まもなく	마모나꾸	[間もなく]	머지않아, 곧
まもる	마모루	[守る]	지키다
↻ まもらない　まもって　まもれば　まもります			
まやく	마야꾸	[麻薬]	마약
まよう	마요우	[迷う]	헤매다, 망설이다

ま

379

↻ まよわない　まよって　まよえば　まよいます

まよなか	마요나까	[真夜中]	한밤중
マヨネーズ	마요네ー즈	[mayonnaise]	마요네즈
マラソン	마라소ㅇ	[marathon]	마라톤
まる	마루	[丸]	동그라미
まるい	마루이	[丸い]	둥글다

↻ まるくない　まるくて　まるければ　まるいです

まるで	마루데		마치
★ まるもうけ	마루모ー께	[丸儲け]	고스란히 벎, 모조리 이득이 됨
★ まれ	마레	[稀]	드묾

↻ まれではない　まれで　まれなら　まれです

| まわす | 마와스 | [回す] | 돌리다 |

↻ まわさない　まわして　まわせば　まわします

まわり	마와리	[周り]	주위, 둘레
まわりみち	마와리미치	[回り道]	우회, 우회로
まわる	마와루	[回る]	돌다

↻ まわらない　まわって　まわれば　まわります

まん	마ㅇ	[万]	만
まんいち	마ㅇ이치	[万一]	만일
まんが	마ㅇ가	[漫画]	만화

まんきつ	마 ㅇ 끼츠	[満喫]	만끽
まんしつ	마 ㄴ 시츠	[満室]	만실
まんじゅう	마 ㄴ 쥬ー	[饅頭]	만두
マンション	마 ㄴ 쇼 ㅇ	[mansion]	아파트
まんせき	마 ㄴ 세끼	[満席]	만석
まんぞく	마 ㄴ 조꾸	[満足]	만족

↺ まんぞくではない まんぞくで まんぞくなら まんぞくです

まんてん	마 ㄴ 떼 ㅇ	[満点]	만점
まんなか	마 ㄴ 나까	[真ん中]	한가운데
まんねんひつ	마 ㄴ 네 ㄴ 히츠	[万年筆]	만년필
まんぷく	마 ㅁ 뿌꾸	[満腹]	만복

ま

み

み	미	[実]	열매, 씨
み	미	[身]	몸, 신체
みあい	미아이	[見合い]	맞선
ミーティング	미ー띠ㅇ구	[meeting]	모임, 회합
★ みえっぱり	미에ㅂ빠리ー	[見栄っ張り]	허세를 부리는 사람

↻ みえっぱりではない　みえっぱりで　みえっぱりなら　みえっぱりです

みえる	미에루	[見える]	보이다

↻ みえない　みえて　みえれば　みえます

みおくり	미오꾸리	[見送り]	전송, 배웅
みおくる	미오꾸루	[見送る]	배웅하다

↻ みおくらない　みおくって　みおくれば　みおくります

みかく	미까꾸	[味覚]	미각
みがく	미가꾸	[磨く]	닦다, 연마하다

↻ みがかない　みがいて　みがけば　みがきます

みかん	미까ㅇ	[蜜柑]	귤
みぎ	미기	[右]	오른쪽

ミキサー	미끼사ー	[mixer]	믹서기
みごたえ	미고따에	[見応え]	볼 만한 가치, 볼품
みごと	미고또	[見事]	훌륭함, 멋짐

↻ みごとではない　みごとで　みごとなら　みごとです

みこみ	미꼬미	[見込み]	가망, 가능성
みこん	미꼬ㅇ	[未婚]	미혼
ミサイル	미사이루	[missile]	미사일
みさき	미사끼	[岬]	곶, 갑
みじかい	미지까이	[短い]	짧다

↻ みじかくない　みじかくて　みじかければ　みじかいです

みじたく	미지따꾸	[身支度]	치장, 몸차림
みしらぬ	미시라누	[見知らぬ]	낯선
ミシン	미시ㄴ	[sewing machine]	재봉틀
ミス	미스	[mistake]	미스, 잘못, 과실
ミス	미스	[Miss]	미스
みず	미즈	[水]	물
みずいらず	미즈이라즈	[水入らず]	집안 식구끼리
みずうみ	미즈우미	[湖]	호수
みずから	미즈까라	[自ら]	스스로, 몸소, 손수
みずぎ	미즈기	[水着]	수영복

み

みずくさい	미즈꾸사이	[水臭い]	서먹서먹하다
みずしょうばい	미즈쇼ー바이	[水商売]	술집장사
みずむし	미즈무시	[水虫]	무좀
みずわり	미즈와리	[水割り]	희석주
みせ	미세´	[店]	가게
みせいねんしゃ	미세ー네ㄴ샤	[未成年者]	미성년자
みせかけ	미세까께	[見せ掛け]	겉보기, 겉치레, 외관
みせつける	미세츠께루	[見せつける]	자랑삼아 보이다, 과시하다

↺ みせつけない　みせつけて　みせつければ　みせつけます

| みせる | 미세루 | [見せる] | 보여주다 |

↺ みせない　みせて　みせれば　みせます

みそ	미소	[味噌]	일본 된장
みそしる	미소시루	[味噌汁]	된장국
みだし	미다시	[見出し]	표제
みたす	미따스	[満たす]	채우다, 충족시키다

↺ みたさない　みたして　みたせば　みたします

| みだれる | 미다레루 | [乱れる] | 흐트러지다 |

↺ みだれない　みだれて　みだれれば　みだれます

| みち | 미치 | [道] | 길 |
| みぢか | 미지까 | [身近] | 신변, 관계가 깊음 |

↻ みぢかではない　みぢかで　みぢかなら　みぢかです

みっか	미ㄱ까	[三日]	3일
みっかぼうず	미ㅅ까보ー즈	[三日坊主]	작심삼일
みつかる	미츠까루	[見つかる]	발견되다

↻ みつからない　みつかって　みつかれば　みつかります

| ミックス | 미ㄱ끄스 | [mix] | 믹스, 혼합 |
| みつける | 미츠께루 | [見つける] | 발견하다, 찾다 |

↻ みつけない　みつけて　みつければ　みつけます

みっつ	미ㅅ츠	[三つ]	세 개, 세 살
みつもり	미츠모리	[見積り]	견적
みてい	미떼ー	[未定]	미정
ミディアム	미디아무	[medium]	중간 익힌 것
みとめる	미또메루	[認める]	인정하다

↻ みとめない　みとめて　みとめれば　みとめます

みどり	미도리	[緑]	녹색
★ みな	미나	[皆]	모두, 전부
みな	미나	[皆]	모든 사람
★ みなおす	미나오스	[見直す]	다시 보다, 달리 보다

↻ みなおさない　みなおして　みなおせば　みなおします

| みなさん | 미나사ㅇ | | 여러분 |

み

385

みなと	미나또	[港]	항구
みなみ	미나미	[南]	남, 남쪽
みなみアメリカ	미나미아메리까	[南アメリカ]	남미
★ みなれる	미나레루	[見慣れる]	낯익다
↻ みなれない　みなれて　みなれれば　みなれます

| みにくい | 미니꾸이 | [醜い] | 추하다 |
| ↻ みにくくない　みにくくて　みにくければ　みにくいです |

ミニスカート	미니스카ー또	[miniskirt]	미니스커트
ミネラルウォーター	미네라루워ー타ー	[mineral water]	생수
みはらし	미하라시	[見張らし]	전망, 조망
みぶん	미부ㅇ	[身分]	신분, 신원
★ みぶんしょうめいしょ	미부ㄴ쇼ー메ー쇼	[身分証明書]	신분증
みほん	미호ㅇ	[見本]	견본, 본보기
みまい	미마이	[見舞い]	문안, 위안
みまもる	미마모루	[見守る]	지켜보다
↻ みまもらない　みまもって　みまもれば　みまもります

みまん	미마ㅇ	[未満]	미만
みみ	미미	[耳]	귀
みみあたらしい	미미아따라시이	[耳新しい]	처음 듣다
↻ みみあたらしくない　みみあたらしくて

みみあたらしければ　みみあたらしいです

★ みもと	미모또	[身元]	신원
みやげ	미야게	[土産]	선물
ミュージカル	뮤ー지까루	[musical]	뮤지컬
★ ミュージシャン	뮤ー지샤ㅇ	[musician]	뮤지션, 음악가
ミュージック	뮤ー지ㄱ꾸	[music]	뮤직, 음악
みょうに	묘ーレ	[妙に]	묘하게
みらい	미라이	[未来]	미래
みりょく	미료꾸	[魅力]	매력
みりん	미리ㅇ		미림
みる	미루	[見る]	보다

↻ みない　みて　みれば　みます

ミルク	미루꾸	[milk]	우유
みれん	미레ㅇ	[未練]	미련
みんかん	미ㄴ까ㅇ	[民間]	민간
みんしゅう	미ㄴ슈ー	[民衆]	민중
みんしゅしゅぎ	미ㄴ슈슈기	[民主主義]	민주주의
みんぞく	미ㄴ조꾸	[民族]	민족
みんな	미ㄴ나	[皆]	모두
みんな	미ㄴ나	[皆]	모든 사람

み

む

むいか	무이까	[六日]	6일

むいみ	무이미	[無意味]	무의미

↻ むいみではない　むいみで　むいみなら　むいみです

ムース	무―스	[mousse]	무스

ムード	무―도	[mood]	무드, 분위기

むかい	무까이	[向かい]	맞은편

むかう	무까우	[向かう]	향하다

↻ むかわない　むかって　むかえば　むかいます

むかえる	무까에루	[迎える]	맞다, 맞이하다

↻ むかえない　むかえて　むかえれば　むかえます

むかし	무까시	[昔]	옛날

むかつく	무까츠꾸		화가 치밀다, 메슥거리다

↻ むかつかない　むかついて　むかつけば　むかつきます

むかんしん	무까ㄴ시ㄴ	[無関心]	무관심

↻ むかんしんではない　むかんしんで　むかんしんなら　むかんしんです

むぎ	무기	[麦]	보리

むぎちゃ	무기쨔	[麦茶]	보리차
むきりょく	무끼료꾸	[無気力]	무기력
むく	무꾸	[向く]	향하다, 가리키다

↪ むかない　むいて　むけば　むきます

| むくげ | 무꾸게 | [木槿] | 무궁화 |
| むくち | 무꾸치 | [無口] | 과묵함, 과묵한 사람 |

↪ むくちではない　むくちで　むくちなら　むくちです

| むくれる | 무꾸레루 | | 벗겨지다, 토라지다 |

↪ むくれない　むくれて　むくれれば　むくれます

| むける | 무께루 | [向ける] | 돌리다, 보내다 |

↪ むけない　むけて　むければ　むけます

むこ	무꼬	[婿]	사위
むこう	무꼬ー	[向こう]	맞은편, 건너편, 상대편
むこようし	무꼬요ー시	[婿養子]	데릴사위
むごん	무고ㅇ	[無言]	무언
むざい	무자이	[無罪]	무죄
むさべつ	무사베츠	[無差別]	무차별

↪ むさべつではない　むさべつで　むさべつなら　むさべつです

| むし | 무시 | [虫] | 벌레, 곤충 |
| むし | 무시 | [無視] | 무시 |

む

389

| むしあつい | 무시아츠이 | [蒸し暑い] | 무덥다 |

↻ むしあつくない　むしあつくて　むしあつければ　むしあついです

むしば	무시바	[虫歯]	충치
むしむし	무시무시		푹푹
むじゅん	무쥬ㅇ	[矛盾]	모순
むしょうに	무쇼ー니	[無性に]	공연히, 까닭 없이
むしょく	무쇼꾸	[無職]	무직
むしろ	무시로	[寧ろ]	차라리, 오히려
むずかしい	무즈까시이	[難しい]	어렵다

↻ むずかしくない　むずかしくて　むずかしければ　むずかしいです

むすこ	무스꼬	[息子]	아들
むすこさん	무스꼬사ㅇ	[息子さん]	아드님
むすびめ	무스비메	[結び目]	매듭
むすぶ	무스부	[結ぶ]	맺다, 묶다, 매다

↻ むすばない　むすんで　むすべば　むすびます

むすめ	무스메	[娘]	딸
むすめさん	무스메사ㅇ	[娘さん]	따님
むすめむこ	무스메무꼬	[娘婿]	사위
むせきにん	무세끼니ㅇ	[無責任]	무책임

↻ むせきにんではない　むせきにんで　むせきにんなら　むせきにんです

390

むだ	무다	[無駄]	쓸데없음, 헛됨

↻ むだではない　むだで　むだなら　むだです

むだづかい	무다즈까이	[無駄使い]	낭비
むち	무치	[無知]	무지

↻ むちではない　むちで　むちなら　むちです

むちゃ	무쨔	[無茶]	당치않음, 엉망진창

↻ むちゃではない　むちゃで　むちゃなら　むちゃです

むちゅう	무쮸-	[夢中]	몰두

↻ むちゅうではない　むちゅうで　むちゅうなら　むちゅうです

むっつ	무ㅅ츠	[六つ]	여섯 개, 여섯 살
★ むなしい	무나시이	[空しい]	덧없다, 헛되다

↻ むなしくない　むなしくて　むなしければ　むなしいです

むね	무네	[胸]	가슴
★ むねやけ	무네야께	[胸焼け]	가슴앓이
むめんきょ	무메ㅇ꾜	[無免許]	무면허
むやみに	무야미니		마구
むら	무라	[村]	마을, 촌락
むらさき	무라사끼	[紫]	보라색
むらさきいろ	무라사끼이로	[紫色]	보라색
むり	무리	[無理]	무리

む

↻ むりではない　むりで　むりなら　むりです

| むりやり | 무리야리 | [無理矢理] | 무리하게, 억지로 |

め

め	메	[目]	눈
めあて	메아떼	[目当て]	목표, 목적
めい	메이	[姪]	여자조카, 조카딸
めいきょく	메―꾜꾸	[名曲]	명곡
めいげん	메―게ㅇ	[名言]	명언
めいし	메―시	[名刺]	명함
めいし	메―시	[名詞]	명사
めいしゃ	메이샤	[目医者]	안과의사
めいしん	메―시ㅇ	[迷信]	미신
めいぶつ	메―부츠	[名物]	명물
めいよ	메―요	[名誉]	명예
めいれい	메―레―	[命令]	명령
めいろ	메―로	[迷路]	미로
めいわく	메―와꾸	[迷惑]	귀찮음, 성가심
↺ めいわくではない　めいわくで　めいわくなら　めいわくです			
めいわくメール	메―와꾸메―루	[迷惑メール]	스팸메일

め

★	メーカー	메―까―	[maker]	메이커, 제조자
	メートル	메―또루	[meter]	미터
	メールアドレス	메―루아도레스	[mail address]	메일주소
	めがね	메가네	[眼鏡]	안경
	メキシコ	메끼시꼬	[Mexico]	멕시코
	めぐすり	메구스리	[目薬]	안약
	めぐまれる	메구마레루	[恵まれる]	축복 받다, 풍족하다

↺ めぐまれない　めぐまれて　めぐまれれば　めぐまれます

	めざす	메자스	[目指す]	지향하다, 목표로 하다

↺ めざさない　めざして　めざせば　めざします

	めざましどけい	메자마시도께―	[目覚まし時計]	자명종시계
	めし	메시	[飯]	밥
★	めしあがる	메시아가루	[召し上がる]	드시다

↺ めしあがらない　めしあがって　めしあがれば　めしあがります

	めす	메스	[雌]	암컷
	めずらしい	메즈라시이	[珍しい]	드물다, 진귀하다

↺ めずらしくない　めずらしくて　めずらしければ　めずらしいです

	めだつ	메다츠	[目立つ]	눈에 띄다, 두드러지다

↺ めだたない　めだって　めだてば　めだちます

	めだま	메다마	[目玉]	눈알, 안구

| めだまやき | 메다마야끼 | [目玉焼き] | 계란프라이 |
| めちゃくちゃ | 메쨔꾸쨔 | [滅茶苦茶] | 엉망진창 |

↻ めちゃくちゃではない　めちゃくちゃで　めちゃくちゃなら　めちゃくちゃです

めっきり	메ㄱ끼리		현저히, 완연히
メッセージ	메ㅅ세ー지	[message]	메시지
めったに	메ㅅ따니	[滅多に]	좀처럼
メニュー	메뉴ー	[menu]	메뉴
めまい	메마이	[目眩]	현기증, 어질증
めまぐるしい	메마구루시이		어지럽다, 아찔하다

↻ めまぐるしくない　めまぐるしくて　めまぐるしければ　めまぐるしいです

| メモ | 메모 | [memo] | 메모 |
| めめしい | 메메시이 | [女々しい] | 나약하다 |

↻ めめしくない　めめしくて　めめしければ　めめしいです

メモリーカード	메모리까ー도	[memory card]	메모리카드
メルとも	메루또모	[メル友]	메일친구
メロディー	메로디ー	[melody]	멜로디
メロン	메로ㅇ	[melon]	멜론
めんきょ	메ㅇ꾜	[免許]	면허
めんくらう	메ㅇ꾸라우	[面食らう]	당황하다, 어리둥절하다

↻ めんくらわない　めんくらって　めんくらえば　めんくらいます

め

めんぜい	메ㄴ 제-	[免税]	면세
めんぜいてん	메ㄴ 제-떼ㅇ	[免税店]	면세점
めんせき	메ㄴ 세끼	[面積]	면적
めんたいこ	메ㄴ 따이꼬	[明太子]	명란젓
めんどう	메ㄴ 도-	[面倒]	성가심, 귀찮음, 보살핌

🔁 めんどうではない　めんどうで　めんどうなら　めんどうです

| めんるい | 메ㄴ 루이 | [麺類] | 국수, 면류 |

もう	모―		이제, 이미, 벌써
もう	모―		다시, 더욱
もういちど	모―이치도	[もう一度]	한번 더
もうかる	모―까루	[儲かる]	벌리다, 벌이가 되다

↻ もうからない　もうかって　もうかれば　もうかります

| もうける | 모―께루 | [儲ける] | 벌다 |

↻ もうけない　もうけて　もうければ　もうけます

| もうしこみ | 모―시꼬미 | [申し込み] | 신청 |
| もうしこむ | 모―시꼬무 | [申し込む] | 신청하다, 제기하다 |

↻ もうしこまない　もうしこんで　もうしこめば　もうしこみます

| もうす | 모―스 | [申す] | 말씀드리다 |

↻ もうさない　もうして　もうせば　もうします

もうすこし	모―스꼬시	[もう少し]	좀더
もうちょう	모―쵸―	[盲腸]	맹장
もうふ	모―후	[毛布]	담요, 모포
もえる	모에루	[燃える]	타다

も

↻ もえない　もえて　もえれば　もえます			
モーニングコール	モー니ㅇ구꼬-루	[morning call]	모닝콜
もくげき	모꾸게끼	[目撃]	목격
もくじ	모꾸지	[目次]	목차
もくぞう	모꾸조-	[木造]	목조
もくてき	모ㄱ떼끼	[目的]	목적
もくひょう	모꾸효-	[目標]	목표
もくようび	모꾸요-비	[木曜日]	목요일
もし	모시	[若し]	만약, 만일
もじ	모지	[文字]	글자, 문자
もしくは	모시꾸와		혹은
もしもし	모시모시		여보세요
もじもじ	모지모지		머뭇머뭇
モスクワ	모스꾸와	[Moskva]	모스크바
もたれる	모따레루	[凭れる]	기대다, 소화가 안 되다
↻ もたれない　もたれて　もたれれば　もたれます			
もち	모치	[餅]	떡
もちいる	모치이루	[用いる]	사용하다, 이용하다
↻ もちいない　もちいて　もちいれば　もちいます			
もちかえり	모치가에리	[持ち帰えり]	테이크아웃, 가지고 돌아감

398

| もちろん | 모치로ㅇ | [勿論] | 물론 |
| もつ | 모츠 | [持つ] | 가지다, 들다 |

↻ もたない　もって　もてば　もちます

| もったいない | 모ㅅ따이나이 | [勿体無い] | 아깝다 |

↻ もったいなくない　もったいなくて　もったいなければ　もったいないです

もっと	모ㅅ또		더, 더욱
モットー	모ㅅ또ー	[motto]	모토, 좌우명
もっとも	모ㅅ또모	[最も]	가장
もっとも	모ㅅ또모	[尤も]	지당함

↻ もっともではない　もっともで　もっともなら　もっともです

| もっぱら | 모ㅂ빠라 | [専ら] | 오로지, 한결같이 |
| ★ もてなす | 모떼나스 | [持て成す] | 대접하다, 환대하다 |

↻ もてなさない　もてなして　もてなせば　もてなします

| もてる | 모떼루 | [持てる] | 인기가 있다 |

↻ もてない　もてて　もてれば　もてます

モデル	모데루	[model]	
もと	모또	[元]	기원, 이전
もと	모또	[下]	아래, 밑
もどかしい	모도까시이		안타깝다, 초조하다

↻ もどかしくない　もどかしくて　もどかしければ　もどかしいです

も

もとづく	모또즈꾸	[基づく]	의거하다, 입각하다

↻ もとづかない　もとついて　もとつけば　もとづきます

もとめる	모또메루	[求める]	구하다, 바라다

↻ もとめない　もとめて　もとめれば　もとめます

もともと	모또모또	[元々]	원래, 본래
もどる	모도루	[戻る]	돌아가다, 되돌아오다

↻ もどらない　もとって　もどれば　もどります

もの	모노	[物]	물건
もの	모노	[者]	자, 사람
ものおき	모노오끼	[物置]	광, 곳간
ものがたり	모노가따리	[物語]	이야기
★ ものしり	모노시리	[物知り]	박식한 사람
ものすごい	모노스고이	[物凄い]	무섭다, 굉장하다

↻ ものすごくない　ものすごくて　ものすごければ　ものすごいです

★ ものたりない	모노따리나이	[物足りない]	약간 부족하다, 약간 아쉽다

↻ ものたりなくない　ものたりなくて　ものたりなければ　ものたりないです

モノレール	모노레ー루	[monorail]	모노레일
ものわすれ	모노와스레	[物忘れ]	건망증
もはん	모하ㅇ	[模範]	모범
もみじ	모미지	[紅葉]	단풍

もめん	모메ㅇ	[木綿]	목면, 면실, 솜
もも	모모	[桃]	복숭아
ももいろ	모모이로	[桃色]	복숭아색, 분홍색
もやし	모야시	[萌やし]	콩나물
もやす	모야스	[燃やす]	불태우다

↻ もやさない　もやして　もやせば　もやします

| もよう | 모요- | [模様] | 무늬, 도안, 모양 |
| もらう | 모라우 | [貰う] | 받다 |

↻ もらわない　もらって　もらえば　もらいます

もり	모리	[森]	숲
もん	모ㅇ	[門]	문
もんく	모ㅇ꾸	[文句]	불평, 문구, 글귀
モンゴル	모ㅇ고루	[Mongol]	몽골
もんだい	모ㄴ다이	[問題]	문제
もんばん	모ㅁ바ㅇ	[門番]	문지기

も

や

や	야	[矢]	화살
やあ	야ー		야
やい	야이		이봐
やえば	야에바	[八重歯]	덧니
やおや	야오야	[八百屋]	야채가게
やがて	야가떼		머지않아, 이윽고
やかましい	야까마시이	[喧しい]	시끄럽다, 번거롭다

↺ やかましくない　やかましくて　やかましければ　やかましいです

やかん	야까ㅇ	[薬缶]	주전자
やぎ	야기	[山羊]	염소
やきいも	야끼이모	[焼き芋]	군고구마
やきそば	야끼소바	[焼きそば]	야끼소바
やきとり	야끼또리	[焼き鳥]	꼬치구이
やきにく	야끼니꾸	[焼き肉]	불고기
やきゅう	야뀨ー	[野球]	야구
やきん	야끼ㅇ	[夜勤]	야근

やく	야꾸	[約]	약, 대략
やく	야꾸	[焼く]	태우다, 굽다

↻ やかない　やいて　やけば　やきます

やくざ	야꾸자		깡패, 불량배
やくざいし	야꾸자이시	[薬剤師]	약사
やくしゃ	야ㄱ샤	[役者]	배우
やくする	야ㄱ스루	[訳する]	번역하다

↻ やくさない　やくして　やくせば　やくします

やくそく	야ㄱ소꾸	[約束]	약속
やくだつ	야꾸다츠	[役立つ]	도움이 되다

↻ やくだたない　やくだって　やくだてば　やくだちます

やくわり	야꾸와리	[役割]	역할
やけくそ	야께꾸소	[自棄糞]	자포자기
やけど	야께도	[火傷]	화상
やける	야께루	[焼ける]	타다, 구워지다

↻ やけない　やけて　やければ　やけます

やさい	야사이	[野菜]	야채, 채소
やさしい	야사시이	[易しい]	쉽다

↻ やさしくない　やさしくて　やさしければ　やさしいです

やさしい	야사시이	[優しい]	상냥하다, 다정하다

↻ やさしくない　やさしくて　やさしければ　やさしいです

やじうま	야지우마	[野次馬]	구경꾼
やしょく	야쇼꾸	[夜食]	야식
やじるし	야지루시	[矢印]	화살표
やすい	야스이	[安い]	싸다

↻ やすくない　やすくて　やすければ　やすいです

| やすっぽい | 야스ㅂ뽀이 | [安っぽい] | 싸구려 같다,
천하다 |

↻ やすっぽくない　やすっぽくて　やすっぽければ　やすっぽいです

やすみ	야스미	[休み]	휴일, 휴식
やすみのひ	야스미노히	[休みの日]	휴일
やすみじかん	야스미지까ㅇ	[休み時間]	쉬는 시간
やすむ	야스무	[休む]	쉬다

↻ やすまない　やすんで　やすめば　やすみます

やすもの	야스모노	[安物]	싸구려물건
やせがまん	야세가마ㅇ	[痩せ我慢]	억지로 버팀
やせる	야세루	[痩せる]	마르다, 여위다

↻ やせない　やせて　やせれば　やせます

やたい	야따이	[屋台]	포장마차, 노점
やちん	야치ㅇ	[家賃]	집세
やつ	야츠	[奴]	놈, 녀석

| やつあたり | 야츠아따리 | [八つ当り] | 마구 분풀이를 함 |
| やっかい | 야ㄱ까이 | [厄介] | 귀찮음, 성가심 |

↻ やっかいではない　やっかいで　やっかいなら　やっかいです

やっきょく	야ㄱ꾜꾸	[薬局]	약국
やっつ	야ㅅ츠	[八つ]	여덟 개, 여덟 살
やっつける	야ㅅ츠께루		해치우다

↻ やっつけない　やっつけて　やっつければ　やっつけます

やっと	야ㅅ또		겨우, 간신히
やっぱり	야ㅂ빠리		역시
やつれる	야츠레루	[窶れる]	여위다, 수척하다

↻ やつれない　やつれて　やつれれば　やつれます

やね	야네	[屋根]	지붕
やはり	야하리		역시
やぶいしゃ	야부이샤	[薮医者]	돌팔이 의사
やぶる	야부루	[破る]	깨다, 찢다

↻ やぶらない　やぶって　やぶれば　やぶります

やぼう	야보-	[野望]	야망
やま	야마	[山]	산
やまい	야마이	[病]	병
やまのぼり	야마노보리	[山登り]	등산

や

405

やみ	야미	[闇]	어둠, 암흑
やむ	야무	[止む]	그치다, 멎다

↻ やまない　やんで　やめば　やみます

やむをえず	야무오에즈	[やむを得ず]	부득이
やめる	야메루	[止める]	멈추다

↻ やめない　やめて　やめれば　やめます

やめる	야메루		그만두다

↻ やめない　やめて　やめれば　やめます

やや	야야		조금, 약간
ややこしい	야야꼬시이		까다롭다, 어렵다

↻ ややこしくない　ややこしくて　ややこしければ　ややこしいです

やられる	야라레루		당하다

↻ やられない　やられて　やられれば　やられます

やりかた	야리까따	[やり方]	방법, 하는 방법
やりくり	야리꾸리	[遣り繰り]	변통
やりて	야리떼	[遣り手]	수완가
やりなおす	야리나오스	[やり直す]	다시 하다

↻ やりなおさない　やりなおして　やりなおせば　やりなおします

やる	야루		하다, 주다

↻ やらない　やって　やれば　やります

やれやれ	야레야레		아유!
★ やろう	야로-	[野郎]	녀석, 자식
やわらか	야와라까	[柔らか]	부드러움, 포근함, 유연함

↻ やわらかではない　やわらかで　やわらかなら　やわらかです

やわらかい	야와라까이	[柔らかい]	부드럽다

↻ やわらかくない　やわらかくて　やわらかければ　やわらかいです

や

ゆ

ゆ	유	[湯]	더운 물
ゆいいつ	유이이츠	[唯一]	유일

↻ ゆいいつではない　ゆいいつで　ゆいいつなら　ゆいいつです

ゆううつ	유-우츠	[憂鬱]	우울

↻ ゆううつではない　ゆううつで　ゆううつなら　ゆううつです

ゆうえんち	유-에ㄴ치	[遊園地]	유원지
ゆうが	유-가	[優雅]	우아

↻ ゆうがではない　ゆうがで　ゆうがなら　ゆうがです

ゆうがた	유-가따	[夕方]	저녁, 저녁때
ゆうかん	유-까ㅇ	[夕刊]	석간
ゆうき	유-끼	[勇気]	용기
ゆうきゅうきゅうか	유-뀨-뀨-까	[有給休暇]	유급휴가
ゆうこう	유-꼬-	[有効]	유효

↻ ゆうこうではない　ゆうこうで　ゆうこうなら　ゆうこうです

ゆうごはん	유-고하ㅇ	[夕御飯]	저녁밥
ゆうざい	유-자이	[有罪]	유죄

408

ゆうしゅう	유―슈―	[優秀]	우수

ゆうしゅうではない　ゆうしゅうで　ゆうしゅうなら　ゆうしゅうです

ゆうしょう	유―쇼―	[優賞]	우승
ゆうじょう	유―죠―	[友情]	우정
ゆうしょく	유―쇼꾸	[夕食]	저녁식사
ゆうじん	유―지ㅇ	[友人]	친구
ゆうせん	유―세ㅇ	[優先]	우선
ゆうそう	유―소―	[郵送]	우송
ゆうだち	유―다치	[夕立]	소나기
ユーターン	유―따―ㄴ	[U-turn]	유턴
ゆうとうせい	유―또―세―	[優等生]	우등생
ゆうはん	유―하ㄴ	[夕飯]	저녁밥, 저녁식사
ゆうびん	유―비ㅇ	[郵便]	우편
ゆうびんきょく	유―비ㅇ꾜꾸	[郵便局]	우체국
ゆうべ	유―베	[夕べ]	저녁
ゆうべ	유―베	[昨夜]	어젯밤
ゆうめい	유―메―	[有名]	유명

ゆうめいではない　ゆうめいで　ゆうめいなら　ゆうめいです

ユーモア	유―모아	[humor]	유머
ゆうらんせん	유―라ㄴ세ㅇ	[遊覧船]	유람선

ゆうりょう	유-료-	[有料]	유료
ゆうわく	유-와꾸	[誘惑]	유혹
ゆか	유까	[床]	마루, 바닥
ゆかた	유까따	[浴衣]	여름 무명 홑옷
ゆき	유끼	[雪]	눈
~ゆき	유끼	[行き]	~행
ゆきさき	유끼사끼	[行き先き]	행선지
ゆく	유꾸	[行く]	가다

↻ ゆかない　ゆけば　ゆきます

ゆくさき	유꾸사끼	[行く先]	행선지
ゆしゅつ	유슈츠	[輸出]	수출
ゆず	유즈	[柚子]	유자
ゆずる	유즈루	[譲る]	양도하다, 양보하다

↻ ゆずらない　ゆずって　ゆずれば　ゆずります

ゆたか	유따까	[豊か]	풍부함, 풍족함

↻ ゆたかではない　ゆたかで　ゆたかなら　ゆたかです

ユダヤきょう	유다야꾜-	[ユダヤ教]	유대교
ゆだん	유다ㄴ	[油断]	방심, 부주의
ゆっくり	유ㄱ꾸리		천천히, 서서히
ゆったり	유ㅅ따리		느긋하게, 헐겁게

410

ゆでる	유데루	[茹でる]	삶다
↻ ゆでない　ゆでて　ゆでれば　ゆでます			

★ ユニフォーム	유니훠-무	[uniform]	유니폼

ゆにゅう	유뉴-	[輸入]	수입

ゆび	유비	[指]	손가락

ゆびわ	유비와	[指輪]	반지

ゆめ	유메	[夢]	꿈

★ ゆめみる	유메미루	[夢見る]	꿈꾸다
↻ ゆめみない　ゆめみて　ゆめみれば　ゆめみます			

ゆるい	유루이	[緩い]	헐렁하다, 느슨하다
↻ ゆるくない　ゆるくて　ゆるければ　ゆるいです			

ゆるす	유루스	[許す]	허가하다, 용서하다
↻ ゆるさない　ゆるして　ゆるせば　ゆるします			

ゆれる	유레루	[揺れる]	흔들리다
↻ ゆれない　ゆれて　ゆれれば　ゆれます			

ゆ

411

よ

| よい | 요이 | [良い] | 좋다 |
| よくない よくて よければ よいです |

よいどめ	요이도메	[酔い止め]	멀미약
よう	요―	[用]	용건, 볼일
よう	요우	[酔う]	취하다
よわない よって よえば よいます

| ようい | 요―이 | [用意] | 준비 |
| ようい | 요―이 | [容易] | 용이, 간단함 |
| よういではない よういで よういなら よういです |

ようか	요―까	[八日]	8일
ようきゅう	요―뀨―	[要求]	요구
ヨーグルト	요―구루또	[yogurt]	요구르트
ようご	요―고	[用語]	용어
ようじ	요―지	[用事]	볼일, 용건
ようじ	요―지	[楊枝]	이쑤시개
ようしつ	요―시츠	[洋室]	서양식 방

ようしょく	요－쇼꾸	[洋食]	양식
ようじん	요－지ㅇ	[用心]	조심, 주의
ようじんぶかい	요－지ㅁ부까이	[用心深い]	조심성 있다

↻ ようじんぶかくない　ようじんぶかくて　ようじんぶかければ

ようじんぶかいです

ようす	요－스	[様子]	모양, 상태
ようするに	요－스루니	[要するに]	요컨대
ようちえん	요－치에ㅇ	[幼稚園]	유치원
ようつう	요－츠－	[腰痛]	요통
ようてん	요－떼ㅇ	[要点]	요점
ようび	요－비	[曜日]	요일
ようひんてん	요－히ㄴ떼ㅇ	[洋品店]	양품점
ようふく	요－후꾸	[洋服]	옷
ようふくかけ	요－후꾸까께	[洋服掛け]	옷걸이
ようやく	요－야꾸	[漸く]	겨우, 간신히, 차차
ようりょう	요－료－	[要領]	요령, 요점
ヨーロッパ	요－로ㅂ빠	[Europa]	유럽
よか	요까	[余暇]	여가
ヨガ	요가	[yoga]	요가
よきん	요끼ㅇ	[預金]	예금

よ

413

よく	요꾸		잘, 자주
よくじつ	요꾸지츠	[翌日]	다음날, 이튿날
よくねん	요꾸네ㄴ	[翌年]	다음해, 이듬해
よくばり	요꾸바리	[欲張り]	욕심쟁이
よけい	요께-	[余計]	여분, 쓸데없음
↻ よけいではない　よけいで　よけいなら　よけいです			
よこ	요꼬	[横]	가로, 옆, 곁
よこがき	요꼬가끼	[横書き]	가로쓰기
よこぎる	요꼬기루	[横切る]	가로지르다
↻ よこぎらない　よこぎって　よこぎれば　よこぎります			
よごす	요고스	[汚す]	더럽히다
↻ よごさない　よごして　よごせば　よごします			
よこどり	요꼬도리	[横取り]	가로챔, 횡령
よこはま	요꼬하마	[横浜]	요코하마
よごれる	요고레루	[汚れる]	더러워지다
↻ よごれない　よごれて　よごれれば　よごれます			
よさん	요사ㅇ	[予算]	예산
よじ	요지	[四時]	4시
よしゅう	요슈-	[予習]	예습
よそう	요소-	[予想]	예상

よぞら	요조라	[夜空]	밤하늘
よだれ	요다레	[涎]	침, 군침
よっか	요ㄱ까	[四日]	4일
よつかど	요츠까도	[四つ角]	네거리
よっつ	요ㅅ츠	[四つ]	네 개, 네 살
よっぱらい	요ㅂ빠라이	[酔っぱらい]	주정뱅이, 술주정꾼
よっぱらう	요ㅂ빠라우	[酔っ払う]	만취하다

↻ よっぱらわない よっぱらって よっぱらえば よっぱらいます

よてい	요떼-	[予定]	예정
よなか	요나까	[夜中]	밤중
よのなか	요노나까	[世の中]	세상
よび	요비	[予備]	예비
よびこう	요비꼬-	[予備校]	입시학원
よぶ	요부	[呼ぶ]	부르다

↻ よばない よんで よべば よびます

よふかし	요후까시	[夜更し]	밤샘
よぼう	요보-	[予防]	예방
よほど	요호도	[余程]	어지간히, 꽤
よむ	요무	[読む]	읽다

↻ よまない よんで よめば よみます

よ

415

よめ	요메	[嫁]	며느리
よやく	요야꾸	[予約]	예약
よゆう	요유-	[余裕]	여유
より	요리		보다
よる	요루	[夜]	밤
よる	요루	[因る]	기인하다, 의하다

ↄ よらない　よって　よれば　よります

| よる | 요루 | [寄る] | 들리다, 접근하다 |

ↄ よらない　よって　よれば　よります

| ★ よろこび | 요로꼬비 | [喜び] | 기쁨 |
| よろこぶ | 요로꼬부 | [喜ぶ] | 기뻐하다 |

ↄ よろこばない　よろこんで　よろこべば　よろこびます

| よろこんで | 요로꼬ㄴ데 | [喜んで] | 기꺼이 |
| よろしい | 요로시이 | [宜しい] | 좋으시다 |

ↄ よろしくない　よろしくて　よろしければ　よろしいです

| よろしく | 요로시꾸 | [宜しく] | 적당히,
안부 전해 주세요 |
| よわい | 요와이 | [弱い] | 약하다 |

ↄ よわくない　よわくて　よわければ　よわいです

| よわみ | 요와미 | [弱み] | 약점, 취약점 |
| よわむし | 요와무시 | [弱虫] | 겁쟁이, 못난이 |

よん　　　　　**よ○**　　　　[四]　　　　4, 넷

ら

ラーメン	라―메ㅇ		라면
ライオン	라이오ㅇ	[lion]	사자
らいげつ	라이게츠	[来月]	다음달
らいしゅう	라이슈―	[来週]	다음주
ライター	라이따―	[lighter]	라이터
ライト	라이또	[light]	라이트, 빛
らいねん	라이네ㅇ	[来年]	내년
ライン	라이ㄴ	[line]	라인, 선
らく	라꾸	[楽]	편안함

↺ らくではない　らくで　らくなら　らくです

らくがき	라꾸가끼	[落書き]	낙서
ラグビー	라구비―	[rugby]	럭비
らくらく	라꾸라꾸	[楽々]	편안히, 손쉽게
★ ラケット	라께ㅅ또	[racket]	라켓
ラジオ	라지오	[radio]	라디오
ラジカセ	라지까세	[radio cassette]	라디오 카세트

418

らち	라치	[拉致]	납치
らっかん	라ㄱ까ㅇ	[楽観]	낙관
ラッシュアワー	라ㅅ슈아와ー	[rush hour]	러시아워
ラップ	라ㅂ뿌	[rap]	랩
ラブレター	라부레따ー	[love letter]	러브레터
ランチ	라ㄴ치	[lunch]	런치
らんぼう	라ㅁ보ー	[乱暴]	난폭

↻ らんぼうではない　らんぼうで　らんぼうなら　らんぼうです

ら

419

り

リーダー	리ー다ー	[leader]	리더
りえき	리에끼	[利益]	이익
りかい	리까이	[理解]	이해
りく	리꾸	[陸]	뭍, 육지
りくつ	리끄츠	[理屈]	이치, 도리
りこう	리꼬ー	[利口]	영리함, 똑똑함

↻ りこうではない　りこうで　りこうなら　りこうです

りこん	리꼬ㅇ	[離婚]	이혼
リサイクル	리사이꾸루	[recycle]	리사이클, 재활용
りし	리시	[利子]	이자
リストラ	리스또라	[restructuring]	구조조정
リズム	리즈무	[rhythm]	리듬
りそう	리소ー	[理想]	이상
りそく	리소꾸	[利息]	이자
りっこうほ	리ㄱ꼬ー호	[立候補]	입후보
リットル	리ㅅ또루	[liter]	리터

りっぱ	리ㅂ빠	[立派]	훌륭함
↻ りっぱではない　りっぱで　りっぱなら　りっぱです			
★ りはつてん	리하츠떼ㅇ	[理髪店]	이발소
リビングルーム	리비ㅇ구루무	[living room]	거실
★ リポーター	리뽀ー따ー	[reporter]	리포터
リムジン	리무지ㅇ	[limousine]	리무진, 고급승용차
リムジンバス	리무지ㅁ바스	[limousine bus]	리무진버스
リモコン	리모꼬ㅇ	[remote control]	리모콘
りゆう	리유ー	[理由]	이유, 까닭
りゅうがく	류ー가꾸	[留学]	유학
りゅうがくせい	류ー가ㄱ세ー	[留学生]	유학생
りゅうこう	류ー꼬ー	[流行]	유행
りゅうちょう	류ー쵸ー	[流暢]	유창
↻ りゅうちょうではない　りゅうちょうで　りゅうちょうなら			
りゅうちょうです			
リュックサック	류ㄱ꼬사ㄱ꾸	[Rucksack]	배낭
りよう	리요ー	[利用]	이용
りょう	료ー	[寮]	기숙사
りょう	료ー	[量]	양
りょうがえ	료ー가에	[両替]	환전

り

421

りょうきん	료―끼ㅇ	[料金]	요금
★ りょうしゅうしょ	료―슈―쇼	[領収書]	영수증
りょうしゅうしょう	료―슈―쇼―	[領収証]	영수증
りょうしん	료―시ㅇ	[両親]	양친
りょうて	료―떼	[両手]	양손
りょうど	료―도	[領土]	영토
★ りょうほう	료―호―	[両方]	양쪽, 쌍방
りょうり	료―리	[料理]	음식, 요리
りょかん	료까ㅇ	[旅館]	고급 여관
りょけん	료께ㅇ	[旅券]	여권
りょこう	료꼬―	[旅行]	여행
リラックス	리라ㄱ끄스	[relax]	릴렉스, 긴장을 품
★ りれきしょ	리레ㄱ쇼	[履歴書]	이력서
りろん	리로ㅇ	[理論]	이론
りんご	리ㅇ고	[林檎]	사과
りんじ	리ㄴ지	[臨時]	임시
リンス	리ㄴ스	[rinse]	린스

るいじ	루이지	[類似]	유사
ルージュ	루―쥬	[rouge]	루즈, 입술 연지
ルーム	루―무	[room]	룸, 방
ルール	루―루	[rule]	룰, 규칙
るす	루스	[留守]	부재중
るすばん	루스바ㅇ	[留守番]	빈 집을 지킴
るすばんでんわ	루스바ㄴ데ㅇ와	[留守番電話]	자동응답기

る

れ

れい	레ー	[零]	영
れい	레ー	[例]	예
れい	레ー	[礼]	예, 인사, 사례
れいぎ	레ー기	[礼儀]	예의
れいきん	레ー끼ㅇ	[礼金]	사례금
れいせい	레ー세ー	[冷静]	냉정

↻ れいせいではない　れいせいで　れいせいなら　れいせいです

れいぞうこ	레ー조ー꼬ー	[冷蔵庫]	냉장고
れいとう	레ー또ー	[冷凍]	냉동
れいとうしょくひん	레ー또ー쇼꾸히ㄴ	[冷凍食品]	냉동식품
レイプ	레이뿌	[rape]	강간, 성폭행
れいぼう	레ー보ー	[冷房]	냉방
れいめん	레ー메ㅇ	[冷麺]	냉면
レート	레ー또	[rate]	비율, 환율
れきし	레끼시	[歴史]	역사
★ レコード	레꼬ー도	[record]	레코드

レジ	레지	[register]	계산대
レシート	레시ー또	[receipt]	영수증
レジャー	레쟈ー	[leisure]	레저
レストラン	레스또라ㅇ	[restaurant]	레스토랑
レスリング	레스리ㅇ구	[wrestling]	레슬링
レター	레따ー	[letter]	편지, 서한
レタス	레타스	[lettuce]	양상추
れつ	레츠	[列]	줄
れっしゃ	레ㅅ샤	[列車]	열차
レッスン	레ㅅ스ㄴ	[lesson]	연습, 수업
レトルトしょくひん	레또루또쇼꾸히ㅇ	[レトルト食品]	고온조리식품
レベル	레베루	[level]	레벨, 수준
レポート	레뽀ー또	[report]	레포트
レモン	레모ㅇ	[lemon]	레몬
れんあい	레ㅇ아이	[恋愛]	연애
れんあいけっこん	레ㅇ아이께ㄱ꼬ㅇ	[恋愛結婚]	연애결혼
れんきゅう	레ㅇ뀨ー	[連休]	연휴
れんしゅう	레ㄴ슈ー	[練習]	연습
レンズ	레ㄴ즈	[lens]	렌즈
れんぞく	레ㄴ조꾸	[連続]	연속

れ

レンタカー	레ㄴ 따까ー	[rent-a-car]	렌터카
レントゲン	레ㄴ 또게ㅇ	[Rontgen]	엑스레이
れんらく	레ㄴ 라꾸	[連絡]	연락
れんらくさき	레ㄴ 라ㄱ사끼	[連絡先]	연락처

426

ろ

ろうか	로―까	[廊下]	복도
ろうじん	로―지ㅇ	[老人]	노인
ろうどう	로―도―	[労働]	노동
ろうにん	로―니ㅇ	[浪人]	재수생, 취업재수생
★ ろうひ	로―히	[浪費]	낭비
ローマ	로―마	[Roma]	로마
ろく	로꾸	[六]	6, 여섯
ログアウト	로구아우또	[log out]	로그아웃
ログイン	로구이ㅇ	[log in]	로그인
ろくおん	로꾸오ㅇ	[録音]	녹음
ろくがつ	로꾸가츠	[六月]	6월
ろくじ	로꾸지	[六時]	6시
ろくに	로꾸니		제대로, 변변히
★ ロケット	로께ㅅ또	[locket]	로켓
ロシア	로시아	[Russia]	러시아
ろしゅつ	로슈츠	[露出]	노출

ロッカー	로ㄱ까-	[locker]	로커, 사물함
ロック	로ㄱ꾸	[lock]	자물쇠, 열쇠
ロビー	로비-	[lobby]	로비
ロボット	로보ㅅ또	[robot]	로봇
ロングヘア	로ㅇ구헤아	[long hair]	긴 머리
ロンドン	로ㄴ도ㄴ	[London]	런던
ろんぶん	로ㅁ부ㅇ	[論文]	논문

わ	와	[和]	일본, 일본식, 화목
わ	와	[輪]	고리, 원형
ワープロ	와ー뿌로	[word processor]	워드프로세서
ワイシャツ	와이샤츠	[white shirts]	와이셔츠
ワイフ	와이후	[wife]	와이프, 아내
わいろ	와이로	[賄賂]	뇌물
ワイン	와이ㅇ	[wine]	와인
わかい	와까이	[若い]	어리다, 젊다

↻ わかくない　わかくて　わかければ　わかいです

わかがえり	와까가에리	[若返り]	회춘
わがし	와가시	[和菓子]	일본과자
わかしらが	와까시라가	[若白髪]	새치
★ わかて	와까떼	[若手]	한창때의 젊은이
わがまま	와가마마	[我侭]	제멋대로 굶, 버릇없음

↻ わがままではない　わがままで　わがままなら　わがままです

| わかめ | 와까메 | [若芽] | 미역 |

わ

429

わかもの	와까모노	[若者]	젊은이
わからずや	와까라즈야	[分からず屋]	벽창호
わかる	와까루	[分かる]	알다, 이해하다

↻ わからない　わかって　わかれば　わかります

わかれる	와까레루	別れる	나뉘다, 헤어지다

↻ わかれない　わかれて　わかれれば　わかれます

わかわかしい	와까와까시이	[若々しい]	젊고 싱싱하다

↻ わかわかしくない　わかわかしくて　わかわかしければ

わかわかしいです

わき	와끼	[脇]	겨드랑이, 옆
わくわく	와꾸와꾸		두근두근
わけ	와께	[訳]	까닭, 사정, 도리
わける	와께루	[分ける]	나누다, 가르다

↻ わけない　わけて　わければ　わけます

わざと	와자또		일부러, 고의로
わさび	와사비		와사비
わざわざ	와자와자		일부러, 특별히
わしつ	와시츠	[和室]	일본식 방
わしょく	와쇼꾸	[和食]	일식
わずか	와즈까	[僅か]	겨우, 불과

↻ わずかではない　わずかで　わずかなら　わずかです

| わすれもの | 와스레모노 | [忘れ物] | 유실물 |
| わすれる | 와스레루 | [忘れる] | 잊다 |

↻ わすれない　わすれて　わすれれば　わすれます

わだい	와다이	[話題]	화제
わたくし	와따꾸시	[私]	저
わたし	와따시	[私]	나
わたしたち	와따시따치	[私たち]	우리, 우리들
わたす	와따스	[渡す]	건네다, 넘기다

↻ わたさない　わたして　わたせば　わたします

| わたる | 와따루 | [渡る] | 건너다 |

↻ わたらない　わたって　わたれば　わたります

わふう	와후-	[和風]	일본식
わらい	와라이	[笑い]	웃음
わらう	와라우	[笑う]	웃다

↻ わらわない　わらって　わらえば　わらいます

わりあて	와리아떼	[割り当て]	할당, 배당
わりかん	와리까ㅇ	[割り勘]	각자 부담, 추렴
わりに	와리니	[割に]	비교적, ～비해
わりばし	와리바시	[割り箸]	나무젓가락

わ

| わりびき | 와리비끼 | [割引] | 할인 |
| わる | 와루 | [割る] | 깨다, 갈라놓다 |

↻ わらない　わって　われば　わります

| わるい | 와루이 | [悪い] | 나쁘다 |

↻ わるくない　わるくて　わるければ　わるいです

| わるぐち | 와루구치 | [悪口] | 욕, 욕설 |
| われる | 와레루 | [割れる] | 갈라지다, 깨지다 |

↻ われない　われて　われれば　われます

わんぱく	와ㅁ빠꾸	[腕白]	개구쟁이
ワンピース	와ㅁ삐ー스	[one-piece]	원피스
★ わんりょく	와ㄴ료꾸	[腕力]	완력
ワンルーム	와ㄴ루ー무	[one-room]	원룸
わんわん	와ㅇ와ㅇ		멍멍

악센트 2개 이상 허용 단어

アーモンド [almond] **&** アーモンド [almond]

アイスコーヒー [ice coffee] **&** アイスコーヒー [ice coffee]

あいづち [相槌] **&** あいづち [相槌]

あいま [合間] **&** あいま [合間]

アカデミー [academy] **&** アカデミー [academy]

アクセサリー [accessory] **&** アクセサリー [accessory]

あじみ [味見] **&** あじみ [味見]

アスパラガス [asparagus] **&** アスパラガス [asparagus]

あつまり [集まり] **&** あつまり [集まり] **&** あつまり [集まり]

あとかたづけ [後片付け] **&** あとかたづけ [後片付け]

アドバイス [advice] **&** アドバイス [advice]

アトリエ [atelier] **&** アトリエ [atelier]

アニメ [animation] **&** アニメ [animation]

あのかた [あの方] **&** あのかた [あの方]

あみもの [編み物] **&** あみもの [編み物]

あら [感] **&** あら [感]

부록

433

あれ [感] & あれ [感]

アレルギー [Allergie] & アレルギー [Allergie]

アンケート [enquete] & アンケート [enquete]

あんないじょ [案内所] & あんないじょ [案内所]

あんらく [安楽] & あんらく [安楽]

いきどおり [憤り] & いきどおり [憤り]

いきぬく [生き抜く] & いきぬく [生き抜く]

いきのこる [生き残る] & いきのこる [生き残る]

いきもの [生き物] & いきもの [生き物]

いくらか & いくらか

いじわる [意地悪] & いじわる [意地悪]

いたるところ [至る所] & いたるところ [至る所]

イデオロギー [Ideologie] & イデオロギー [Ideologie]

いわば [言わば] & いわば [言わば] & いわば [言わば]

いわゆる & いわゆる

ウイスキー [whiskey] & ウイスキー [whiskey]

ウインドー [window] & ウインドー [window]

うえ [飢え] & うえ [飢え]

うきよえ [浮世絵] & うきよえ [浮世絵]

うけとる [受け取る] & うけとる [受け取る]

434

うたがわしい [疑わしい] & うたがわしい [疑わしい]

うったえる [訴える] & うったえる [訴える]

うつむく [俯く] & うつむく [俯く]

うできき [腕利き] & うできき [腕利き]

うでぐみ [腕組み] & うでぐみ [腕組み] & うでぐみ [腕組み]

うなずく & うなずく

うぬぼれる [己惚れる] & うぬぼれる [己惚れる]

うみべ [海辺] & うみべ [海辺]

うろたえる [狼狽える] & うろたえる [狼狽える]

えいが [映画] & えいが [映画]

えきまえ [駅前] & えきまえ [駅前]

えさ [餌] & えさ [餌]

エネルギー [energy] & エネルギー [energy]

エピソード [episode] & エピソード [episode]

おいしい & おいしい

オーダー [order] & オーダー [order]

おちいる [陥る] & おちいる [陥る]

かいさつぐち [改札口] & かいさつぐち [改札口]

かきまぜる [掻き交ぜる] & かきまぜる [掻き交ぜる]

かぎり [限り] & かぎり [限り]

かぜぐすり [風邪薬] & かぜぐすり [風邪薬]

かたこと [片言] & かたこと [片言]

かっこく [各国] & かっこく [各国]

かねもうけ [金儲け] & かねもうけ [金儲け] & かねもうけ [金儲け]

がめん [画面] & がめん [画面]

ガレージ [garage] & ガレージ [garage]

かんがえる [考える] & かんがえる [考える]

かんづめ [缶詰] & かんづめ [缶詰]

カンニング [cunning] & カンニング [cunning]

きがえる [着替える] & きがえる [着替える]

きがかり [気掛かり] & きががり [気掛かり] & きがかり [気掛かり]

きたアメリカ [北アメリカ] & きたアメリカ [北アメリカ]

きっさてん [喫茶店] & きっさてん [喫茶店]

きって [切手] & きって [切手]

きのどく [気の毒] & きのどく [気の毒]

きばらし [気晴らし] & きばらし [気晴らし]

きまぐれ [気紛れ] & きまぐれ [気紛れ]

きまずい [気まずい] & きまずい [気まずい]

きみわるい [気味悪い] & きみわるい [気味悪い]

きむずかしい [気難しい] & きむずかしい [気難しい]

436

キャビネット [cabinet] & キャビネット [cabinet]

キャラクター [character] & キャラクター [character]

きゅうけいじょ [休憩所] & きゅうけいじょ [休憩所]

ぎょうじ [行事] & ぎょうじ [行事]

きんじる [禁じる] & きんじる [禁じる]

くじびき [籤引き] & くじびき [籤引き] & くじびき [籤引き]

くだものや [果物屋] & くだものや [果物屋]

くちいれ [口入れ] & くちいれ [口入れ]

くちごたえ [口答え] & くちごたえ [口答え]

くちぶえ [口笛] & くちぶえ [口笛]

クラシック [classic] & クラシック [classic]

グラフィック [graphic] & グラフィック [graphic]

クリニック [clinic] & クリニック [clinic]

くるみ [胡桃] & くるみ [胡桃]

くわえる [加える] & くわえる [加える]

けいさつしょ [警察署] & けいさつしょ [警察署]

けいむしょ [刑務所] & けいむしょ [刑務所] & けいむしょ [刑務所]

けいゆ [経由] & けいゆ [経由]

げしゃ [下車] & げしゃ [下車]

けだるい [気だるい] & けだるい [気だるい]

げんしょ [原書] & げんしょ [原書]

こうけつあつ [高血圧] & こうけつあつ [高血圧]

こうさてん [交差点] & こうさてん [交差点]

こうねつひ [光熱費] & こうねつひ [光熱費]

こぎれい [小綺麗] & こぎれい [小綺麗]

ごくらく [極楽] & ごくらく [極楽]

こころがけ [心掛け] & こころがけ [心掛け]

ゴシップ [gossip] & ゴシップ [gossip]

こしぬけ [腰抜け] & こしぬけ [腰抜け]

こたえる [答える] & こたえる [答える]

こだち [木立] & こだち [木立]

ことわざ [諺] & ことわざ [諺]

ごまかし [誤魔化し] & ごまかし [誤魔化し]

こらえる [堪える] & こらえる [堪える]

こわがり [怖がり] & こわがり [怖がり]

コンタクト [contact] & コンタクト [contact]

こんにゃく [蒟蒻] & こんにゃく [蒟蒻]

さいばんしょ [裁判所] & さいばんしょ [裁判所]

さかば [酒場] & さかば [酒場]

さきごろ [先頃] & さきごろ [先頃]

さしあげる [差し上げる] & さしあげる [差し上げる]

さまざま [様々] & さまざま [様々]

さようなら & さようなら

さらいげつ [再来月] & さらいげつ [再来月]

さんこうしょ [参考書] & さんこうしょ [参考書]

しかくい [四角い] & しかくい [四角い]

したう [慕う] & したう [慕う]

したうち [舌打ち] & したうち [舌打ち] & したうち [舌打ち]

したしらべ [下調べ] & したしらべ [下調べ]

しっと [嫉妬] & しっと [嫉妬]

じてんしゃ [自転車] & じてんしゃ [自転車]

じどうしゃ [自動車] & じどうしゃ [自動車]

しめす [示す] & しめす [示す]

ジャケット [jacket] & ジャケット [jacket] & ジャケット [jacket]

じゅうてん [重点] & じゅうてん [重点]

しゅっぱつち [出発地] & しゅっぱつち [出発地]

しゅりょく [主力] & しゅりょく [主力]

しょうがくせい [小学生] & しょうがくせい [小学生]

しょうぼうしょ [消防署] & しょうぼうしょ [消防署]

しょくば [職場] & しょくば [職場]

しょくパン [食パン] & しょくパン [食パン]

しょくよく [食欲] & しょくよく [食欲]

しょとく [所得] & しょとく [所得]

しりもち [尻餅] & しりもち [尻餅]

スケジュール [schedule] & スケジュール [schedule]

すし [寿司] & すし [寿司]

スパイ [spy] & スパイ [spy]

スリッパ [slippers] & スリッパ [slippers]

すれちがう [擦れ違う] & すれちがう [擦れ違う]

ぜいたく [贅沢] & ぜいたく [贅沢]

せとぎわ [瀬戸際] & せとぎわ [瀬戸際]

せんぬき [栓抜き] & せんぬき [栓抜き]

せんめんじょ [洗面所] & せんめんじょ [洗面所]

そうべつかい [送別会] & そうべつかい [送別会]

ぞくぞく [続々] & ぞくぞく [続々]

そなえる [備える] & そなえる [備える]

ぞんぶん [存分] & ぞんぶん [存分]

たいいくかん [体育館] & たいいくかん [体育館]

ダイヤ [dia] & ダイヤ [dia]

たいりょう [大量] & たいりょう [大量]

たかさ [高さ] & たかさ [高さ]

たからもの [宝物] & たからもの [宝物] & たからもの [宝物]

たくじしょ [託児所] & たくじしょ [託児所]

たちあがる [立ち上がる] & たちあがる [立ち上がる]

たちば [立場] & たちば [立場]

たてもの [建物] & たてもの [建物]

たびさき [旅先] & たびさき [旅先]

たべもの [食べ物] & たべもの [食べ物]

だんじき [断食] & だんじき [断食]

たんじょう [誕生] & たんじょう [誕生]

ちかよる [近寄る] & ちかよる [近寄る]

ちゅうこ [中古] & ちゅうこ [中古]

ちょうなん [長男] & ちょうなん [長男]

ちょうほうけい [長方形] & ちょうほうけい [長方形]

ちりとり [ちり取り] & ちりとり [ちり取り]

つきかげ [月影] & つきかげ [月影]

つく [付く] & つく [付く]

つくづく & つくづく

つやつや & つやつや

ていけつあつ [低血圧] & ていけつあつ [低血圧]

ていりゅうじょ **[停留所]** & ていりゅうじょ **[停留所]**

でんしゃ **[電車]** & でんしゃ **[電車]**

とくい **[得意]** & とくい **[得意]**

ところ **[所]** & ところ **[所]**

としより **[年寄り]** & としより **[年寄り]**

ととのえる **[整える]** & ととのえる **[整える]**

どのくらい & どのくらい

ともかせぎ **[共稼ぎ]** & ともかせぎ **[共稼ぎ]**

ともだおれ **[共倒れ]** & ともだおれ **[共倒れ]**

ともに **[共に]** & ともに **[共に]**

とらえる **[捕らえる]** & とらえる **[捕らえる]**

とりあえず **[取り敢えず]** & とりあえず **[取り敢えず]**

とりあつかう **[取り扱う]** & とりあつかう **[取り扱う]**

とりつける **[取り付ける]** & とりつける **[取り付ける]**

とりのぞく **[取り除く]** & とりのぞく **[取り除く]**

ないめん **[内面]** & ないめん **[内面]**

ながそで **[長袖]** & ながそで **[長袖]**

なし **[梨]** & なし **[梨]**

なにも **[何も]** & なにも **[何も]**

なまけもの **[怠け者]** & なまけもの **[怠け者]**

なまはんか [生半可] & なまはんか [生半可]

なわばり [縄張り] & なわばり [縄張り]

ぬくもり [温もり] & ぬくもり [温もり]

ねんいり [念入り] & ねんいり [念入り]

のち [後] & のち [後]

のみこむ [飲み込む] & のみこむ [飲み込む]

のりかえる [乗り換える] & のりかえる [乗り換える]

のりこえる [乗り越える] & のりこえる [乗り越える]

パート [part] & パート [part]

パイプ [pipe] & パイプ [pipe]

はくぶつかん [博物館] & はくぶつかん [博物館]

はなたば [花束] & はなたば [花束]

はなみず [鼻水] & はなみず [鼻水]

はみがきこ [歯磨き粉] & はみがきこ [歯磨き粉]

ばめん [場面] & ばめん [場面]

ハンカチ [handkerchief] & ハンカチ [handkerchief]

はんそで [半袖] & はんそで [半袖]

はんめん [反面] & はんめん [反面]

ひげそり [髭剃り] & ひげそり [髭剃り]

ひさしぶり [久しぶり] & ひさしぶり [久しぶり]

부록

443

ひっきりなし [引っ切り無し] & ひっきりなし [引っ切り無し]

ひとだかり [人だかり] & ひとだかり [人だかり]

ひとみしり [人見知り] & ひとみしり [人見知り] & ひとみしり [人見知り]

ひとりごと [独り言] & ひとりごと [独り言]

ひとりじめ [独り占め] & ひとりじめ [独り占め]

ひとりもの [独り者] & ひとりもの [独り者]

ひまつぶし [暇潰し] & ひまつぶし [暇潰し]

ひやかし [冷やかし] & ひやかし [冷やかし]

ひらがな [平仮名] & ひらがな [平仮名]

ふすま [襖] & ふすま [襖]

ふとさ [太さ] & ふとさ [太さ]

ふりがな [振り仮名] & ふりがな [振り仮名]

ぶんざい [分際] & ぶんざい [分際]

ヘアピン [hairpin] & ヘアピン [hairpin]

ベージュ [beige] & ベージュ [beige]

へそくり [臍繰り] & へそくり [臍繰り]

ヘッドホン [headphone] & ヘッドホン [headphone]

ほうち [放置] & ほうち [放置]

ボール [ball] & ボール [ball]

ポケット [pocket] & ポケット [pocket]

444

ボタン[botao] & ボタン[botao]

ほっと & ほっと

マーガリン[margarine] & マーガリン[margarine]

まいばん[毎晩] & まいばん[毎晩]

まがいもの[擬い物] & まがいもの[擬い物]

また[又] & また[又]

または & または

まつり[祭り] & まつり[祭り]

まないた[まな板] & まないた[まな板]

まるもうけ[丸儲け] & まるもうけ[丸儲け]

まれ[稀] & まれ[稀]

みえっぱり[見栄っ張り] & みえっぱり[見栄っ張り]

みずぎ[水着] & みずぎ[水着]

みせつける[見せつける] & みせつける[見せつける]

みなおす[見直す] & みなおす[見直す]

みなれる[見慣れる] & みなれる[見慣れる]

みな[皆] & みな[皆]

みぶんしょうめいしょ[身分証明書] & みぶんしょうめいしょ[身分証明書]

みもと[身元] & みもと[身元]

ミュージシャン[musician] & ミュージシャン[musician]

むずかしい [難しい] & むずかしい [難しい]

むせきにん [無責任] & むせきにん [無責任]

むなしい [空しい] & むなしい [空しい]

むねやけ [胸焼け] & むねやけ [胸焼け]

メーカー [maker] & メーカー [maker]

めしあがる [召し上がる] & めしあがる [召し上がる]

めんくらう [面食らう] & めんくらう [面食らう]

もうしこむ [申し込む] & もうしこむ [申し込む]

もてなす [持て成す] & もてなす [持て成す]

ものしり [物知り] & ものしり [物知り]

ものたりない [物足りない] & ものたりない [物足りない]

もやし [萌やし] & もやし [萌やし]

やくわり [役割] & やくわり [役割] & やくわり [役割]

やろう [野郎] & やろう [野郎]

ユニフォーム [uniform] & ユニフォーム [uniform]

ゆめみる [夢見る] & ゆめみる [夢見る]

ようてん [要点] & ようてん [要点]

よろこび [喜び] & よろこび [喜び]

ラケット [racket] & ラケット [racket]

りはつてん [理髪店] & りはつてん [理髪店]

りょうしゅうしょ [領収書] & りょうしゅうしょ [領収書]

りょうほう [両方] & りょうほう [両方]

りれきしょ [履歴書] & りれきしょ [履歴書]

レコード [record] & レコード [record]

レポート [report] & レポート [report]

レントゲン [Rontgen] & レントゲン [Rontgen]

ろうひ [浪費] & ろうひ [浪費]

ロケット [locket] & ロケット [locket]

ロボット [robot] & ロボット [robot]

わかて [若手] & わかて [若手]

わたしたち [私たち] & わたしたち [私たち]

わりばし [割り箸] & わりばし [割り箸]

わんりょく [腕力] & わんりょく [腕力]